Deuxième Édition

UNE FOIS POUR TOUTES

LOS GATOS HIGH SCHOOL

Deuxième Édition

UNE FOIS POUR TOUTES

Une révision
des structures essentielles
de la langue française

HALE STURGES II
Phillips Academy, Andover

LINDA CREGG NIELSEN
Brandeis University

HENRY L. HERBST
Phillips Academy, Andover

Longman

Une Fois pour toutes: Une révision des structures essentielles de la langue française, Deuxième Édition
Copyright © 1992 by Longman Publishing Group.

Longman, 10 Bank Street, White Plains, N.Y. 10606

Associated companies:
Longman Group Ltd., London
Longman Cheshire Pty., Melbourne
Longman Paul Pty., Auckland
Copp Clark Pitman, Toronto

Executive editor: Lyn McLean
Production editors: Helen B. Ambrosio and Andrea West
Cover design: Tony Alberts

ISBN: 0-8013-0825-9 (paper)
ISBN: 0-8013-0827-5 (case)

12 -CRW 99

TABLE DES MATIÈRES

PRÉFACE

Development

The second edition of *Une Fois pour toutes* has been prepared with two principles in mind: (1) to reaffirm the aspects of this program that have made it successful and (2) to modify it to conform to contemporary needs. In every instance we have tried to respond to the many helpful suggestions of our colleagues around the world.

Une Fois pour toutes is designed as an individualized review grammar to complement literature, civilization, or other topically intensive courses. There has been no effort to include reading selections in the text, for the function of this book is only complementary to the course design of the instructor. Although it is assumed that most of the essential language structures will have already been studied, it is also assumed that they need review and in some cases added refinement. Students have their own individual strengths and weaknesses and should be urged to study at their own pace, although classroom drills and reinforcement remain an important factor. *Une Fois pour toutes* may be used as either a textbook or as a reference grammar. The fact that *Une Fois pour toutes* is not tied to a particular set of readings has made it popular in a wide variety of courses, especially in the Advanced Placement program. The book remains a useful adjunct to any course where the instructor wishes to choose the reading matter or thematic topic.

Features

All the major features of the first edition have been preserved because we believe that they are the reason for its success.

- *Une Fois pour toutes* is written entirely in French with an effort to include current idiom in all illustrative examples and exercises.

- Every lesson is organized to encourage inductive learning by each individual student. Students may work by themselves and at their own pace.

- The *Corrigé des exercices* in the back permits students to check their own work. If so desired by the instructor, the spiral binding also permits the excising of this section from student copies.

- The book may be used as a classroom teaching grammar, as a reference grammar, or as a workbook.

- A *Tableau des verbes* is included in the back.

- Highlighting in the margins indicates the items of greatest importance.

- Oral lessons, included in the *Langue Parlée* at the end of the book, may be inserted into the program at any time, although it is suggested that one be studied during each term. They lead progressively toward more effective extemporaneous speech.

- A cassette recording of *La Langue Parlée* is available for use in a language laboratory program or for individual work.

- The test booklet, *25 Interrogations*, has been modified to correspond with the highlighted sections of *Une Fois pour toutes*. It is now accompanied by a new answer key for both pre- and post-tests.

The text has been revised for appropriate multicultural content and gender representation. Some of the vocabulary and situations have been changed to provide a more contemporary context, as well as to reinforce more useful and practical vocabulary. Some explanations and exercises have been simplified. All exercises have been numbered in the text and the answer key for easier reference.

Most importantly, we have added a new *Situations actives* section to every lesson. These activities are designed to develop and enhance both oral and written proficiency in realistic, everyday, personal contexts. Our thesis is that interactive communication is best taught in contexts familiar to the student, not those contrived by the instructor. These *Situations actives* present opportunities for practice in all communicative skills and extended discourse.

We have thus endeavored to retain the essential character of this review grammar while modernizing its content to respond to contemporary needs. We continue to believe that although students, pedagogy, culture, and modern idiom may change and evolve with time, the essential structures of a language can still be learned once and for all.

Suggestions to the Student

The grammatical material in this program is not to be studied in isolation as a separate entity, but rather as complementary material to help you communicate more accurately and effectively in the topical work of your course.

The basic organizational principle of the program is that those areas of greatest importance should be reviewed and practiced first. These are also the areas that frequently pose the greatest difficulties for students. However, they are essential to improving communicative competency in both the oral and written components of any intermediate or advanced course. After a review of genders and the use of articles, the first four lessons focus on the use of verb tenses. The next four lessons concentrate on pronouns and the final four on a potpourri of grammatical items and skills.

Although it has not been designed as such, *Une Fois pour toutes* may also be used as a reference book. The *Table des matières* should help you quickly locate an explanation of any particular question. In addition, lines in the margin highlight those portions of the text which are deemed especially important. In the back of the book is a *Tableau des verbes* which may be used for reference help in determining the correct form of a given verb.

The recommended procedure for study of each lesson is as follows:

1. Read the sentences in the *Modèles*. Each sentence illustrates a point that will be covered in that portion of the lesson.

2. Write the *Exercices de réflexion*. Do *not* write the answers in the book. It will then be possible for you to do them again. Check the answers. If more than 80 percent of your answers are correct, you may be assured that you are already competent in this area and may go on to the next.

3. If less than 80 percent of your answers are correct, or if you feel the need for review, study the explanations given in the *Explication*. Pay particular attention to weaknesses indicated by mistakes in the *Exercices de réflexion*. It is also suggested that the appropriate tenses of verbs, whose conjugations are highlighted, be studied carefully before writing the exercises for the first four lessons.

4. Write the *Exercices de vérification*. Note that wherever possible they have been systematically arranged in progressive steps so that they themselves provide an additional means of learning. Again, check the answers. If your answers are still not 80 percent correct, refer back to the appropriate sections and check with your instructor about points that remain unclear.

5. The *Exercices de récapitulation* include all points covered in the lesson. They are also cumulative and constantly refer back to points covered in all previous lessons.

6. *Situations actives* have no single or "right" answer. Some require an in-class skit or role-play, others a one-page written assignment. While students should be encouraged to be as imaginative and creative as possible, the purpose and challenge of these activities are to utilize the maximum number of structures from the particular lesson.

If the procedure recommended above is followed and all exercises are written, you should finally gain a mastery of the essential structures of the French language *une fois pour toutes*.

Acknowledgments

It is impossible to ascribe adequate recognition to all those who have helped in the development of these materials. The project would never have gotten underway without the active support and encouragement of Theodore Sizer and Peter McKee, the Headmaster and Associate Headmaster of Phillips Academy, Andover. Colleagues who made invaluable suggestions and contributions include: Samuel Anderson, Marie Baratte, Yolande Bayard, George Dix, Georges Krivobok, Catherine Kirkland, Daniel Olivier, Natalie Schorr, Stephen Whitney, and Henry Wilmer. Other colleagues who lent immeasurable assistance in a thorough examination of the manuscript are A. Gorguès, ancien proviseur au Lycée Emile Zola and L. M. Bierry, professeur honoraire au Lycée Chateaubriand. We arc also grateful to Katie Ongaro whose lively drawings add color to the text, and to David Greuel of Independent School Press. We would also like to thank Executive Editor Lyn McLean for her support of this new edition and Production Editors Helen Ambrosio and Andrea West of the Longman Publishing Group.

Finally, may we thank our spouses, families, and friends who have endured long hours and endless shop talk.

PREMIÈRE LEÇON

POINTS DE DÉPART

I. Le Genre des noms

Modèles

le professeur	le platane	le classicisme	la pierre
le porte-monnaie	le musée	le paragraphe	la nation
le Canada	le courage	la France	la prison

Exercices de réflexion

Mettez l'article défini.

1. _____ livre de français
2. _____ maison
3. _____ autoroute
4. _____ héros
5. _____ paysanne
6. _____ gratte-ciel
7. _____ Renault
8. _____ vacances
9. _____ valeur
10. _____ brebis
11. _____ personne
12. _____ garage
13. _____ légume
14. _____ gens
15. _____ poème

Explication

Il est utile de connaître quelques généralités en ce qui concerne la détermination du genre des noms français. Tout nom français est ou masculin ou féminin. Il est difficile de prédire le genre d'un nom. Dans certains cas ce genre peut être déterminé par sa terminaison, son sens ou ses origines.

1. *Terminaisons:* La majorité des noms terminés par un *e* sont féminins. Il y a cependant un grand nombre d'exceptions.

Masculin:

-age
  le courage
  le village
  le ménage
-isme, -asme, -osme
  le classicisme
  le communisme
  le sarcasme
  le microcosme
-tre
  le thermomètre
-ème
  le poème
  le thème

-cle
  le siècle
  le cycle
  le courvercle
  le miracle
  le spectacle
  le monocle
-ège
  le piège
  le cortège
-cre
  le fiacre
  le sucre

Féminin:

-tion
  la nation
  la révolution
-ison
  la maison
  la prison

-té, -ié
  l'amitié
  la pureté
-eur
  la valeur
  la couleur
  l'ardeur
  (*MAIS:* le bonheur,
    le malheur)

2. *Sens:* Certains groupes de mots ont tous le même genre. Il va sans dire que tous les mâles sont masculins et que les femelles sont féminins.

Masculin:

les métaux	*les arbres*	*les mesures métriques*
le cuivre	le platane	le kilomètre
l'or	le tilleul	le litre
le plomb	l'érable	le kilogramme

les saisons, les mois, et	*les objets provenant*	*les noms composés (dont une partie*
les jours de la semaine	*d'une région*	*au moins n'est pas un nom d'origine)*
le dimanche	le champagne (le vin)	le porte-monnaie l'après-midi
l'hiver	le camembert (le fromage)	le pourboire le savoir-faire
décembre	le France (le paquebot)	le coffre-fort l'essuie-glace
		le parapluie le cessez-le-feu

Féminin:

les autos	*Tous les noms géographiques terminés par un* e	
la Renault	la Seine	la France
la Cadillac	la Loire	la Bretagne
la Citroën	(*MAIS:* le Rhône, le Mexique, le Danube, le Cambodge)	

Selon le cas:

les mots composés de deux noms prennent le genre du premier.

un chou-fleur	une station-service
un chef-lieu	une fête-Dieu
un téléviseur couleur	une femme écrivain

les animaux

un lion	un taureau	un mouton	un coq
une lionne	une vache	une brebis	une poule

3. *Origines:* Les mots d'origine latine ou grecque gardent le même genre que dans leur langue d'origine.

latin:			*grec:*
l'arbre (m.)	l'eau (f.)	la mort	le programme
l'acte (m.)	la voix	la nuit	le lycée
le silence	la fin	la dent	le musée
		la main	

Les mots d'origine anglaise sont d'habitude masculins.

le tee-shirt	le week-end	(*MAIS:* l'interview [f.])
le parking	le hockey	
le stress		

Remarquez bien: Les genres de ces noms ne suivent aucune règle.

le groupe	le paragraphe	le légume	la mer
le sacrifice	le type	le beurre	la clef
le manque	le monde	le cimetière	la vertu
le vocabulaire	le cidre	l'incendie (m.)	la crème

4. *Le féminin des noms:* En général on ajoute un *e.* Voici une liste de quelques féminins irréguliers:

un parisien	une parisienne	un paysan	une paysanne
un vendeur	une vendeuse	un sot	une sotte
un acteur	une actrice	un chat	une chatte
un patron	une patronne	le héros	l'héroïne
un hôte	une hôtesse	un boulanger	une boulangère

MAIS: Les mots suivants décrivent ou un homme ou une femme.

une personne	un auteur
une victime	un professeur
une vedette	

Remarquez bien: Le genre de *gens* est masculin, mais quand il est immédiatement précédé d'un adjectif à forme distincte (voir p. 119), cet adjectif est à la forme féminine.

Tous les gens du village l'admirent.
Les jeunes gens sont innocents.
Les gens indépendants préfèrent voyager seuls.

MAIS:

Quelles *bonnes* gens intéressants!
Les *vieilles* gens ne sont pas souvent indépendants.

5. *Les noms de deux genres:* Ces mots changent de sens selon le genre:

un livre (un texte)	une livre (un kilo = 2,2 livres)
un manche (un balai a un manche)	une manche (une chemise a deux manches)
un poêle (un appareil pour chauffer une pièce)	une poêle (pour faire frire les œufs)
un tour (un voyage ou une plaisanterie)	une tour (la tour Eiffel)
un manœuvre (un ouvrier)	une manœuvre (un mouvement)
un poste (une situation)	la poste (le service du courrier)
un mort (un homme mort)	la mort (≠ la vie)
un critique (celui qui critique)	une critique (ce que fait un critique)
un voile (étoffe qui couvre le visage)	une voile (un bateau à voile)
le physique (la physionomie)	la physique (la science)
un mémoire (une dissertation)	la mémoire (la faculté de se souvenir)

Exercices de vérification

1. Indiquez le genre par *M* ou *F.*

1. _____ tapis	6. _____ sacrifice	11. _____ parapluie	16. _____ automne
2. _____ fidelité	7. _____ prison	12. _____ groupe	17. _____ tennis
3. _____ or	8. _____ bureau	13. _____ ardeur	18. _____ platane
4. _____ romantisme	9. _____ tabac	14. _____ siècle	19. _____ Seine
5. _____ formule	10. _____ philosophie	15. _____ Mexique	20. _____ programme

2. Mettez des articles définis ou indéfinis dans les phrases suivantes.

1. _____ tour Eiffel est _____ plus haut monument de Paris.

2. On fait cuire _____ œufs dans _____ poêle.

3. Ecrivez encore _____ paragraphe.

4. Françoise Sagan est _____ auteur célèbre.

5. Achetez-moi _____ livre de sucre.

6. Mettez cette lettre à _____ poste, s'il vous plaît.

7. _____ journal a annoncé _____ mort de sept personnes dans _____ accident de la route.

8. _____ courage est _____ vertu.

9. _____ *Silence de* _____ *Mer* est _____ roman intéressant.

10. Sa chemise n'a qu'_____ manche.

11. _____ chêne est _____ arbre.

3. Mettez au féminin.

1. l'Arlésien _____

2. l'acteur _____

3. le mouton _____

4. le vendeur _____

5. le héros _____

6. l'oncle _____

7. l'Américain _____

8. le sot _____

9. le patron _____

10. le chat _____

***

II. Les Articles

Modèles

Le café est bon.	Je prends du café.
J'aime le café.	Je veux de la crème.
Je n'aime pas le café du réfectoire.	Nous avons de bons amis.
Il a acheté un livre.	Je ne veux pas de sucre.
J'ai bu assez de vin.	Il a besoin d'argent.
Apportez des disques.	Ils ont fait le travail avec plaisir.

Il y a *du* vin rouge dans *la* carafe sur la table, mais je préfère *le* vin blanc.

Exercices de réflexion

Mettez l'article défini, indéfini ou partitif où il le faut.

1. Il veut acheter _____ paquet _____ cigarettes.

2. _____ vin français est d'_____ qualité supérieure.

3. _____ argent ne fait pas _____ bonheur.

4. _____ tennis est un sport agréable.

5. _____ table est couverte _____ livres.

6. Je voudrais _____ glace comme dessert.

7. La plupart _____ Français prennent _____ pain au petit déjeuner.

8. De tous _____ sports d'hiver je préfère _____ ski.

9. Où sont _____ clefs de l'appartement? Il y a _____ clefs sur la table, mais elles ne sont pas à moi.

10. _____ crêpes que vous avez préparées sont délicieuses. J'y ai ajouté _____ sucre et beaucoup _____ confiture.

Explication

Tous les noms sauf les noms propres sont généralement précédés d'un article.

1. *L'article défini* désigne un nom de façon précise. Il peut avoir un sens général ou un sens particulier ("spécifique").

Sens général	Sens particulier
Le café est plus cher que *le* thé.	J'aime *le* café de ce bistrot.
Je n'aime pas *le* vin.	*Le* vin de cette région est bon.
J'aime *les* romans policiers.	*Les* livres de ce cours sont chers.
Les villes sont souvent animées.	Quelle est *la* plus grande ville de la France?

Remarquez bien: Les emplois exceptionnels de l'article défini.

a. Les œufs coûtent cinq francs *la* douzaine.   (Chaque douzaine coûte cinq francs.)

b. *Le* lundi soir nous regardons le match de football à la télévision.   (Tous les lundis soirs nous regardons le match de football à la télévision.)

MAIS:

Lundi soir nous allons regarder le match de football à la télévision.   (Lundi soir, la semaine prochaine, nous allons regarder le match de football à la télévision.)

2. *L'article indéfini* indique un nom de façon imprécise.
Il a acheté *un* livre.
Un garçon devient *un* homme.
Une manifestation a eu lieu à l'université hier soir.
Un jour j'irai en France.
La physique est *une* matière difficile.

Le pluriel de *un* ou *une* est *des.*
Il a acheté *des* livres.
Il y a *des* fleurs dans le jardin.
Des manifestations ont eu lieu à l'université l'année dernière.

3. *L'article partitif* indique une partie indéterminée d'un tout.

le gâteau

du gâteau

Je prends *du* gâteau.   (Je prends une partie du gâteau qui est sur la table, mais je ne prends pas tout le gâteau.)

Je prends *du* café.   (J'en prends seulement une ou deux tasses—ni tout le café dans la cafetière ni tout le café du monde.)

Je prends *de la* crème.
Nous avons mangé *des* croissants.
Avez-vous *de l'*argent?
Il a eu *de la* chance.
Elle a *du* courage.

4. *L'article partitif* est remplacé par *de:*

a. après une expression de quantité.

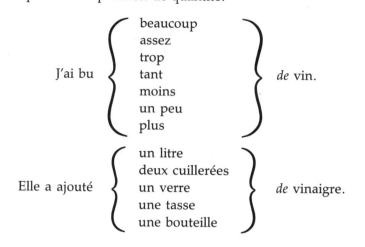

Remarquez bien:

• La plupart *des* gens cessent de travailler à cinq heures.

• Bien *des* fois il arrive en retard.

• Comparez:

Beaucoup de gens   Beaucoup *des* gens que je
habitent loin d'ici.   connais habitent loin d'ici.
("que je connais" ajoute en élément de précision. Alors on emploie l'article défini.)

b. avant un nom au pluriel précédé d'un adjectif.

Nous avons *de* bons amis en France.
Ma grand-mère m'a donné *de* jolis cadeaux.

c. avant un objet direct après une négation.

Comparez:	
J'ai un stylo.	Je n'ai pas *de* stylo.
Je veux du sucre	Je ne veux pas *de* sucre.
Nous avons des amis.	Nous n'avons pas *d*'amis.

d. avant un nom "pluriel" après certaines expressions verbales.

Jean-Pierre a besoin *d*'argent.
L'avare avait grande envie *de* pièces d'or.

MAIS:

Jean-Pierre a besoin *d'un* livre.
Jean-Pierre a envie *d'une* pièce d'or.

e. après certains adjectifs et participes passés.

La bibliothèque est *pleine de* livres.
La terre est *couverte de* neige.
La dinde est *garnie de* persil.

Les murs sont *ornés de* peintures.
Son gâteau était *décoré de* plusieurs bougies.
Il est parti pour la France *muni d*'argent.

f. après *quelque chose, rien, quelqu'un* ou *personne.*

Je cherche quelque chose *d'*intéressant.
Pour ce poste il faut quelqu'un *de* très intelligent.
Il n'y a rien *d'*étonnant en cela.

5. Certaines expressions n'exigent pas d'article:
   a. après *avec* ou *sans*

   C'est *avec plaisir* que j'accepte votre invitation.
   Ce monsieur calme est absolument *sans gêne.*
   Les voyageurs *sans bagages* débarqueront les premiers.

   MAIS: Quand on emploie *avec* avant une chose concrète, on garde l'article partitif.
   Ces fraises sont préparées *avec du sucre!*

   b. après *ne... ni... ni* comme négation des articles partitifs ou indéfinis

   Dans mon café je *ne* prends *ni* sucre *ni* lait.
   Ces messieurs robustes *ne* portent *ni* chapeau *ni* manteau en hiver.
   Pardon, monsieur. Je *n'*ai apporté *ni* crayon *ni* cahier en classe ce matin.

   MAIS: Avec des articles *définis* on garde l'article.
   Je n'aime ni les mathématiques ni la chimie.

Exercices de vérification

1. Mettez *un, une, du, de la, de l', des, de* ou *d'* dans les phrases suivantes, s'il y a lieu.
   1. J'ai acheté _____ brosse à dents, _____ pâte dentifrice, _____ savon et _____ rasoirs à la pharmacie.
   2. Bien _____ élèves font autant _____ progrès que vous.
   3. Les murs de sa chambre sont ornés _____ photos.
   4. C'est avec _____ plaisir que je lui ai rendu encore _____ service.
   5. Je voudrais _____ bonbons, _____ baguette _____ pain, un morceau _____ gâteau et un cornet _____ glace.
   6. Le serveur nous a apporté _____ carafe _____ eau fraîche.
   7. Il y a _____ arbres devant beaucoup _____ bâtiments de l'école.
   8. Il y a _____ monsieur et _____ dame qui demandent _____ renseignements à un agent de police.
   9. Il n'y a pas _____ bonne réponse à cette question.
   10. J'ai fait beaucoup _____ fautes, mais il n'a pas fait _____ fautes du tout.
   11. J'ai vu _____ coq, _____ poule et _____ jolis petits poussins dans le poulailler.
   12. Nous avons mangé _____ omelette avec _____ pommes frites et un verre _____ Orangina.
   13. J'ai quelque chose _____ très important à vous dire.
   14. Encore _____ eau s'il vous plaît. J'ai grand soif.
   15. J'ai besoin _____ argent pour acheter _____ nouvelle calculatrice.
   16. Elle a _____ imagination mais pas beaucoup _____intelligence.
   17. _____ tasse _____ chocolat me ferait _____ bien.
   18. On vend _____ jolis timbres à la poste.
   19. _____ orphelin n'a ni _____ père ni _____ mère.
   20. Voulez-vous _____ chocolat, _____ thé ou _____ café?

2. Mettez l'article défini, indéfini ou partitif, s'il y a lieu.

1. Ma sœur adore _____ chou-fleur, mais elle n'aime pas _____ épinards.
2. _____ cinéma est _____ art.
3. Je prends _____ tasse _____ café _____ matin, mais je ne prends jamais _____ lait.
4. Son assiette est pleine _____ frites.
5. Il y a _____ films que je trouve excellents, mais je n'ai pas aimé _____ film que j'ai vu _____ samedi soir.
6. Je n'aime ni _____ chimie ni _____ biologie.
7. L'enfant n'a mis ni _____ fourchettes ni _____ couteaux sur la table.
8. Je vais acheter _____ timbres à _____ poste.
9. Où avez-vous pu trouver _____ telles cravates?
10. Il y a _____ jolies cravates dans _____ magasin en ville en face de _____ station-service.
11. Ma mère a réussi à acheter _____ steaks à trente francs _____ kilo.
12. _____ paresse n'est pas _____ vertu.
13. Si vous croyez avoir _____ chance, achetez _____ billet de la Loterie Nationale.
14. Même si _____ restaurant est ouvert, je ne veux pas _____ petit déjeuner.
15. _____ films étrangers sont plus intéressants que _____ films américains.

Situations actives

Il va sans dire qu'il faut mettre à l'œuvre autant des structures de cette leçon que possible.

1. (*sketch*) Préparez un dialogue entre un(e) client(e) et le serveur (la serveuse) d'un restaurant. Le client (la cliente) commande le repas et le serveur (la serveuse) propose certains plats. Une fois le dîner servi, le client (la cliente) se plaint.

2. (*sketch*) A l'imitation d'un chef de cuisine à la télévision, donnez la recette d'un plat gastronomique et décrivez sa préparation.

3. (*sketch*) Vous êtes à la douane. Vous rentrez aux États-Unis après un séjour en France. Vous emportez beaucoup de choses, des cadeaux pour tout le monde. Dites au douanier (à la douanière) ce que vous avez à déclarer.

4. D'abord consultez le bulletin météorologique dans un journal français pour trouver le vocabulaire qu'il faut. Ensuite, donnez la météo pour cette semaine.

LES VERBES

Le verbe, l'élément essentiel d'une proposition complète, peut indiquer une *action* (nous *marchons*) ou un état (Jean *est* malade; Le ciel *est* bleu).

Il s'accorde avec le sujet.

Le verbe peut présenter l'action ou l'état comme variant suivant les temps: présent, passé, futur.

Suivant que l'on veut exprimer une réalité ou une possibilité, on emploie des modes différents: (*indicatif, subjonctif, conditionnel, impératif*) à la voix active ou passive.

Si l'action exprimée par le verbe peut s'exercer sur un objet, le verbe est *transitif* (Le chien *aime* son maître; Le chien *doute de* son maître). Sinon, il est *intransitif* (On *entre* à gauche et on *sort* à droite). S'il prend un pronom réfléchi, il est *pronominal* (Je *me couche* à minuit et je *me lève* à huit heures).

Au cours de ces quatre premières leçons, pour chaque temps de verbe étudié, il serait prudent d'apprendre les formes correspondantes des verbes *soulignés* dans le tableau des verbes.

I. Le Présent

Modèles

> Elle parle français.
> Il rend le livre à la bibliothèque.
> Nous mangeons souvent des fraises au déjeuner.
> Le joueur court vite.
> Je m'assieds à côté de la fenêtre.
> La paresse n'est pas une vertu.
> Ecoute-t-il attentivement?
> Nous étudions le français depuis deux semaines.
> Papa est en train de préparer le dîner. Nous dînerons dans dix minutes.
> Nous avons l'habitude de passer les vacances dans le Midi.
> Quand il neige, les oiseaux ne trouvent pas à manger.

Exercices de réflexion

Mettez le verbe entre parenthèses au présent à la personne qui convient.

1. Nous (prendre) _____ nos repas au réfectoire.
2. Où (aller) _____-ils maintenant?
3. Nous (faire) _____ de gros progrès en français.
4. On (employer) _____ le passé composé dans cette phrase-là.
5. Nous (commencer) _____ tous les matins à neuf heures.
6. A quelle heure (se réveiller) _____-tu d'habitude?
7. Depuis quand m' (attendre) _____-vous?
8. Nous (ne pas étudier) _____ les mathématiques tous les jours.
9. Les élèves du premier rang (savoir) _____ la réponse.
10. Nous (se promener) _____ dans le jardin des Tuileries.
11. Ce livre m' (ennuyer) _____.

12. Son travail ne me (plaire) _____ pas.
13. Est-ce que cela vous (intéresser) _____ ?
14. Ses enfants (lire) _____ très bien le français.
15. Ils (ne rien faire) _____ en ce moment.

Formation

1. On forme le présent des verbes réguliers (verbes terminés par *-er, -ir, -re*) en remplaçant les terminaisons infinitives par les terminaisons qui correspondent à chaque groupe.

Parler						*Finir*						*Rendre*					
je parl	*e*	nous parl	*ons*			je fin	*is*	nous fin	*issons*			je rend	*s*	nous rend	*ons*
tu parl	*es*	vous parl	*ez*			tu fin	*is*	vous fin	*issez*			tu rend	*s*	vous rend	*ez*
il parl	*e*	ils parl	*ent*			il fin	*it*	ils fin	*issent*			il rend		ils rend	*ent*

2. Pour les *verbes pronominaux,* un pronom réfléchi (qui rappelle le sujet) est placé avant le verbe et s'accorde avec le sujet. Voici quelques-uns des verbes qui sont le plus souvent pronominaux:

se réveiller	s'endormir	se coiffer	se souvenir de
se lever	se coucher	s'arrêter	se moquer de
se promener	s'asseoir	se débrouiller	s'occuper de
se laver	s'habiller	se rappeler	se servir de

Je me lève tôt. Il s'est bien débrouillé de cette affaire.
Nous nous promenons dans le parc. C'est avec plaisir que je me souviens de ces vacances.
Vous servez-vous d'un stylo pour faire le devoir? C'est avec plaisir que je me rappelle ces vacances.

Remarquez bien: Ces verbes ont aussi un emploi non réfléchi.

- Je lave la voiture.
  Elle arrête un passant pour demander l'heure.
  Elle couche l'enfant le soir et elle réveille l'enfant le matin.

- La plupart des verbes transitifs peuvent prendre la forme pronominale à l'aide du pronom réfléchi.

  Ils se connaissent depuis longtemps.
  Ils ne se voient pas très souvent,
    mais ils se parlent au téléphone. } sens réciproque

  Les faits se voient. (Ils sont évidents.)
  Cela ne se fait pas. (On ne fait pas cela.)
  Cela se dit souvent. (On dit cela souvent.) } expressions idiomatiques (Voir p. 17.)

- L'emploi uniquement impersonnel de l'expression *s'agir de.*
  Dans cette histoire, il s'agit d'un héros existentialiste.

3. A part un certain nombre de verbes irréguliers dont toute la conjugaison est irrégulière (voir le tableau des verbes), il existe des verbes qui font des changements orthographiques surtout au présent.

Manger, plonger, etc.		*Commencer, avancer, etc.*	
je mange	nous mangeons	je commence	nous commençons
tu manges	vous mangez	tu commences	vous commencez
il mange	ils mangent	il commence	ils commencent

a. Les verbes en -ger prennent un *e* directement devant *a, o, u*.

b. Les verbes en -cer prennent une cédille (*ç*) devant *a, o, u*.

Se lever, mener, acheter			*Jeter, appeler*	
je me lève	nous nous levons		je je**tte**	nous jetons
tu te lèves	vous vous levez		tu je**tte**s	vous jetez
il se lève	ils se lèvent		il je**tte**	ils je**tt**ent

Répéter, espérer			*Nettoyer, ennuyer*	
je répète	nous répétons		je netto*i*e	nous nettoyons
tu répètes	vous répétez		tu netto*i*es	vous nettoyez
il répète	ils répètent		il netto*i*e	ils netto*i*ent

4. On met une phrase à *la forme négative* en plaçant *ne* directement avant le verbe (et avant les pronoms objets ou réfléchis s'il y en a) et *pas* (*point, rien, jamais, plus,* etc.) immédiatement après.

> La richesse ne fait pas le bonheur.
> Il n'achète rien.
> Je ne me lève jamais avant sept heures.

5. On met une phrase à *la forme interrogative* en faisant l'inversion du sujet et du verbe.

a. Il faut ajouter -*t*- entre le verbe et le sujet pour une troisième personne du singulier qui ne se termine pas par une consonne.

> Ecoute-t-il attentivement? Oui, il écoute bien.
> Y a-t-il quelqu'un à la porte? Non, il n'y a personne.
> Jean-Jacques ne vient-il pas aujourd'hui? Si, mais il est en retard.

b. Lorsqu'il y a un nom sujet, le nom est placé avant le verbe et *un pronom sujet est ajouté après le verbe*.

> Nicolas est-il en retard?
> Les classes sont-elles intéressantes?
> Jean-Christophe ne se promène-t-il pas dans le parc aujourd'hui?

c. Il est d'usage d'employer *est-ce que* avant toutes les formes du verbe pour former une question, mais pour la plupart des verbes c'est obligatoire à la première personne du singulier.

> Est-ce que je pars avec vous?
> Est-ce que je joue mieux au tennis que Julien?

d. Il est très courant dans la langue parlée d'employer la forme déclarative et d'indiquer une question seulement par l'intonation. Quelquefois on ajoute *n'est-ce pas*.

> Ça va? (⟋)
>
> On y va? (⟋)
>
> Tu viens? (⟋)
>
> Il fait beau, n'est-ce pas? (⟋)

Remarquez bien:
- l'emploi de l'affirmatif accentué *si* après la forme interrogative négative.

> Ça ne va pas? —Si, ça va!
> Vous n'êtes pas américain? —Si, je suis américain.

• l'importance du présent comme "source" des formes des autres temps de verbe.

Comparez:

ils viennent	que je vienne (subjonctif)
nous venons	je venais (imparfait)
	venant (participe présent)
vous venez	venez (impératif)

Emploi

Contrairement à l'anglais, *il n'y a qu'un seul temps présent* en français.

1. Le présent:

a. exprime une action présente.

Maintenant je travaille. Ne me parlez pas.
Le joueur court vite.
Il donne un coup de pied.

b. décrit un état actuel.

Il fait beau aujourd'hui.
Je n'ai pas d'argent.

c. exprime une vérité générale.

Elle parle français.
La richesse ne fait pas le bonheur.

d. constate une habitude présente.

Elle est toujours fatiguée.
Il finit ses devoirs tous les soirs avant minuit.

2. Certaines locutions employant le présent:

a. *Etre en train de* rend une action encore plus présente.
Papa est en train de préparer le dîner. On dîne dans dix minutes.
Pierre est en train de mettre la table. Va l'aider!
Je suis en train de lire un roman fascinant.

b. *Avoir l'habitude de* constate une action encore plus habituelle.
Nous avons l'habitude de passer les vacances dans le Midi.
Il a l'habitude de se coucher tôt.

c. Le présent s'emploie après *quand* pour exprimer une vérité générale.
Quand il neige, le soleil ne brille pas.
Je réussis quand je travaille.

d. Quand une action ou un état commencé dans le passé continue dans le présent, on emploie le temps présent du verbe avec *depuis*.

Depuis quand êtes-vous à Paris?

Je suis à Paris depuis le 20 mars.
Je suis à Paris depuis mon arrivée en France.
Je suis à Paris depuis que je suis arrivé en France.

Depuis combien de temps étudiez-vous le français? (Pour cette question la réponse peut prendre quatre formes possibles.)

Nous étudions le français *depuis* deux semaines.
Voilà deux semaines que nous étudions le français.
Il y a deux semaines que nous étudions le français.
Ça fait deux semaines que nous étudions le français.

MAIS: Avec une négation, comme l'état ne dure plus, on emploie plus souvent le passé composé avec *depuis*

Je n'ai pas étudié le français depuis deux semaines.
Nous n'avons pas visité la France depuis trois ans.
Ils n'ont pas vu leurs petits-enfants depuis Noël.

e. *Pendant que* indique la simultanéité de deux actions ou états.
Pendant que je suis à Paris je visite autant de musées que possible.
Tu ne peux pas étudier pendant que tu écoutes la radio.

f. *Tandis que* indique un contraste entre deux actions ou états simultanés.
Ce n'est pas juste! Vous jouez tandis que je travaille.
Moi, j'habite New York tandis que mon frère habite Paris.

| Exercices de vérification |

1. Mettez au pluriel.

   1. je veux _____
   2. il fait _____
   3. je m'assieds _____
   4. je me lève _____

   5. tu jettes _____
   6. je mange _____
   7. il prend _____

   8. tu viens _____
   9. j'avance _____
   10. je me promène _____

2. Mettez au singulier.

   1. vous savez _____
   2. nous nettoyons _____
   3. vous rougissez _____
   4. nous achetons _____

   5. ils mettent _____
   6. nous répétons _____
   7. nous servons _____

   8. ils vendent _____
   9. vous sortez _____
   10. ils connaissent _____

3. Mettez à la forme interrogative.

   1. Je fais une faute. _____
   2. Elle étudie toujours. _____
   3. Marie prépare le repas. _____
   4. Ses parents sont âgés. _____
   5. Il se réveille de bonne heure. _____

4. Répondez aux questions suivantes par une phrase complète.

   1. Depuis combien de temps faites-vous du français?
   2. Depuis quand aimez-vous la musique classique?

5. Mettez au temps qui convient.

   1. Depuis quand (savoir) _____-vous nager?
   2. Je (ne pas voir) _____ Jean depuis trois semaines.
   3. Voilà deux heures que je l' (attendre) _____ .

4. Tandis que je (travailler) _____ , Jean-Michel joue sur la plage.
5. Cela fait trois semaines qu'elle (être) _____ à Paris.
6. Pendant que le professeur (parler) _____ , les élèves (prendre) _____ des notes.
7. Quand je (travailler) _____ , je (réussir) _____ .
8. La femme de ménage (balayer) _____ le plancher une fois par semaine.
9. Nous (s'amuser) _____ énormément depuis l'arrivée de nos amis.
10. Nous (manger) _____ trop vite quand nous (avoir) _____ faim.

6. Refaites les phrases suivantes en employant *être en train de* ou *avoir l'habitude de* selon le sens.
   1. Nous écoutons la radio pendant que nous travaillons.
   2. Maintenant nous faisons le devoir.
   3. Je crois qu'ils regardent la télévision.
   4. Nous nous levons tard le samedi matin.
   5. Le professeur commence le cours à l'heure.

II. L'Impératif

Modèles

Faites de votre mieux.
Payez à la caisse.
Finissons le travail aussi vite que possible.
Lève-toi.

Ne te lève pas.
Sois sage.
N'ayez pas peur.

Exercices de réflexion

Mettez à l'impératif.
1. Ne pas (avoir) _____ peur! Si vous avez des difficultés, (téléphoner) _____-moi.
2. (Faire) _____ ce que vous voudrez.
3. (Manger) _____ bien, car tu n'auras pas l'occasion de manger ce soir.
4. (Etre) _____ sage et je te donnerai un bonbon.
5. (Se lever) _____ vite et (se dépêcher) _____ ou tu seras en retard.
6. (Faire) _____ voir. (Montrer) _____-moi ta photo.
7. (Courir) _____ vite. Nous n'avons pas beaucoup de temps.
8. (Savoir) _____ que je ne ferai jamais cela même si vous me le demandez.
9. (Aller) _____-y. Vous pourrez réussir.
10. (Ne pas fumer) _____ , s'il vous plaît.

Formation

Il existe une forme de l'impératif à la deuxième personne du singulier et du pluriel et à la première personne du pluriel. En général, dans les trois cas, la forme de l'impératif est la même que la forme du présent, sans le sujet. Mais il faut noter les exceptions suivantes:

1. Pour les verbes de la première conjugaison (et *aller*), le *s* final de la deuxième personne du singulier est supprimé.
     Va!
     Mange!

   Remarquez bien: Ces formes irrégulières existent pour des raisons de prononciation:
     Vas-y!
     Manges-en!

2. A la forme affirmative, les pronoms objets (y compris les pronoms réfléchis) sont placés après le verbe. A la forme négative ils sont placés avant le verbe. (Voir p. 70–71.)

Comparez:	
Lève-toi	Ne te lève pas
Allez vous-en	Ne vous en allez pas
Regardez-moi	Ne me regardez pas

3. Impératifs irréguliers:

Être	*Avoir*	*Savoir*	*Vouloir*
sois	aie	sache	
soyons	ayons	sachons	
soyez	ayez	sachez	veuillez

Emploi

L'impératif s'emploie pour exprimer un ordre au présent ou au futur.

   Dépêchez-vous.
   Si tu arrives avant midi, téléphone-moi.

Remarquez bien: l'emploi particulier de *veuillez* comme formule de politesse.

Comparez:

   Veuillez m'excuser.   Excusez-moi s'il vous plaît.

Exercices de vérification

Mettez à l'impératif.

1. (Mettre) _____ ces phrases à l'impératif.
2. (Répondre) _____ à autant de questions que possible.
3. (Faire) _____ de votre mieux.
4. (S'amuser) _____ bien ce soir.
5. (S'asseoir) _____ avant de commencer.
6. (Ne pas s'asseoir) _____ tout de suite.

7. (Ne pas se lever) _____ avant de finir l'exercice.

8. Si tu as le temps, (aller) _____ voir ce film.

9. (Ne pas s'inquiéter) _____. Tu pourras le faire une autre fois.

10. (Donner) _____-moi ton crayon.

11. (Ne pas oublier) _____ de me laisser ton livre.

12. (S'en aller) _____. Vous n'avez pas le droit d'être là.

13. (Vouloir) _____ accepter l'expression de mes sentiments les plus distingués.

14. (Se dépêcher) _____. Nous sommes en retard.

15. (Faire) _____ un effort pour nettoyer notre chambre avant le dîner.

16. (Etre) _____ prudent sur la route. (Ne pas conduire) _____ trop rapidement ou vous aurez un accident.

17. (Avoir) _____ la gentillesse de lui envoyer une carte.

18. (Passer) _____-moi le beurre, s'il vous plaît.

19. (Ne jamais se baigner) _____ sur cette plage sans demander à Maman.

III. Le Passif

Modèles

On vend ce livre à la librairie en ville.
Ce livre se vend à la librairie en ville.
Ce livre est vendu à la librairie en ville.
Le libraire vend ce livre.
Ce livre est vendu par le libraire.
Le cours est terminé.

Nous sommes effrayés par le chien méchant.
Notre travail est fini, je crois.
Notre travail est toujours fini avant six heures.
On fait le travail avec peine.
Le travail se fait avec peine.

Exercices de réflexion

Mettez à la forme active.

1. Le devoir est fait par le garçon.
2. Le cours est terminé.
3. Beaucoup de romans sont écrits par cet auteur.
4. La levée du courrier est faite une fois par jour.
5. Cela n'est pas dit très souvent.
6. Des tartes aux pommes sont vendues par le boulanger.
7. Nous sommes effrayés par lui.
8. La leçon est finie et elle est comprise par tous les élèves.
9. Cette place est déjà prise.
10. Le passif n'est guère employé.

Explication

1. Contrairement à l'anglais, le passif est une voix qui s'emploie très peu en français. Il est généralement préférable d'employer la voix active. Quand le verbe actif n'a pas de sujet précis, on évite la forme passive en employant *on* (qui représente *je, nous, ils,* ou *tout le monde*) ou bien la forme pronominale du verbe. (Voir p. 10.)

Comparez:

Phrase passive	*Phrases actives*
Ce livre est vendu à la librairie en ville.	On vend ce livre à la librairie en ville.
	Ce livre se vend à la librairie en ville.
Ces livres sont vendus à la librairie en ville.	On vend ces livres à la librairie en ville.
	Ces livres se vendent à la librairie en ville.
Le français est parlé au Québec.	Au Québec on parle français.
	Le français se parle au Québec.
Le travail est fait avec peine.	On fait le travail avec peine.
	Le travail se fait avec peine.

---

2. Pour mieux comprendre les équivalences entre la forme passive et la forme active, examinez le schéma ci-dessous:

Phrase active	*Phrase passive*
Le libraire vend le livre.	Le livre est vendu par le libraire.
Il boit une bouteille de vin.	Une bouteille de vin est bue par lui.
On discute la question.	La question est discutée.

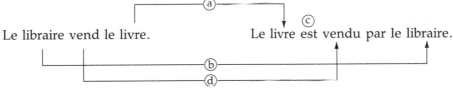

Dans la phrase passive, les changements suivants ont lieu:

(a) L'objet direct (*le livre*) devient le sujet.
(b) Le sujet (*le libraire*) devient un complément introduit par la préposition *par*.
(c) Le temps du verbe actif (présent) devient le temps du verbe *être* (*est*).
(d) Le verbe actif (*vend*) devient un participe passé (*vendu*) qui s'accorde avec le nouveau sujet.

Remarquez bien:

• Au lieu de décrire une action présente, le passif présent s'emploie quelquefois pour exprimer le *résultat* d'une action passée.

Comparez:

Notre travail est fini, je crois.
(Nous avons fini notre travail. Alors le passif présent exprime ici le *résultat* d'une action passée.)

Notre travail est toujours fini avant six heures.
(Nous finissons toujours notre travail avant six heures.)

• Après certains verbes, *par* est remplacé par *de* devant le complément quand on décrit un état. Les verbes qui exigent souvent cet emploi sont:

accompagner	entourer	respecter
aimer	obéir	suivre
craindre	précéder	voir

Il est aimé de ses collègues.
La ville est entourée de montagnes.

Exercices de vérification

Mettez à la forme active (1) en employant *on*, (2) en employant une forme pronominale.

Exemple:

Le livre est vendu.
On vend le livre.
Le livre se vend.

1. Le livre est lu.
2. Le français est parlé en classe.
3. Le vin est bu en France.
4. Ces journaux sont publiés une fois par semaine.
5. Les portes sont ouvertes à neuf heures.
6. Cette tâche est accomplie avec peine.
7. Ce travail est vite fait.
8. Cela est souvent dit.
9. D'habitude, le devoir est fait en classe.
10. Ce placard est vu de loin.
11. La bibliothèque est fermée à dix heures.
12. Cela est fait sans difficulté.

Exercices de récapitulation

1. Mettez l'article défini.
   1. _____ thème
   2. _____ football
   3. _____ Pologne
   4. _____ chêne
   5. _____ porte-plume
   6. _____ carafe
   7. _____ paragraphe
   8. _____ spectacle
   9. _____ personne
   10. _____ massacre

2. Mettez l'article défini, l'article partitif ou *de*, selon le cas.
   1. Tu pourrais acheter _____ cartes postales au bureau de tabac.
   2. Quel est _____ prix d'une livre _____ beurre?
   3. _____ Méridionaux sont plus bavards que _____ Normands.
   4. J'ai _____ mal à comprendre cet exercice.
   5. Il n'a pas acheté _____ cadeau pour sa mère.
   6. Avez-vous _____ monnaie?
   7. J'aurais dû lui apporter _____ cadeaux.
   8. Si tu n'aimes pas _____ vin rouge, achète _____ vin blanc.
   9. Bien _____ gens ne savent pas _____ réponse à cette question.
   10. _____ gâteau que vous avez choisi ne coûte pas cher.

3. Mettez au temps qui convient.

   1. Lorsque je (regarder) _____ par la fenêtre, je (voir) _____ les voitures qui passent.

   2. Nous (répéter) _____ ce que nous dit le professeur.

   3. Depuis que vous (être) _____ là, je (ne plus se sentir) _____ seul.

   4. D'où (venir) _____ ces balles de tennis?

   5. (Aller) _____-elle souvent au cinéma?

   6. Nous (ne jamais prendre) _____ de café sans crème.

   7. Nous (ne pas avancer) _____ très rapidement avec un temps pareil.

   8. Il vous (lancer) _____ le ballon aisément.

   9. Je (connaître) _____ Pierre depuis longtemps.

  10. Je (se lever) _____ d'habitude à sept heures.

4. Mettez à l'impératif.

   1. (Dire) _____-moi la vérité.

   2. (Descendre) _____ de votre voiture au prochain arrêt.

   3. (Etre) _____ prudent et (ne pas boire) _____ trop.

   4. (Manger) _____ ta soupe.

   5. (S'asseoir) _____ avant de me poser ta question.

   6. (Payer) _____ l'addition à la caisse, s'il vous plaît.

   7. (Sourire) _____ quand vous parlez français.

   8. Frère Jacques, (se réveiller) _____. Il faut sonner les matines.

   9. (Se sauver) _____. Tu es en danger.

  10. (Dire) _____ que nous serons chez vous avant midi.

5. Mettez les phrases suivantes à la forme active.
   1. Les légumes sont achetés par la ménagère.
   2. L'italien est parlé en Italie.
   3. Le choix des livres est déterminé par le prix.
   4. Cela n'est pas fait.

| Situations actives |

Il va sans dire qu'il faut mettre à l'œuvre autant des structures de cette leçon que possible.

1. (*sketch*) Vous revenez chez vous pour les vacances de Noël. Vos parents vous demandent de faire les courses, la lessive, le ménage, etc. Vous leur expliquez que maintenant vous êtes trop occupé(e) et que vous avez d'autres projets. Créez ce dialogue en utilisant autant d'impératifs que possible.

2. Ecrivez dix règles de conduite pour vos parents.

3. Faites un auto-portrait au moral et au physique. Tenez compte surtout de vos activités préférées.

4. (*sketch*) Décrivez à un étranger (une étrangère) la route qu'il faut suivre pour aller de votre salle de classe à la bibliothèque.

5. (*sketch*) Imaginez que vous êtes le guide d'un groupe d'enfants qui visitent une ferme. Employez des impératifs en indiquant les divers animaux (masculins *et* féminins).

DEUXIÈME LEÇON

LES TEMPS DU PASSÉ

Les temps du passé s'emploient pour exprimer une action qui s'est déjà terminée à un moment avant le présent. Les rapports qui existent entre les actions diverses dans le passé dictent le choix des temps qu'il faut employer à un moment donné.

I. Le Passé récent

Modèles

> Pierre vient de parler avec Micheline.
> Nous venons de recevoir la nouvelle de sa mort.

Exercices de réflexion

Mettez les phrases suivantes au passé récent.

1. Georges achète un parapluie dans le magasin.
2. Tu mets l'argent emprunté dans le portefeuille.
3. Il laisse un mot pour ses amis.
4. Je lis le nouveau livre sur le scandale dans le gouvernement.
5. Nous nous amusons dans le parc.
6. Ils arrivent à l'aéroport avec six heures de retard.

Explication

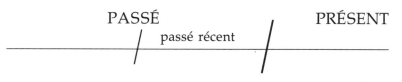

Le passé récent (*venir de* + infinitif) exprime une action terminée qui s'est passée *immédiatement* avant le présent.

Pierre vient de parler avec Micheline.

Nous venons de recevoir la nouvelle de sa mort.

(Pierre a parlé avec Micheline à un moment très proche du présent.)
(Nous avons reçu la mauvaise nouvelle à un moment très proche du présent.)

Je n'ai pas faim. Je viens de dîner.
Le facteur vient d'arriver et voici une lettre pour vous.
Je n'ai pas encore déjeuné, car je viens de me lever.

Exercices de vérification

Mettez les phrases suivantes au passé récent.

1. Il part pour la France.
2. Nous faisons les exercices de réflexion.
3. Je rencontre une amie dans la rue.

4. J'accepte l'invitation de votre frère pour ce soir.
5. Ils constatent une baisse de production dans leur compagnie.
6. Nous nous rencontrons.

II. Le Passé composé

Modèles

Ce matin mon réveil a sonné à sept heures. J'ai sauté du lit, je me suis habillé et je suis descendu prendre mon petit déjeuner à la cuisine. A sept heures vingt, je suis sorti de la maison. J'ai sorti la voiture du garage, et je suis allé à la faculté. Il m'a fallu vingt minutes pour y arriver. Comme je suis arrivé avant l'heure, j'ai bavardé avec des amis pendant quelques minutes. Puis, je suis entré en classe.

Exercices de réflexion

Mettez les verbes entre parenthèses aux temps qui conviennent. (*Attention:* Il faut choisir entre le présent et le passé composé.)

1. Le petit frère de Jacqueline (naître) _____ hier.
2. Nous (ne pas partir) _____ pour l'Europe la semaine dernière.
3. Il me semble que tu (jouer) _____ toujours au tennis en été.
4. (Faire) _____-vous _____ un bon voyage?
5. Je (ne jamais voir) _____ une si jolie voiture.
6. Hier quelques élèves (s'endormir) _____ pendant la conférence du professeur.
7. Il (prendre) _____ la voiture de son père et à un kilomètre de la maison il (avoir) _____ un accident. Heureusement, il (ne pas se faire) _____ mal.
8. Hier soir vous (ne pas monter) _____ l'escalier aussi vite que vous le (descendre) _____ _____ .
9. L'année dernière on (construire) _____ un grand supermarché au milieu de la ville. Maintenant la circulation (être) _____ toujours affreuse.
10. La serveuse (oublier) _____ de remplir nos verres.
11. Je (entendre) _____ cette histoire au moins dix fois.
12. L'enfant (se casser) _____ le bras en tombant.
13. Hier, je (rencontrer) _____ Pierre dans la rue. Nous (aller) _____ au café, où nous (prendre) _____ un verre, et nous (parler) _____ pendant deux heures. Je le (quitter) _____ à cinq heures et je (rentrer) _____ à la maison.
14. L'été dernier il (apprendre) _____ à faire de la voile.

Formation

1. Pour former le passé composé, on emploie le présent de l'auxiliaire *avoir* ou de l'auxiliaire *être*, et on ajoute le participe passé. Tous les verbes se conjuguent au passé composé avec *avoir* sauf certains verbes intransitifs et les verbes pronominaux, qui se conjuguent avec *être*.

2. *Les verbes intransitifs* sont:

(Ce dessin illustre chaque mouvement qui est représenté par un verbe intransitif.)

Voici une liste des verbes intransitifs (les numéros se rapportent aux numéros dans le dessin):

1. venir (revenir)
2. arriver
3. entrer (rentrer)
4. monter
5. rester
6. descendre
7. tomber
8. sortir
9. partir
10. aller
11. retourner
12. naître
13. devenir
14. mourir

Voici la même liste, les verbes étant groupés en antonymes:

arriver ---- partir
venir ---- aller
revenir ---- retourner
entrer ---- sortir
rentrer
monter ---- descendre
tomber ---- rester
naître ---- devenir ---- mourir

Remarquez bien: Certains verbes normalement intransitifs comme *sortir, monter, descendre, rentrer* peuvent avoir de temps en temps un objet direct. Dans ce cas ils sont conjugués avec *avoir.*

Comparez:

Je suis sorti de la maison.
Je suis descendu.
Je suis monté.
Nous sommes rentrés à la maison.

J'ai sorti la voiture du garage.
J'ai descendu la valise.
J'ai monté l'escalier.
Nous avons rentré la voiture au garage.

3. *La négation des temps du passé:* Dans tous les temps composés du passé le négatif (*ne... pas*) se place autour de l'auxiliaire (la forme conjuguée d'*avoir* ou d'*être*).

Tu n'as pas donné le livre à Marie.
Tu ne l'as pas donné à Marie.
Tu ne le lui as pas donné.

Pierre n'est pas entré dans la salle de classe.
Je ne me suis pas rasé.
Elle ne s'est pas lavée.

4. *L'interrogation dans les temps composés du passé:* (Voir p. 11.)

    a. se forme en général par l'inversion du sujet et de l'auxiliaire (*avoir* ou *être*).

As-tu accepté le cadeau?	Oui, tu as accepté le cadeau.
Avons-nous reçu la nouvelle?	Non, nous n'avons pas reçu la nouvelle.
Pierre a-t-il lu le livre?	Oui, il a lu le livre.
Vos parents sont-ils arrivés à l'heure?	Non, ils ne sont pas arrivés à l'heure.
Ne vous êtes-vous pas levé à six heures?	Si, je me suis levé à six heures.

    b. peut se former en ajoutant *est-ce que* au commencement de la phrase.

Est-ce que tu as accepté le cadeau?	Oui, j'ai accepté le cadeau.
Est-ce qu'il a lu le livre?	Non, il n'a pas lu le livre.
Est-ce qu'ils sont arrivés à l'heure?	Non, ils ne sont pas arrivés à l'heure.
Est-ce que vous vous êtes levé à six heures?	Oui, je me suis levé à six heures.

Emploi

Le passé composé s'emploie pour exprimer une action terminée. Examinez encore le paragraphe du modèle:

Ce matin *mon réveil a sonné* à sept heures. *J'ai sauté* du lit, *je me suis habillé* et *je suis descendu* prendre mon petit déjeuner à la cuisine. A sept heures vingt, *je suis sorti* de la maison. *J'ai sorti* la voiture du garage, *je suis allé* à l'école. *Il m'a fallu* vingt minutes pour y arriver. Comme *je suis arrivé* avant l'heure, *j'ai bavardé* avec des amis pendant quelques minutes. Puis, *je suis entré* en classe.

Chaque verbe dans ce paragraphe exprime une succession d'actions dans une période de temps limitée au passé.

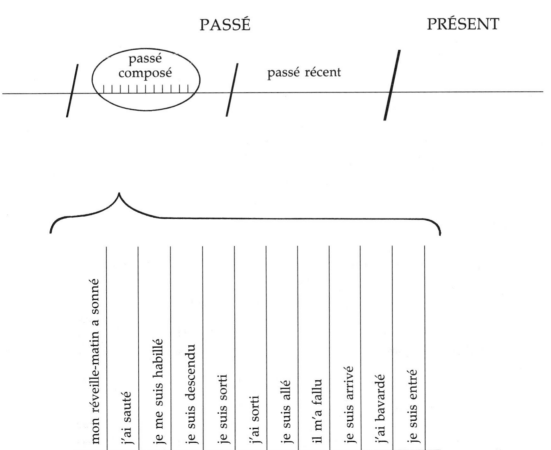

Voici un deuxième paragraphe:

Le professeur est entré dans la salle de classe. *Il s'est assis* devant la classe, *a sorti* un livre d'un tiroir, *a ouvert* le livre et *s'est mis* à lire. Alors *le cours a commencé.*

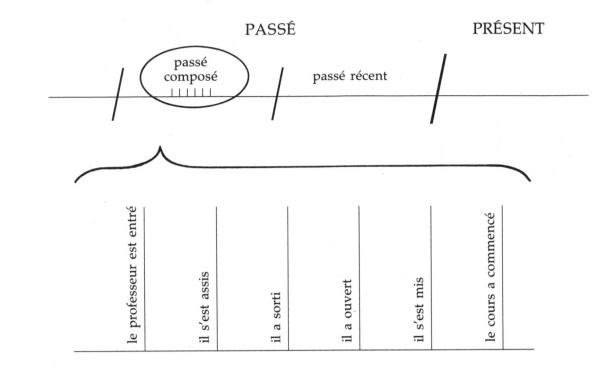

Exercices de vérification

1. Mettez les verbes entre parenthèses au passé composé.
   1. Nous (rire) _____ quand le clown (entrer) _____ en scène.
   2. Elles (louer) _____ un appartement en ville.
   3. Qui (payer) _____ l'addition au restaurant?
   4. Ils (bâtir) _____ une belle maison.
   5. Jean-Claude (vivre) _____ à Nice jusqu'à l'âge de treize ans.
   6. Tout le monde (lire) _____ ce roman.
   7. En quittant la chambre, il (éteindre) _____ toutes les lampes.
   8. Malgré la circulation, le conférencier (arriver) _____ à l'heure.
   9. Vous (devenir) _____ riches en économisant.
   10. Je (couvrir) _____ la casserole.
   11. Ils (repeindre) _____ leur maison.
   12. On dit qu'il (beaucoup souffrir) _____ après son accident de voiture.
   13. Je (ramasser) _____ toutes les feuilles de papier.
   14. La dame (cueillir) _____ des fleurs pour en faire un beau bouquet.

2. Mettez les verbes entre parenthèses aux temps qui conviennent. (Attention: tous les temps étudiés jusqu'ici sont possibles)
   1. Hier soir une grande explosion (rompre) _____ le silence de la nuit.
   2. L'assistance (applaudir) _____ quand l'orchestre (terminer) _____ le morceau.

3. Chaque soir mes parents (boire) _____ du vin au dîner.

4. L'année dernière Laure (suivre) _____ trois cours de littérature française.

5. Deux secondes avant le départ du train, l'homme d'affaires y (monter) _____ .

6. Hier nous (se dépêcher) _____ pour arriver à l'heure pour le rendez-vous.

7. Le lundi je (prendre) _____ toujours le temps de m'amuser.

8. Quand l'enfant (mentir) _____ l'autre jour, le professeur (se mettre) _____ en colère.

9. Nous devions partir pour l'Europe il y a un mois, mais je (se casser) _____ la jambe.

10. Ce matin je (devoir) _____ réveiller ma sœur.

11. Chaque soir la comète (apparaître) _____ dans le ciel.

12. Quand la tempête (éclater) _____ hier, il (falloir) _____ quitter le terrain de golf.

13. (Voir) _____-vous _____ sa nouvelle voiture?

III. L'accord du participe passé avec les temps composés (le passé composé, le plus-que-parfait, le futur antérieur, le conditionnel passé, le passé du subjonctif)

Modèles

Ils ont joué au tennis.
Tu l'as donné à Marie.
Elle a vendu ses livres? Oui, elle les a vendus.
Elle s'est lavée.

Elle s'est lavé les cheveux.
La revue que j'ai achetée est intéressante.
Anne est entrée dans la salle de classe.
Nous sommes arrivés à la gare.

Exercices de réflexion

Mettez les verbes entre parenthèses au passé composé.

1. Les photos que le photographe (prendre) _____ il y a deux mois (ne pas arriver) _____ .

2. Combien de places (retenir) _____-il _____ au théâtre pour *La Cantatrice chauve?*

3. Voilà ma nouvelle voiture! Je l' (acheter) _____ à un prix intéressant.

4. Jeanne (se lever) _____ très tôt pour préparer ses devoirs.

5. L'année dernière Bernard (retourner) _____ dans son pays natal pour la première fois depuis sa naissance.

6. La jeune fille (se débrouiller) _____ toute seule pendant son voyage en Russie.

7. Françoise, pourquoi (lever) _____-tu _____ la main, alors que tu n'avais rien à dire?

8. Nous (parler) _____ longuement de notre projet.

9. J' (entendre) _____ la bonne nouvelle.

10. Quelles robes (acheter) _____-vous _____?

11. A quelle heure (se réveiller) _____-tu _____ ce matin?

12. Les jeunes amoureux (se regarder) _____.

13. Où se trouve la cathédrale que Monet (représenter) _____ dans un grand nombre de tableaux?

14. La petite fille (se brosser) _____ les dents toute seule avant de se coucher.

15. Quand (donner) _____-vous _____ le livre à votre copain?

| Formation |

L'accord du participe passé quand l'objet direct précède le verbe:

masculin	=	participe passé
masculin pluriel	=	participe passé + *s*
féminin	=	participe passé + *e*
féminin pluriel	=	participe passé + *es*

| Emploi |

Les participes passés des verbes conjugués avec *avoir* et des verbes pronominaux s'accordent en genre et en nombre avec:

1. un pronom objet direct qui précède le verbe.

Tu as donné le livre à Marie.   Tu l'as donné à Marie.
Nous avons fini la leçon.   Nous l'avons finie.
Elle a vendu les fleurs.   Elle les a vendues.

Je me suis rasé.
Elle s'est lavée.

Remarquez bien:

Elle s'est lavé les cheveux.

L'objet direct dans cette phrase, *les cheveux,* suit le verbe. Le *s* avant le verbe montre le possesseur des cheveux et joue le rôle d'un *objet indirect,* avec lequel le participe passé ne s'accorde pas.

Comparez:	
Pronom réfléchi = objet direct	*Pronom réfléchi = objet indirect*
Elle s'est lavée.	Elle s'est lavé les cheveux.
Ils se sont regardés.	Ils se sont parlé.

2. l'antécédent d'un pronom relatif employé comme objet direct.

La revue canadienne que j'ai achetée est intéressante.
Le cadeau que tu as offert est joli.
Où sont les bijoux que ta mère t'a donnés?
Les leçons que nous avons étudiées sont difficiles.

3. Les participes passés des verbes conjugués avec *être* s'accordent avec le sujet de la phrase.

Pierre est entré dans la salle de classe.
Anne est entrée dans la salle de classe.
Nous sommes arrivés à la gare.

1. Mettez les verbes entre parenthèses au passé composé.

   1. Ils (venir) _____ à l'heure.

   2. De qui (se moquer) _____-tu _____?

   3. Voilà la valise! (Ne pas la monter) _____-tu _____ hier soir?

   4. Les rédactions que nous (faire) _____ sont maintenant dans la poubelle.

   5. Nous (aller) _____ à la plage pour passer une belle journée au soleil.

   6. L'équipe (s'entraîner) _____ en plein air.

   7. Il (acheter) _____ la revue au kiosque et la (mettre) _____ sur la table.

2. Répondez aux questions suivantes en employant des pronoms objets.

   1. Où as-tu posé les gants?

   2. A-t-il ouvert la fenêtre pendant l'orage?

   3. As-tu lavé la voiture?

   4. Avez-vous lu les romans de Proust?

   5. Avons-nous terminé notre devoir?

   6. Quand a-t-il reçu les lettres du Président?

⚜ ⚜ ⚜

IV. Le Passé simple

   Après deux ans de voyages, Pierre le Grand *rentra* en Russie. Il *décida* de moderniser son pays. On *vit* alors en Russie, pour la première fois, de grands vaisseaux sur la mer Noire et dans la Baltique. Des bâtiments d'une architecture régulière *furent* élevés. Le tsar *fonda* des collèges, des académies, des bibliothèques. Les Moscovites *apprirent* à connaître la civilisation occidentale.

Mettez les verbes dans les phrases suivantes soit au passé simple, soit au présent (selon le contexte).

1. Christophe Colomb (débarquer) _____ aux Antilles en 1492.

2. Ma sœur (monter) _____ à cheval tous les week-ends.

3. Racine (décrire) _____ la mort d'Hippolyte il y a trois siècles.

4. Louis XIV (naître) _____ en 1638 et (mourir) _____ en 1715.

5. Saint Louis (être) _____ roi de France au XIIIe siècle.

6. Le président (devoir) _____ toujours respecter les droits personnels des citoyens du pays.

7. Pierre le Grand (vivre) _____ en Russie au XVIIIe siècle.

8. Je (dormir) _____ huit heures par nuit.

Le passé simple, un temps littéraire, s'emploie dans la langue écrite comme le passé composé dans la langue parlée.

Le passé simple présente trois sortes de terminaisons. (Pour simplifier l'identification de ce temps, il faut reconnaître qu'il ressemble souvent au radical du participe passé.)

1. Les verbes dont les infinitifs se terminent en -er.

Parler

je parl	*ai*	nous parl	*âmes*
tu parl	*as*	vous parl	*âtes*
il parl	*a*	ils parl	*èrent*

2. Les verbes dont les infinitifs se terminent en -ir et généralement -re, voir et asseoir.

Finir

je fin	*is*	nous fin	*îmes*
tu fin	*is*	vous fin	*îtes*
il fin	*it*	ils fin	*irent*

Remarquez bien: Les verbes *tenir* et *venir* (et tous leurs composés comme *retenir* et *devenir*) sont très irréguliers au passé simple.

Tenir

je tins	nous tînmes
tu tins	vous tîntes
il tint	ils tinrent

Venir

je vins	nous vînmes
tu vins	vous vîntes
il vint	ils vinrent

3. Les verbes dont les infinitifs se terminent en -oir, courir, mourir, les verbes irréguliers, et une quinzaine de verbes en -re (boire, conclure, connaître, croire, croître, être, exclure, lire, moudre, paraître, plaire, repaître, résoudre, taire, vivre).

Etre

je fus	nous fûmes
tu fus	vous fûtes
il fut	ils furent

Courir

je cour	*us*	nous cour	*ûmes*
tu cour	*us*	vous cour	*ûtes*
il cour	*ut*	ils cour	*urent*

Exercices de vérification

1. Mettez les verbes entre parenthèses au passé simple.
   1. Le pèlerin (aller) _____ faire son hommage à Dieu à Sainte-Anne-de-Beaupré.
   2. Alexis de Toqueville (écrire) _____ quand il était aux Etats-Unis: "Je (vivre) _____ trente ans en France avant de venir ici."
   3. Ils (venir) _____; ils (voir) _____; ils (vaincre) _____.
   4. Charlemagne (mourir) _____ en 814.
   5. Laure de Rastignac (envoyer) _____ une fortune à son pauvre frère Eugène.

2. Mettez les phrases suivantes au passé composé.
   1. Le maire fut président du Conseil pendant un an.
   2. L'étudiant fit son droit.
   3. La pauvre dame perdit son sac devant la gare Saint-Lazare.
   4. Nous ne pûmes pas accepter votre invitation.
   5. Vous finîtes votre devoir.

V. L'Imparfait

Modèles

A. Je dormais quand le téléphone a sonné.
Le téléphone sonnait quand mon père est entré.

B. Le jardin autour du kiosque à musique était en fleurs. Trois vieilles dames écoutaient la musique que jouait l'orchestre, quand une des dames s'est mise à crier. Elle s'est rendu compte qu'elle n'avait pas son sac. Avec ses deux amies elle a cherché partout parmi les rosiers, mais elle n'a rien trouvé. Où était son sac? Pendant qu'elles s'interrogeaient, un jeune homme leur a demandé s'il pouvait les aider. Ce jeune homme, qui portait un costume élégant, avait l'air galant. Il a tiré le sac de dessous son veston et il a expliqué qu'il voulait lui rendre le sac trouvé par un ami sous un banc à côté. Etait-il le voleur?

Exercices de réflexion

Mettez les verbes entre parenthèses aux temps exigés par le contexte.

L'été passé, je (se lever) _____ toujours avant les autres membres de ma famille. Je (se réjouir) _____ d'un peu de solitude avant le commencement d'une journée très chargée. J' (aimer) _____ déjeuner tout seul pendant que je (lire) _____ le journal. Un jour, je (faire) _____ du café quand je (remarquer) _____ que le journal (être) _____ déjà là, devant la porte. Je (ne pas être) _____ habillé, mais je (se dire) _____ que comme il (être) _____ très tôt et que tout le voisinage (dormir) _____ encore, je (ne pas avoir) _____ besoin de m'habiller pour aller le chercher. Ainsi, je (sortir) _____ de la maison en laissant la porte entr'ouverte. Mais en descendant les marches du perron, j' (entendre) _____ claquer la porte derrière moi. Je (se rendre compte) _____ qu'elle (être) _____ fermée à clef! Et me voilà sur le trottoir, pied-nu et en pyjama! Je (frapper) _____ à la porte. J' (essayer) _____ de réveiller mon frère qui (dormir) _____ au premier étage. Personne (ne répondre) _____ . Qu'est-ce que j'allais faire? Je me (croire) _____ perdu quand tout à coup je (se souvenir) _____ qu'il y (avoir) _____ une clef cachée dans le garage. Je (se dépêcher) _____ de la trouver, et ainsi, je (pouvoir) _____ entrer sans réveiller personne. Quand ma mère (descendre) _____ à la cuisine, je (lire) _____ tranquillement mon journal.

Formation

Pour former l'imparfait, on prend la première personne du pluriel du présent et l'on remplace -*ons* par les terminaisons suivantes:

	Parler (nous parl ons)				*finir* (nous finiss ons)	
je parl	*ais*	nous parl	*ions*	je finiss	*ais*	nous finiss	*ions*
tu parl	*ais*	vous parl	*iez*	tu finiss	*ais*	vous finiss	*iez*
il parl	*ait*	ils parl	*aient*	il finiss	*ait*	ils finiss	*aient*

Rendre (nous rend ons)

je rend	*ais*	nous rend	*ions*
tu rend	*ais*	vous rend	*iez*
il rend	*ait*	ils rend	*aient*

Remarquez bien la première et la deuxième personnes du pluriel de *rire* et des verbes dont les infinitifs se terminent en -*ier: nous riions, vous riiez; nous étudiions, vous étudiiez.*

Emploi

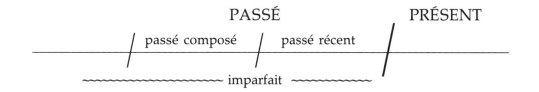

1. L'imparfait décrit et encadre au passé.

L'imparfait:

a. décrit le cadre, un état d'esprit ou une condition au passé.

Le jardin autour du kiosque à musique *était* en fleurs.
Ce jeune homme, qui *portait* un costume élégant, *avait* l'air galant.
Je *croyais* savoir la réponse.

b. exprime une action habituelle ou répétée au passé.

L'année dernière je *me réveillais* tous les matins avant l'aube.
Quand il était jeune, il *jouait* au football.
Autrefois il *fallait* toute une semaine pour aller en Europe.

c. exprime une situation qui peut être interrompue par une action précise.

Je *dormais* quand le téléphone a sonné.
Le téléphone *sonnait* quand mon père est entré.
Pendant qu'elles *s'interrogeaient,* un jeune homme leur a demandé s'il pouvait les aider.
Trois vieilles dames *écoutaient* la musique que *jouait* l'orchestre quand une des dames s'est mise à crier.

2. Le sens et le contexte gouvernent les rapports entre l'imparfait et le passé composé. Examinez encore le paragraphe modèle:

Le jardin autour du kiosque à musique était en fleurs. Trois vieilles dames écoutaient la musique que jouait l'orchestre quand une des dames s'est mise à crier. Elle s'est rendu compte qu'elle n'avait pas son sac. Avec ses deux amies elle a cherché partout parmi les rosiers, mais elle n'a rien trouvé. Où était son sac? Pendant qu'elles s'interrogeaient, un jeune homme leur a demandé s'il pouvait les aider. Ce jeune homme, qui portait un costume élégant, avait l'air galant. Il a tiré le sac de dessous son veston et il a expliqué qu'il voulait lui rendre le sac trouvé par un ami sous un banc à côté. Etait-il le voleur?

Le jardin autour du kiosque à musique *était* en fleurs.	"Le jardin... était en fleurs" décrit le cadre de l'incident. (1)
Trois vieilles dames *écoutaient* la musique que *jouait* l'orchestre...	Situation interrompue par une action (3)
...quand une des dames *s'est mise* à crier	Action précise
Elle *s'est rendu compte*...	Action précise
...elle n'*avait* pas son sac	Situation interrompue par une action (3)
...elle *a cherché*, mais elle *n'a rien trouvé*	Actions précises
Où *était* son sac?	Condition (1)
Pendant qu'elles *s'interrogeaient*...	Situation interrompue par une action (3)
...un jeune homme leur *a demandé*	Action précise
...s'il *pouvait* les aider.	Condition (1)
Ce jeune homme, qui *portait*..., *avait* l'air galant	Description du garçon (1)
Il *a tiré*... il *a expliqué*	Actions précises
...il *voulait* lui rendre le sac	Etat d'esprit (1)
Etait-il le voleur?	Condition (1)

Exercices de vérification

1. Mettez les verbes entre parenthèses à l'imparfait.
    1. Quand-il (être) _____ jeune, il (aimer) _____ jouer à cache-cache.
    2. Nous (rire) _____ chaque fois que l'hyène (rire) _____.
    3. Tous les matins quand le facteur (arriver) _____ le chien (aboyer) _____.
    4. Vous (avoir) _____ les yeux bleus, mais maintenant ils semblent verts.
    5. Quand tu (être) _____ à l'université, tu (recevoir) _____ *L'Express* chaque semaine. Moi, je (lire) _____ *Le Nouvel Observateur*.
    6. Seurat (peindre) _____ de très jolis paysages.
    7. Nous (aller) _____ en voiture sur la Côte d'Azur à toutes les vacances de Pâques.

2. Mettez les verbes entre parenthèses aux temps exigés par le contexte.

Je préfère toujours grimper l'escalier au lieu de prendre l'ascenseur. C'est à cause d'une mauvaise expérience que j' (avoir) _____ il y a cinq ans. A cette époque j' (habiter) _____ au septième étage d'un grand immeuble. Je (travailler) _____ tout près de mon appartement et je (faire) _____ toujours le trajet de chez moi au bureau en dix minutes. C' (être) _____ commode et pratique. Mais une fois quelque chose (se passer) _____ qui m'a fait changer d'avis. Je me rappelle très bien que c' (être) _____ un vendredi soir et que j' (être) _____ mort de fatigue. Après une longue journée de travail, je (vouloir) _____ tout simplement rentrer chez moi. Ainsi, je (quitter) _____ le bureau un peu plus tôt que d'habitude. Comme il (pleuvoir) _____ à verse, je (courir) _____ jusqu'à l'immeuble. Je (remarquer) _____ qu'il y (avoir) _____ beaucoup de monde qui (attendre) _____ l'ascenseur. Comme je (se sentir) _____ pressé, je (commencer) _____ à m'impatienter un peu. Mais les portes de l'ascenseur (s'ouvrir enfin) _____ et nous (se presser) _____ en foule pour entrer dans la cabine. Nous (être) _____ comme des harengs en boîte. J' (échanger) _____ des propos au sujet du mauvais temps avec un voisin, quand tout à coup l'ascenseur (s'arrêter) _____ tout court. Je (comprendre tout de suite) _____ que nous (être) _____ coincés entre le cinquième et le sixième étage! Une femme qui (avoir) _____ peur (commencer) _____ à hurler. Un enfant (se mettre) _____ à pleurer. Un gros monsieur qui (fumer) _____ un cigare puant (crier) _____ à tue-tête: "Au secours! Au secours!" Une vieille femme qui (être) _____ à côté de moi (ne rien dire) _____, mais elle (avoir) _____ l'air terrifié. Et bien, moi aussi, j' (avoir) _____ peur. Je (se demander) _____: "Pendant combien de temps serons-nous prisonniers dans cette petite boîte étouffante? J' (envisager) _____ le pire, car je (connaître) _____ des histoires effrayantes des gens qui (attendre) _____ le sauvetage pendant des heures. Je (savoir) _____ que j' (avoir) _____ raison d'être inquiet. Au bout de quelques minutes l'ascenseur (se remettre) _____ en marche. Les portes se sont ouvertes au sixième étage, et moi, je (se hâter) _____ d'en sortir. Je (monter) _____ au septième étage par l'escalier. Je n' (aller) _____ courir aucun risque! Un mois plus tard je (déménager) _____ et depuis lors j' (habiter) _____ une petite maison de banlieue...au rez-de-chaussée, bien entendu!

VI. Le Plus-que-parfait

Modèles

Le chèque que la banque m'avait envoyé au mois d'avril est arrivé au mois d'octobre.
Lorsque (quand, dès que, aussitôt que) j'avais lu le livre, ma sœur le rendait toujours à la bibliothèque.
Comme Julie était tombée de l'échelle, nous l'avons emmenée chez le médecin.

Exercices de réflexion

Mettez les verbes entre parenthèses aux temps du passé exigés par le contexte.

Alain qui (combattre) _____ pour la France pendant la Deuxième Guerre mondiale (se trouver) _____ sans poste après la guerre. Il (se demander) _____ souvent sans succès ce qu'il (savoir) _____ faire. Un jour, alors qu'il (flâner) _____ dans les rues de Paris, un couple italien (s'approcher) _____ de lui et l'(interroger) _____ en italien. Comme il (savoir) _____ un peu d'italien, parce qu'il (faire) _____ son service en Italie, Alain (pouvoir) _____ répondre à leurs questions. Les Italiens (être) _____ ravis d'avoir trouvé quelqu'un qui (comprendre) _____ leur langue. Après une conversation qui (durer) _____ une heure, Alain (être) _____ surpris de la facilité avec laquelle il (pouvoir) _____ s'exprimer dans la langue. Peu après, Alain (rencontrer) _____ une jeune Allemande. Encouragé par son succès en italien, Alain (se mettre) _____ à parler l'allemand qu'il (apprendre) _____ pendant l'occupation allemande en France. Son succès en italien (encourager) _____ Alain et il (poursuivre) _____ la conversation avec l'Allemande pendant une heure et demie. Quand il (rentrer) _____ chez lui, Alain (réfléchir) _____ et (conclure) _____ que connaissant trois pays et possédant trois langues, sa profession (devoir) _____ être naturellement de s'occuper de tourisme ou d'être interprète.

(adapté de *La Croisière* d'Emmanuel Roblès)

Explication

Le plus-que-parfait se forme avec *avoir* ou *être* à l'imparfait + le participe passé.

Parler		*Aller*	
j'avais parlé	nous avions parlé	j'étais allé	nous étions allés
tu avais parlé	vous aviez parlé	tu étais allé	vous étiez allés
il avait parlé	ils avaient parlé	il était allé	ils étaient allés

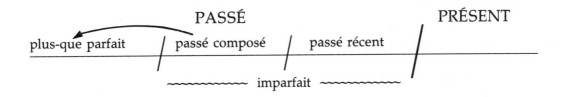

PASSÉ   PRÉSENT

plus-que parfait / passé composé / passé récent

imparfait

Le plus-que-parfait est un temps relatif qui existe seulement par rapport à un autre temps passé. Il s'emploie pour exprimer une action *terminée avant* une autre action au passé; c'est un temps chronologiquement plus passé que le passé composé ou l'imparfait.

Comme Georges n'avait pas fini ses devoirs, nous ne sommes pas allés au cinéma.

(Deux actions au passé: l'action de *finir* est terminée avant l'action d'*aller*.)

Parce que ses parents lui avaient envoyé de l'argent, il m'a remboursé.

(Deux actions au passé: l'action d'*envoyer* l'argent est terminée avant l'action de *rembourser*.)

Comme il était arrivé en retard, Pierre essayait de manger plus vite que d'habitude.

(Deux actions au passé: l'action d'*arriver* est terminée avant l'action d'*essayer*.)

Remarquez bien: Pour exprimer une action terminée *immédiatement* avant une autre action dans le passé, on emploie le passé récent à *l'imparfait*.

Nous venions de rentrer quand quelqu'un a sonné à la porte.
Je venais de mettre la lettre à la poste, quand je me suis rappelé que je n'avais pas mis de timbre.

Exercices de vérification

1. Mettez les verbes entre parenthèses au plus-que-parfait.
   1. Au café j'ai choisi la table où je (s'installer) _____ hier.
   2. Vous aviez faim parce que vous (ne pas déjeuner) _____.
   3. Je suis retourné au jardin pour chercher les gants que je (laisser) _____ sur un banc.
   4. Le garçon m'a offert une tasse de café parce que je (s'asseoir) _____.
   5. Comme le Premier Ministre (démissionner) _____, il a fallu en choisir un autre.
   6. On a mis Voltaire en prison parce qu'il (écrire) _____ une satire contre le duc.
   7. Ils (acheter) _____ déjà _____ cette maison quand je me suis installé à Neuilly.
   8. Nous sommes arrivés à la gare en retard. Le train (partir) _____ déjà _____.
   9. Cela faisait deux mois qu'ils (devenir) _____ célèbres à cause de leur exploit.
   10. Tes parents étaient bien déçus parce que tu (ne pas réussir) _____.

2. Employez les mots suivants pour construire des phrases complètes. Employez l'imparfait, le passé composé, ou le plus-que-parfait selon le contexte.
   1. Georges / préparer / déjà / le dîner / quand / sa femme / rentrer / du bureau.
   2. Vous / ne pas voir / Pierre / depuis longtemps / quand / vous / le / rencontrer / à Londres.
   3. Nous / jouer / au bridge / lorsque / le téléphone / nous / interrompre.
   4. Nous / bavarder ensemble / sur la terrasse / quand / nous / entendre / un bruit inattendu.
   5. Ils / déjà / monter / dans le train / quand / nous / arriver / à la gare.

3. Récrivez le paragraphe en mettant les verbes entre parenthèses au passé.

   Puisqu'Alain (*se décider*) à devenir interprète et guide, l'Agence Havas le (*engager*). Comme première tâche, Alain (*devoir*) être le guide d'un groupe d'industriels italiens dans Paris. Ce que les Italiens (*vouloir*) voir à Paris (*ne point intéresser*) Alain; ils (*ne s'intéresser que*) aux usines dans les quartiers industriels. Le pauvre Alain (*s'ennuyer*); il (*vouloir*) toujours montrer ce qui (*caractériser*) la civilisation française, mais avec ces industriels il (*être*) limité aux laideurs de la civilisation. Déçu et dégoûté de ces hommes d'affaires, Alain (*décider*) d'accompagner un groupe de jeunes étudiants. Ces étudiants bruyants (*ne pas être*) assez mûrs pour bien apprécier les monuments. Après ces deux expériences décourageantes, Alain (*être*) ravi quand l'Agence lui (*annoncer*) qu'il (*aller*) faire une croisière sur la Méditerranée avec un couple français et un couple allemand. Deux semaines plus tard à Nice, juste avant de monter à bord du bateau, Alain (*se trouver*) dans un café où il (*écrire*) une lettre à son meilleur ami dans laquelle il (*expliquer*) ce qu'il (*éprouver*) quand il (*faire*) faire les visites de Paris et à quoi il (*s'attendre*) aussi en croisière. Pendant qu'il (*écrire*), il (*rêver*) à sa nouvelle aventure. Les heures (*passer*). Tout d'un coup, il (*se rendre compte*) de l'heure et (*se dépêcher*) de rejoindre le bateau. Une fois à bord, Alain (*faire vite*) la connaissance de l'équipage, de Pierre, et du capitaine du bateau. Bientôt après, les deux couples (*monter*) à bord. Johannes Schmidt (*être*) grand, robuste et chauve; cette absence de cheveux (*créer*) une impression désagréable. Sa femme, une jolie blonde bronzée, (*avoir*) un air sportif. Par contre, le Français (*sembler*) insignifiant à cause de sa taille moyenne et de son visage ingrat; sa femme, Caroline de Maublanc (*symboliser*) le chic français. "Qu'est-ce qui (*aller*) arriver pendant cette croisière?" (*se demander*) Alain.

   (adapté de *La Croisière* d'Emmanuel Roblès)

VII. Le Passif au passé

Modèles

La voiture était réparée par le garagiste.
La voiture a été réparée par le garagiste.
La voiture avait été réparée par le garagiste.

Exercices de réflexion

Mettez les phrases suivantes à la forme active.

1. Le repas était toujours préparé par la cuisinière.
2. La montre a été réparée par le bijoutier.
3. Le voleur avait été tué par le marchand quand la police est arrivée.
4. Le verre a été renversé par le vent.
5. Les tuiles ont été mises en place par le maçon.
6. Les fautes ont été corrigées par le professeur.
7. Les murs ont été abîmés par les écoliers.

Explication

Généralement les Français préfèrent la forme active. Pour le passif au passé, le temps du verbe *être* s'accorde avec le temps du verbe dans la phrase active. (Pour une explication plus détaillée, voir pages 16–18.)

Phrases passives	*Phrases actives*
La voiture était réparée par le garagiste. (Le garagiste était en train de réparer la voiture.)	Le garagiste réparait la voiture.
La voiture a été réparée par le garagiste. (Action précise et terminée.)	Le garagiste a réparé la voiture.
La voiture avait été réparée par la garagiste.	Le garagiste avait réparé la voiture.

Voici des cas exceptionnels où la forme passive est préférable:

Plusieurs records ont été battus.
L'école a été fondée en 1778.

Exercices de vérification

Mettez les phrases suivantes à la forme active.

1. Le livre a été publié par Garnier.
2. La leçon était toujours apprise par les élèves.
3. Le soldat avait été blessé par l'obus.

Exercices de récapitulation

1. Mettez les phrases suivantes au passé récent.
   1. Nous acceptons l'invitation.
   2. Les Dupont vendent leur maison.
   3. Vous construisez une petite cabane dans la forêt.
   4. Je me fais couper les cheveux.
   5. Je perds une boucle d'oreille.
   6. Je trouve une pièce de trois francs dans la rue.

2. Avec les mots suivants, faites des phrases complètes. Employez l'imparfait, le passé composé ou le plus-que-parfait selon le contexte.
   1. il / s'occuper / du ménage / pendant que / sa femme / travailler / dans une usine.
   2. vous / terminer / déjà / le devoir / quand / Suzanne / venir / vous / voir.
   3. quand / Anne / être / jeune / elle / monter / à cheval.
   4. je / savoir / la réponse / tout à l'heure / mais / je / refuser / de te la dire / parce que / tu / ne pas préparer / le devoir / hier soir.
   5. puisque / le Président / signer / le traité / les journalistes / le / questionner.
   6. autrefois / il / ne prendre que / deux repas / par jour.

3. Mettez les verbes entre parenthèses aux temps qui conviennent.

   Le bateau (*entrer*) lentement dans San Remo une heure environ après le dîner. Schmidt et de Maublanc (*fumer*) des cigares sur le pont. Jacques, un membre de l'équipage, (*tenir*) la barre et les deux femmes (*s'apprêter*) dans leurs cabines. Tous les phares allumés des voitures (*glisser*) sur la route du littoral, puis (*se confondre*) avec la poussière lumineuse de la ville même.

   Au casino, un peu plus tard, Johannes Schmidt (*perdre*) à la roulette sans quitter son masque de vieux chien gris. Lui, il (*porter*) un smoking blanc tandis que de Maublanc (*être*) en costume foncé. A ce moment, les deux dames habillées en robe du soir, (*cesser*) de jouer et (*rejoindre*) le dancing en compagnie de de Maublanc. Alain (*s'attarder*) près de la roulette, intéressé par le comportement de certains joueurs. Une vieille dame "en décolleté" qu'Alain (*observer*) de loin (*s'approcher*) de lui. Une fois à côté de lui, la dame (*sembler*) encore plus vieille. Les rides (*créer*) des vallées et des montagnes sur son visage; mais on (*pouvoir*) reconnaître qu'à une certaine époque, elle (*être*) extrêmement jolie. Son comportement (*trahir*) une élégance disparue depuis longtemps. Alain (*avoir*) pitié d'elle, mais pour ne pas être gêné par cette dame, il (*changer*) de place et (*s'installer*) à côté de Schmidt qui (*gagner*) enfin. Schmidt (*venir*) de jeter ses jetons sur deux numéros quand sa femme, Gertrude, (*faillir*) tomber à côté de lui parce qu'elle (*boire*) un peu trop de champagne. Elle (*se jeter*) de toutes ses forces contre Alain et lui (*dire*) "(*Faire*)-moi danser, Alain, (*vouloir*)-tu?" Alain (*ne pas répondre*), mais (*se rappeler*) la façon dont il (*faire*) la connaissance de sa meilleure amie en Allemagne pendant la Deuxième Guerre mondiale.

   (adapté de *La Croisière* d'Emmanuel Roblès)

4. Mettez les phrases suivantes à la forme active.
   1. L'accident n'avait pas été vu par les gens dans la rue.
   2. Le paquebot était piloté par le capitaine.
   3. Le pain avait été coupé par la serveuse avant le repas.

5. Mettez l'article défini, indéfini ou partitif où il le faut. (N'oubliez pas de faire toutes les élisions possibles.)

1. _____ bonne a acheté _____ douzaine _____ œufs à_____ marché.

2. Marie Laurencin a peint _____ très jolis tableaux.

3. Voulez-vous _____ rosbif? Merci, je ne veux pas _____ rosbif.

4. _____ collège _____ Jésuites n'a pas accepté _____ nouveaux élèves.

5. _____ mercredi j'ai rencontré Pierre à _____ université. Généralement je n'y vais pas _____ mercredi.

6. _____ beurre coûte trois _____ francs _____ kilo.

7. En _____ honneur _____ son anniversaire nous lui donnerons _____ surprise-party.

8. Colette, _____ membre de l'Académie Goncourt, adorait _____ œuvres _____ Malraux.

9. Jean a saisi son balai par _____ manche.

10. Je ne peux pas t'accompagner parce que je n'ai pas beaucoup _____ temps. Demande à Jean, puisqu'il a _____ loisirs.

Situations actives

Il va sans dire qu'il faut mettre à l'œuvre autant des structures de cette leçon que possible.

1. Racontez au passé un événement que vous avez vécu et dont vous n'avez jamais parlé à vos parents.

2. Racontez au passé un voyage que vous avez fait à l'étranger ou dans une autre région des Etats-Unis.

3. Racontez au passé vos souvenirs de votre premier jour à l'école.

4. Quel a été le moment le plus embarrassant de votre vie? Racontez ce qui est arrivé.

5. Résumez un conte de fées.

6. (sketch) Il y a eu un accident entre deux autos. Les deux chauffeurs se disputent. Ils ne sont pas d'accord sur ce qui s'est passé en réalité et de qui en était la faute. Un agent de police arrive et essaie de régler la situation.

TROISIÈME LEÇON

LES TEMPS DU FUTUR ET DU CONDITIONNEL

I. Le Futur proche

Modèles

> Silence! Le professeur va parler.
> Qu'est-ce que vous allez faire ce week-end?
> Nous allons être fatigués ce soir.

Exercices de réflexion

Mettez les phrases suivantes au futur proche.

1. Ils vont au supermarché où ils achètent les provisions pour la semaine.
2. Le semestre prochain je suis un cours d'astronomie.
3. Le professeur parle de la Révolution française.

Explication

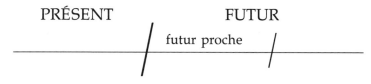

PRÉSENT　　　　　　　FUTUR

futur proche

Le futur proche (*aller* + l'infinitif) exprime une intention, une action ou un état qui aura lieu dans un futur proche: dans deux ou trois minutes, dans quelques heures, dans quelques jours.

> Le professeur va parler.　　　　　　(Il est sur le point de parler.)
> Nous allons être fatigués ce soir.　　(Nous serons fatigués dans un temps près du présént.)

> Je vais déménager dans une semaine.
> Qu'est-ce que tu vas faire ce soir?
> Cette dame va avoir un enfant.

Exercices de vérification

Mettez les phrases au futur proche.

1. Est-ce que tu pars pour les vacances?
2. Ce soir, le Président donne une conférence de presse.
3. Attention! Tu t'assieds sur une aiguille!
4. Il pleut cet après-midi.
5. J'envoie un télégramme à mes parents.

II. Le Futur

Modèles

> Je partirai en décembre.
> Après ses études il sera avocat.
> Lorsque je serai à Paris, je verrai ma tante.
> Quand je saurai le prix, je déciderai.
> Dès qu'elle aura seize ans, elle achètera une voiture.
> Aussitôt qu'il fera chaud, nous irons à la plage.
> Vous viendrez à neuf heures et vous écouterez le professeur.
> Vous ferez les exercices, puis vous les corrigerez.
> Si vous venez avec nous, nous serons contents.

Exercices de réflexion

Mettez les verbes entre parenthèses aux temps qui conviennent.

1. Quand il (être) _____ grand, il sera pompier.
2. L'été prochain j' (aller) _____ en France.
3. Aussitôt qu'il y (avoir) _____ de la neige, nous irons à la montagne.
4. S'il peut venir, il (téléphoner) _____ .
5. Pendant que nous serons en ville, tu (rester) _____ avec le bébé.
6. Si tu (prendre) _____ ces vitamines, tu auras plus d'énergie dans quelques jours.

Formation

Pour former le futur, on prend l'infinitif et on ajoute les terminaisons du futur (les terminaisons du verbe *avoir* au présent). Si l'infinitif du verbe se termine en -*re*, on supprime le *e*.

	Parler				*Finir*		
je parler	*ai*	nous parler	*ons*	je finir	*ai*	nous finir	*ons*
tu parler	*as*	vous parler	*ez*	tu finir	*as*	vous finir	*ez*
il parler	*a*	ils parler	*ont*	il finir	*a*	ils finir	*ont*

	Rendre		
je rendr	*ai*	nous rendr	*ons*
tu rendr	*as*	vous rendr	*ez*
il rendr	*a*	ils rendr	*ont*

Quelques verbes ont un radical irrégulier au futur, mais les terminaisons sont toujours régulières.

avoir – j'*aur*ai	envoyer – j'*enverr*ai	pouvoir – je *pourr*ai
être – je *ser*ai	voir – je *verr*ai	vouloir – je *voudr*ai
aller – j'*ir*ai	devoir – je *devr*ai	venir – je *viendr*ai
faire – je *fer*ai	savoir – je *saur*ai	

Les verbes qui font un changement orthographique au présent font le même changement dans toutes les formes du futur. (Voir p. 11.)

Se lever, mener, acheter		*Jeter, appeler*	
je me lèverai	nous nous lèverons	je jetterai	nous jetterons
tu te lèveras	vous vous lèverez	tu jetteras	vous jetterez
il se lèvera	ils se lèveront	il jettera	ils jetteront

Nettoyer, ennuyer

		MAIS: Répéter, espérer	
je nettoierai	nous nettoierons	je répéterai	nous répéterons
tu nettoieras	vous nettoierez	tu répéteras	vous répéterez
il nettoiera	ils nettoieront	il répétera	ils répéteront

Pour voir la liste complète, étudiez le tableau des verbes.

Emploi

Le futur exprime une action, un événement ou un état qui doivent se produire dans l'avenir.

1. Après les expressions de temps *quand, lorsque, dès que* et *aussitôt que,* si l'action exprimée se produit au futur, employez le futur.

   Lorsque je serai à Paris, je verrai ma tante. (L'état "d'être à Paris" est dans le futur et encadre l'action "voir ma tante.")

   Quand je serai riche, j'aurai une maison à la campagne.
   Dès que nous aurons le temps, nous viendrons vous voir.
   Aussitôt que je saurai quelque chose, je te téléphonerai.
   Lorsqu'elle aura son permis, elle pourra conduire.
   Quand il se sentira mieux, il viendra nous voir.

2. Le futur peut avoir le sens d'un impératif. On peut employer le futur pour atténuer un ordre ou un conseil.

   Vous ferez ce que le médecin vous dit.
   Vous prendrez ces pilules tous les matins.
   Tu iras avec ta mère.
   Tu ne regarderas pas la télévision ce soir.

3. Dans une phrase qui exprime une condition avec *si + le présent,* le résultat de cette condition est au futur quand la phrase relate un incident particulier au futur.

Condition	*Résultat*
Si vous venez,	nous serons contents.
S'il pleut demain,	on n'ira pas à la campagne.
Si j'ai le temps,	j'irai au cinéma.
Si nous trouvons le chat,	nous le mettrons dans la maison.

   Remarquez bien: Quoique le moment du verbe introduit par *si* exprime le futur, *on n'emploie jamais le futur après "si"* dans une phrase conditionnelle.

Exercices de vérification

Mettez les verbes entre parenthèses aux temps qui conviennent.

1. Aussitôt que tu (savoir) _____ le prix, dis-le-moi.

2. Quand tu (avoir) _____ faim, tu me le (dire) _____.

3. Pour demain, vous (apprendre) _____ ces verbes irréguliers.

4. S'il ne (manger) _____ pas, il (mourir) _____ de faim.

5. J'espère qu'il (réussir) _____ à l'examen. S'il y (échouer) _____, son père (être) _____ furieux.

6. Bientôt il n'y (avoir) _____ plus ni forêts ni eau potable dans ce pays.

7. Je (être) _____ toujours à l'heure; si tu (ne pas arriver) _____ à cinq heures juste, je (partir) _____ sans toi.

8. Si vous (être) _____ sage, vous (faire) _____ ce que vous dit le professeur.

9. Aussitôt qu'ils (vouloir) _____ partir, je (retenir) _____ des places dans le train.

10. Quand tu (écrire) _____ tes mémoires, j'espère que tu (se souvenir) _____ de moi.

11. Dès que le bébé (savoir) _____ parler, il ne nous (laisser) _____ jamais tranquilles.

12. Vous (venir) _____ à neuf heures demain matin et vous (faire) _____ un exposé sur l'art gothique. Si les autres élèves (avoir) _____ des questions à poser, vous (essayer) _____ d'y répondre.

13. Lorsque je la (voir) _____, je lui (raconter) _____ cette histoire.

14. Quand il (avoir) _____ le temps, il (venir) _____ nous voir.

15. Ce monsieur (avoir) _____ encore l'air jeune, mais il (avoir) _____ bientôt soixante-dix ans.

III. Le Futur antérieur

Modèles

> Vendredi on te paiera pour le travail que tu auras fait pendant la semaine.
> A sept heures ils auront dîné et nous pourrons partir ensemble.
> Je vous prêterai cette revue quand je l'aurai lue.
> Lorsqu'ils seront rentrés d'Europe, nous les inviterons à dîner.
> Aussitôt qu'elle se sera levée, je lui dirai de vous téléphoner.
> Dès que je serai arrivé à Paris, je vous enverrai une carte postale.
> Quand j'aurai fini mon travail, nous sortirons.

Exercices de réflexion

Mettez les verbes entre parenthèses aux temps qui conviennent.

1. Quand tu (apprendre) _____ à nager, tu (pouvoir) _____ aller à la piscine.

2. Lorsqu'il me (donner) _____ son avis, je (prendre) _____ une décision.

3. A neuf heures ils (rentrer) _____ déjà _____ et nous (pouvoir) _____ aller à la plage.

4. Aussitôt qu'il (trouver) _____ du travail, il (louer) _____ un appartement en ville.
5. S'il (neiger) _____ demain, nous (mettre) _____ des chaînes sur les pneus.
6. Nous (jouer) _____ au bridge après que les enfants (s'endormir) _____.
7. Elle dit qu'elle (maigrir) _____ de cinq kilos avant la fin du mois.
8. Quand je (finir) _____ ce livre, je vous le (prêter) _____.
9. Est-ce qu'elle (être) _____ guérie avant la rentrée des classes?
10. Dès que tu (partir) _____, tu (penser) _____ à revenir.

Formation

Le futur antérieur est un temps composé. Pour former le futur antérieur, on prend le futur de l'auxiliaire *avoir* ou *être* et on ajoute le participe passé. La négation, l'interrogation et les règles pour l'accord du participe passé sont les mêmes qu'aux autres temps composés (le passé composé et le plus-que-parfait).

Emploi

PRÉSENT   FUTUR

futur proche | futur antérieur | futur

Le futur antérieur est, comme le plus-que-parfait, un temps relatif et il existe seulement par rapport à un autre temps futur. Le futur antérieur indique qu'une action dans le futur sera réalisée et terminée avant une deuxième action au futur.

A sept heures ils auront dîné et nous partirons ensemble.

(deux actions au futur: l'action de *dîner* est terminée avant l'action de *partir*)

Je vous prêterai cette revue dès que je l'aurai lue.

(deux actions au futur: l'action de *lire* est terminée avant l'action de *prêter*)

Je l'aurai fini avant lundi.

Quand
Lorsque
Aussitôt que
Dès que
Après que
} {
j'aurai lu mon courrier, j'irai au réfectoire.
son père sera mort, il sera riche.
les chasse-neige seront passés, nous sortirons la voiture.
nous aurons vu le film, nous le discuterons en classe.

1. Au futur, les conjonctions *aussitôt que, dès que* et *après que* exigent plus souvent un futur antérieur à cause de leur sens. *Aussitôt que* et *dès que* sont des synonymes qui veulent dire "à partir du moment où," et soulignent une rupture brusque qui sépare deux moments.

   Aussitôt que ses parents lui auront envoyé de l'argent, il me remboursera. (tout de suite après)
   Aussitôt que nous aurons passé nos examens, nous partirons en vacances. (tout de suite après)
   Dès que nous aurons reçu une lettre, nous vous le dirons. (tout de suite après)
   Dès qu'il aura fini ses études, il se mariera avec Marie. (tout de suite après)
   Après que les voyageurs auront débarqué, le douanier examinera les bagages. (tout de suite après)
   Après que ma mère sera rentrée, nous servirons le dîner. (tout de suite après)

2. On n'emploie pas le futur antérieur:

   a. après *après que*, quand les deux propositions ont le même sujet. Dans ce cas, il faut employer l'infinitif passé (*après + avoir/être +* le participe passé). Le participe passé suit les mêmes règles d'accord que le participe passé dans les temps composés.

Comparez:

Nous rentrerons, puis *nous* servirons le dîner. Après être rentrés, *nous* servirons le dîner.
Le *douanier* regardera nos bagages, puis *il* les marquera Après avoir examiné nos bagages, le
à la craie. *douanier* les marquera à la craie.

b. avec *aussitôt* quand les deux propositions ont le même sujet. Dans ce cas, on met le participe passé directement après *aussitôt*. Cet emploi est possible, mais pas obligatoire.

Comparez:

Aussitôt qu'on l'aura dit, on le fera. Aussitôt dit, aussitôt fait.
Aussitôt qu'il sera arrivé, il se couchera. Aussitôt arrivé, il se couchera.
Aussitôt qu'ils seront arrivés, ils se coucheront. Aussitôt arrivés, ils se coucheront.

Exercices de vérification

1. Mettez les verbes entre parenthèses aux temps qui conviennent.
   1. Quand Pierre (faire) _____ la vaisselle, il nettoiera le salon.
   2. Une fois qu'elle (comprendre) _____, elle n'oubliera jamais.
   3. Après (faire) _____ ta rédaction, tu (pouvoir) _____ regarder la télévision.
   4. Venez à neuf heures. Lorsque nous (prendre) _____ notre petit déjeuner, nous (être) _____ prêts à partir.
   5. L'année prochaine il (économiser) _____ assez d'argent pour acheter une motocyclette.
   6. Dès que je (prendre) _____ mon billet, je m'en irai et je ne (revenir) _____ jamais.
   7. Aussitôt qu'elle (se lever) _____, elle (aller) _____ chercher du pain frais pour le petit déjeuner. Si vous (vouloir) _____ qu'elle vous achète le journal, (dire) _____ -le-lui.
   8. Avant la fin du voyage, ils (parcourir) _____ plus de 2.000 kilomètres.
   9. Après que ma grand-mère (se reposer) _____, nous (partir) _____ en excursion.
   10. Lorsque nous (repeindre) _____ la maison, nous (inviter) _____ nos amis à venir la voir.
   11. Dans quelques mois, le chien (être) _____ trop gros pour dormir dans ce panier.
   12. Quand je te (voir) _____, je t'(expliquer) _____ notre projet.
   13. Dès qu'il (toucher) _____ ce chèque, il (pouvoir) _____ vous rembourser.
   14. Si tu (gaspiller) _____ ton argent, tu (ne pas pouvoir) _____ te payer un week-end de ski à Noël.
   15. Aussitôt qu'elle (finir) _____ ce roman, elle te le (passer) _____.

2. Refaites chaque phrase en employant *après* + *un infinitif passé.*
   1. Le professeur expliquera la grammaire, puis il posera des questions.
   2. Elle ira à la banque; ensuite elle ira aux Galeries Lafayette.
   3. Ils finiront leurs devoirs, puis ils s'endormiront.
   4. Mon père rentrera, et après il tondra la pelouse.
   5. Je prendrai du café, et puis je me mettrai au travail.

IV. Le Conditionnel présent

Il m'a dit qu'il arriverait demain.
Je croyais qu'il comprendrait.
Je voudrais vous présenter mes parents.
Pourriez-vous m'aider?
Je retiendrai une autre place au cas où vous décideriez de venir.
Il prend un parapluie au cas où il pleuvrait.
Si j'étais à votre place, je n'irais pas.
Si vous veniez avec nous, nous serions contents.

Exercices de réflexion

Mettez les verbes entre parenthèses aux temps qui conviennent en employant le conditionnel présent si c'est possible.

1. Au cas où vous (arriver) _____ en retard, téléphonez-moi.
2. Je (vouloir) _____ du café sans crème, s'il vous plaît.
3. Si je (être) _____ riche, je (voyager) _____ partout.
4. Il m'a promis qu'il le (faire) _____ un de ces jours.
5. Nous (comprendre) _____ mieux si nous (faire) _____ attention en classe.
6. Si vous avez faim, vous (trouver) _____ du fromage dans le réfrigérateur.

Formation

Pour former le conditionnel, on prend le radical du futur et on ajoute les terminaisons de l'imparfait.

	Parler				*Finir*		
je parler	*ais*	nous parler	*ions*	je finir	*ais*	nous finir	*ions*
tu parler	*ais*	vous parler	*iez*	tu finir	*ais*	vous finir	*iez*
il parler	*ait*	ils parler	*aient*	il finir	*ait*	ils finir	*aient*

Rendre			
je rendr	*ais*	nous rendr	*ions*
tu rendr	*ais*	vous rendr	*iez*
il rendr	*ait*	ils rendr	*aient*

Les verbes qui ont un radical irrégulier au futur ont la même irrégularité au conditionnel, mais les terminaisons sont toujours régulières.

Emploi

Le conditionnel présent:

1. *peut exprimer le futur dans le passé.* Dans une phrase où il y a deux actions au passé, mais où l'action dans la proposition subordonnée est au futur par rapport à l'action de la proposition principale, on met le verbe subordonnée au conditionnel.

Comparez:

Présent	*Passé*
Il dit qu'il viendra demain.	Il a dit qu'il viendrait demain.
Je sais que tu le feras.	Je savais que tu le ferais.
Ses parents pensent qu'il sera avocat.	Ses parents pensaient qu'il serait avocat.
Le professeur nous avertit que l'examen sera difficile.	Le professeur nous a avertis que l'examen serait difficile.

2. *peut être une forme de politesse.* Dans ce cas, il atténue ou adoucit un désir, un souhait ou une question. Cette forme de politesse s'emploie le plus souvent avec les verbes *vouloir*, *aimer* et *pouvoir*.

Je voudrais vous parler.
Pourriez-vous venir me voir demain?
Nous aimerions mieux aller au théâtre.
J'aimerais faire sa connaissance.
Sauriez-vous l'heure, s'il vous plaît?

3. s'emploie toujours après *au cas où*, qui exprime une éventualité possible.

Elle nous donnera son adresse au cas où nous irions à Paris.
Nous prendrons le car au cas où il y aurait une grève de la SNCF.
Au cas où il ne serait pas là, vous pourriez lui laisser un mot.

4. s'emploie toujours comme résultat d'une condition introduite par *si* + *l'imparfait.*

Condition	*Résultat*
Si je savais la réponse,	je la crierais à haute voix.
S'il y avait de la brume,	nous ne ferions pas de voile.
S'ils avaient une voiture,	ils iraient voir leurs parents.
Si elle avait de l'argent,	elle achèterait un magnétoscope.

Exercices de vérification

Mettez les verbes entre parenthèses aux temps qui conviennent.

1. Si je (être) _____ sûr de comprendre, je (ne pas travailler) _____ tant.
2. Vous (être) _____ bien aimable de m'écrire dès votre arrivée.
3. Hier, je croyais qu'il (pleuvoir) _____. Peut-être qu'il (pleuvoir) _____ demain, mais j'espère qu'il (faire) _____ beau, parce que je (faire) _____ un pique-nique à la campagne.
4. Elle (aimer) _____ beaucoup faire votre connaissance. (Pouvoir) _____-vous nous retrouver au café vers cinq heures?
5. Le professeur nous a prévenus que l'examen (être) _____ difficile.
6. Au cas où il y (avoir) _____ une épidémie, il serait prudent de vous faire vacciner.
7. Si tu réfléchissais avant de répondre, tu (ne pas dire) _____ tant de sottises.
8. Je ne savais pas hier qu'il (être) _____ si désagréable aujourd'hui.
9. Qu'est-ce que vous (faire) _____ si vous (être) _____ à sa place?
10. Au cas où vous (trouver) _____ mon sac, donnez-le à mon frère.
11. Si le professeur (savoir) _____ la vérité, il (être) _____ déçu.

12. Quand (venir) _____-vous? J' (aimer) _____ partir avant cinq heures. Si vous (ne pas pouvoir) _____ arriver à l'heure, (téléphoner) _____-moi.

13. Prenez votre manteau au cas où il (faire) _____ froid.

14. Si vous le dérangez, il (être) _____ très ennuyé.

15. J'étais sûr que vos parents vous (gronder) _____.

V. Le Conditionnel passé

Modèles

Serait-il déjà parti?

J'aurais voulu vous présenter mes parents, mais vous n'étiez pas là.

Si j'avais été à votre place, je ne serais pas allé à la fête.

Exercices de réflexion

Mettez les verbes entre parenthèses aux temps qui conviennent en employant le conditionnel passé si c'est possible.

1. Le plat du jour était bon, mais je (préférer) _____ le poulet.

2. Il n'y a plus de vin. Est-ce qu'il (boire) _____ toute la bouteille?

3. Si j'avais su qu'il dormait, je (ne pas faire) _____ tant de bruit.

4. Pourquoi ne me l'as tu pas dit? J' (aimer) _____ savoir cela.

5. Il (ne pas avoir) _____ cet accident s'il (faire) _____ plus attention.

6. Je regrette de ne pas avoir invité Jean. Est-ce qu'il (pouvoir) _____ venir?

7. Si vous aviez tapé cette lettre à la machine, il (pouvoir) _____ la lire plus facilement.

Formation

Pour former le conditionnel passé, on conjugue le verbe auxiliaire au conditionnel présent, et on ajoute le participe passé. La négation, l'interrogation et les règles pour l'accord du participe passé sont les mêmes qu'aux autres temps composés.

J'aurais parlé.   Serait-elle déjà partie?
Je ne serais pas allé(e) à la fête.   Je les aurais finis.

Emploi

Le conditionnel passé:

1. peut être une forme de politesse au passé et peut souvent exprimer le regret d'un désir manqué.

J'aurais voulu vous présenter mes parents, mais vous n'étiez pas là.

Pourquoi ne m'as-tu pas téléphoné? J'aurais pu t'aider.

Nous aurions aimé le voir avant son départ.

Auriez-vous su le faire mieux que lui?

2. peut exprimer une action qui ne s'est jamais réalisée au passé, et il s'emploie comme résultat d'une condition introduite par *si + le plus-que-parfait*.

Condition	Résultat
Si vous étiez venu,	nous aurions été contents.
S'il avait plu hier,	nous serions restés à la maison.
Si j'avais su cela,	je l'aurais acheté.
Si vous l'aviez bien expliqué,	nous l'aurions compris.

3. peut exprimer une action au passé qui est probable, mais pas tout à fait sûre.

Leur nouvelle voiture est chère; ils l'auraient achetée à crédit.
Selon le journal, l'incendie aurait commencé vers cinq heures du matin.
On dit qu'il n'a plus d'argent; il aurait gaspillé toute sa fortune.
La maison est fermée; ils seraient déjà partis en vacances.

Exercices de vérification

Mettez les verbes entre parenthèses aux temps qui conviennent en employant le conditionnel passé si c'est possible.

1. Si vous lui (envoyer) _____ la lettre hier, il la (recevoir) _____ ce matin.

2. Il est déjà parti? C'est dommage. Je (vouloir) _____ lui poser une question. S'il (revenir) _____ la semaine prochaine, dites-lui que j' (aimer) _____ lui parler.

3. D'après sa sœur, il (vendre) _____ son bateau.

4. Où est Pierre? Il (ne pas encore arriver) _____. S'il avait eu un accident, est-ce qu'il (téléphoner) _____?

5. Si nous (ne pas faire) _____ cette erreur, nous aurions déjà fini l'expérience de chimie.

6. Au cas où vous (décider) _____ de venir, faites-le-moi savoir avant cinq heures.

7. On a trouvé le vieillard mort dans sa chambre. Il (avoir) _____ une crise cardiaque.

8. Si je lui avais menti, elle (se fâcher) _____ contre moi.

9. Tu aurais su la réponse si tu (étudier) _____.

10. Elle a l'air triste; (apprendre) _____-elle _____ encore une mauvaise nouvelle? Si je (être) _____ à sa place, je (être) _____ bien malheureux, moi aussi.

✤✤✤

VI. Les Phrases conditionnelles

Modèles

Si vous voyagez en France, allez à Paris!	(impératif)
Si vous voyagez en France, vous allez toujours à Paris.	(vérité générale)
Si vous voyagez en France cet été, vous irez à Paris.	(incident particulier dans le futur)
Si vous voyagiez en France, vous iriez à Paris.	(irréel ou contraire à la réalité dans le présent)
Si vous aviez voyagé en France, vous seriez allé à Paris.	(irréel ou contraire à la réalité dans le passé)

Exercices de réflexion

Mettez les verbes entre parenthèses aux temps qui conviennent.

1. Si vous (se dépêcher) _____ vous ne serez pas en retard.
2. Notre équipe (gagner) _____ le match si on avait mieux joué.
3. Si je (savoir) _____ la vérité je te la dirais tout de suite.
4. D'habitude, si je (réfléchir) _____ je (réussir) _____ .
5. Je n'ai pas d'argent maintenant mais si j'en (avoir) _____ , je t'en (donner) _____ .

Explication

La façon la plus courante d'exprimer une supposition est de l'introduire au moyen de la conjonction *si*. La proposition subordonnée introduite par *si* décrit la condition, et la proposition principale décrit le résultat de cette condition. Les suppositions exprimées par les phrases conditionnelles peuvent être:

1. probables (voir 1, 2, 3, ci-dessous).
2. irréelles ou contraires à la réalité dans le présent (voir 4 ci-dessous).
3. irréelles ou contraires à la réalité dans le passé (voir 5 ci-dessous).

Voici un tableau qui explique comment s'organisent les temps dans les phrases conditionnelles:

	Condition	Résultat
Suppositions possibles	1. si + le présent 2. si + le présent 3. si + le présent	l'impératif le présent le futur
Suppositions contraires à la réalité dans le présent	4. si + l'imparfait	le conditionnel présent
Suppositions contraires à la réalité dans le passé	5. si + le plus-que-parfait	le conditionnel passé

Cette organisation des temps est absolue et catégorique. Il faut d'abord déterminer si la condition exprimée après *si* est possible ou contraire à la réalité présente ou passée. Alors, le temps du verbe du résultat est automatique.

Remarquez bien: Une phrase conditionnelle peut commencer par le résultat aussi bien que par la condition. N'employez jamais ni le futur ni le conditionnel après *si* dans une phrase conditionnelle.

Si vous ne portez pas votre manteau, vous aurez froid.
Viens vite, si tu veux voir le feu d'artifice.
Si elle achetait cette robe, son mari se fâcherait.
Je l'aurais fait, si j'avais eu le temps.
Je lui aurais apporté un cadeau, si vous m'aviez dit que c'était son anniversaire.

Exercices de vérification

Faites *trois* phrases "conditionnelles" pour chaque groupe d'éléments. Faites:

1. une phrase qui exprime un ordre, un incident précis ou une vérité générale.
2. une phrase qui exprime une supposition contraire à la réalité dans le présent.
3. une phrase qui exprime une supposition contraire à la réalité dans le passé.

Exemple: vous / être / à Chartres / vous / visiter / la cathédrale.
   1. Si vous êtes à Chartres, visitez la cathédrale.
   2. Si vous étiez à Chartres, vous visiteriez la cathédrale.
   3. Si vous aviez été à Chartres, vous auriez visité la cathédrale.

1. je / avoir / le temps / je / venir.
2. vous / faire / cela / les enfants / être / terrifiés.
3. je / faire / le travail / je / recevoir / une bonne note.

4. tu / aller / au Louvre / tu / voir / *La Joconde*.
5. nous / dormir / nous / se sentir mieux.

VII. L'Emploi du verbe *devoir*

Modèles

Mon frère m'a prêté de l'argent; je lui dois cinquante francs.
Les élèves doivent faire des exercices tous les jours.
Cette semaine j'avais tant de travail que chaque soir j'ai dû travailler jusqu'à minuit.
Henri est absent aujourd'hui; il doit être malade; il a dû prendre froid en faisant du ski le week-end dernier.
Il doit prendre des vacances en septembre.
Cet élève arrive en retard tous les jours; il devrait se lever plus tôt.
Le professeur était en retard ce matin et les élèves sont partis. Ils auraient dû attendre.

Exercices de réflexion

1. Refaites les phrases suivantes avec le verbe *devoir*:

   1. Il est obligé de travailler beaucoup.
   2. Ils avaient l'intention de partir de bonne heure.
   3. Nous avons été obligés de nous dépêcher.

2. Complétez ces phrases avec la bonne forme de verbe *devoir*:

   1. Elle (devoir) _____ dire "merci" mais elle n'a rien dit.
   2. Je (devoir) _____ travailler mais je crois que j'irai à la plage.
   3. J'ai mal au cœur maintenant. Je (ne pas devoir) _____ manger tous ces croissants.
   4. Nous bavardons toujours en classe mais je sais que nous (devoir) _____ nous taire.
   5. Quels exercices (devoir) _____-nous faire pour demain?

Explication

Le verbe *devoir* peut être employé comme:

1. verbe principal suivi d'un objet direct pour indiquer l'idée d'une dette.

   Si tu paies mon dîner, je te devrai vingt francs.
   Je dois mon succès dans la vie à mes parents.
   Elle est indépéndante et arrogante; elle ne veut rien devoir à personne.
   Vous lui devez des excuses.

2. verbe auxiliaire suivi d'un verbe complément à la forme infinitive pour:
   a. indiquer une obligation ou une nécessité.
      Quand elle était enfant, elle devait s'occuper de ses frères cadets.
      Elle a dû partir avant la fin de la pièce.
      Vous devrez travailler beaucoup si vous voulez réussir à l'examen.
      Nous devons parler français en classe.

   b. indiquer une intention.
      Ils devaient arriver la semaine passée, mais ils étaient trop occupés.
      Nous devions arriver hier, mais notre voiture est tombée en panne.
      Il doit arriver dans huit jours.

   c. indiquer une explication probable.
      André a manqué notre rendez-vous; il a dû avoir autre chose à faire.
      Le bébé pleure; il doit avoir faim.
      Pardon! J'ai dû me tromper de numéro.

d. indiquer, d'une façon atténuée et polie, un conseil (souvent au sens moral). Il y a de fortes chances qu'on ne suive pas le conseil. Dans ce cas, on emploie toujours le conditionnel présent.
Tu devrais téléphoner à tes parents.
Vous ne devriez pas fumer.
Elle n'est pas en bonne santé; elle devrait aller chez le médecin.
Il devrait faire des économies au lieu d'acheter des jeux électroniques.

e. indiquer le regret d'une action non accomplie ou un reproche pour une obligation manquée. Dans ce cas on emploie toujours le conditionnel passé.
Elle aurait dû aller chez le médecin hier.
Tes parents se sont inquiétés; tu aurais dû leur téléphoner avant leur départ.
Vous auriez dû étudier.
J'ai fait des fautes stupides; j'aurais dû faire attention.
Il n'aurait pas dû acheter cette voiture.

Comparez:	
il doit partir	– il est obligé de partir, ou il a l'intention de partir
il doit être parti	– il est probablement parti
il devra partir	– il sera obligé de partir
il devait partir	– il était obligé de partir, ou il avait l'intention de partir
il devait être parti	– il était probablement parti
il a dû partir	– il a été obligé de partir, ou il est probablement parti
il devrait partir	– il a une obligation morale de partir, ou on lui conseille de partir
il aurait dû partir	– on lui reproche de ne pas être parti, ou on regrette qu'il ne soit pas parti

Remarquez bien: Le sens du verbe *devoir* dépend du contexte particulier.

Exercices de vérification

Refaites ces phrases en employant les temps du verbe *devoir* qui conviennent.

Exemple: S'il porte une perruque, *il est probablement chauve.*
S'il porte une perruque, il doit être chauve.

1. *Il a l'intention de repeindre* sa maison cette année.
2. *On vous reproche d'avoir soupçonné* Alain.
3. *Vous avez l'obligation morale de donner* un coup de main à votre mère.
4. *Il est nécessaire de persévérer* si l'on veut arriver à ses fins.
5. *On lui reproche d'avoir adressé* des menaces à sa famille.
6. *On vous conseille de collectionner* des pièces d'un sou parce qu'elles seront bientôt rares.
7. *On regrette qu'il n'ait pas gagné* le match, car c'est le meilleur joueur.
8. *Ils avaient l'intention d'arriver* avant ce soir. *Ils ont probablement* manqué le train. Dans ce cas, *ils seront obligés d'attendre* celui du soir.
9. Après l'accident, ils *ont été obligés* de barrer la route parce qu'*ils avaient besoin de la dégager.*
10. *On reproche à cet homme de ne pas avoir secouru* les pauvres. *Il était probablement* très égoïste.
11. Il *est obligé de rembourser* son père.

Exercices de récapitulation

Mettez aux temps qui conviennent.

1. Dès que les skieurs (descendre) _____ de la montagne, ils (se rechauffer) _____ près du feu.
2. Si tu (rester) _____ cinq minutes de plus, tu (voir) _____ Pierre qui est arrivé avec sa sœur.

3. Pardon, monsieur. (Savoir) _____-vous où se trouve le Café de Normandie?

4. S'ils (se dépêcher) _____, je les (attendre) _____ encore cinq minutes, mais je suis très pressé. Mes amis (devoir) _____ arriver chez moi dans un quart d'heure.

5. Aussitôt qu'il (finir) _____ ses études, il ira en Europe. Il (vouloir) _____ y aller depuis son enfance.

6. Au cas où vous (savoir) _____ quelque chose à ce sujet, n'hésitez pas à me téléphoner. Je ne (se coucher) _____ jamais avant minuit.

7. Nous (être) _____ dehors sur le trottoir quand le voleur (s'enfuir) _____ de la maison. Nous (devoir) _____ essayer de l'arrêter, mais nous étions stupéfaits. Est-ce que vous (agir) _____ plus vite si vous (être) _____ à notre place?

8. Ne la dérangez pas! Quand elle (assez dormir) _____, elle (se réveiller) _____ toute seule.

9. Si tu (lire) _____ le journal ce matin, tu (savoir) _____ ce qui s'est passé à Washington hier.

10. Prenez vos costumes de bain au cas où la piscine municipale (être) _____ déjà ouverte. S'il n'y a pas trop de monde, nous (se baigner) _____ avant de visiter la ville.

11. Après (apprendre) _____ la mauvaise nouvelle, elle s'est mise à pleurer. Elle (pleurer) _____ pendant une heure. Mais quand vous la (voir) _____, ne lui en dites rien. Elle (être) _____ gênée si elle savait que tout le monde était au courant.

12. Ce soir nous (prendre) _____ le train de 18 h et nous (arriver) _____ avant le jour. Si nous (avoir) _____ plus d'argent, nous (prendre) _____ l'avion.

13. J' (aimer) _____ accepter votre invitation, mais je (devoir) _____ aller voir ma grand-mère.

14. On ne sait pas exactement ce qui s'est passé. Selon la presse, un coup d'état (avoir) _____ lieu il y a vingt-quatre heures, et l'ancien dictateur (s'exiler) _____. Si nous (rentrer) _____ de bonne heure, nous pourrons regarder les informations à la télé.

15. Ma sœur ira à ma place au cas où je (ne pas pouvoir) _____ partir du bureau à temps.

16. N'as-tu que trois semaines de cours? Quand (pouvoir) _____-tu partir?

17. Tu as l'air fatigué. Tu (devoir) _____ te coucher de bonne heure ce soir.

18. J'ai choisi cette cravate spécialement pour lui parce que je croyais qu'elle lui (plaire) _____. Mais il (ne jamais la porter) _____.

19. Après (faire) _____ son droit, il travaillera dans l'étude de son père.

20. (Pouvoir) _____-vous me prêter vingt francs?

21. Il pleuvait à verse quand tout à coup le temps (s'éclaircir) _____.

22. Après que ma mère (faire) _____ tous ses achats, nous (pouvoir) _____ prendre sa voiture. Elle me la prêtera volontiers si je (mettre) _____ de l'essence.

23. Autrefois nous (passer) _____ nos vacances d'été au bord de la mer, mais depuis quelques années tous les enfants (travailler) _____ pendant l'été, et par conséquent, toute la famille (rester) _____ à la maison pendant la plus grande partie de l'été. Cette année, nous (aller) _____ à la montagne à la fin d'août.

24. Ses parents pensaient qu'il (être) _____ Président. Maintenant ils espèrent qu'il (trouver) _____ du travail.

25. Son grand-père lui a laissé une fortune, mais on dit qu'il n'a plus un sou. Il (perdre) _____ tout son argent aux courses de chevaux. Il (devoir) _____ mettre son argent à la banque. Si son grand-père (pouvoir) _____ le voir maintenant, il (être) _____ sûrement déçu.

26. J' (aimer) _____ le voir avant son départ. Pourquoi ne m'as-tu pas dit qu'il (devoir) _____ _____ partir lundi? Si je le (savoir) _____, je (s'arranger) _____ pour fixer un rendez-vous avec lui.

27. Je savais que cette mode (ne pas durer) _____ longtemps.

28. Si Henri laisse pousser sa barbe, sa mère (être) _____ très ennuyée.

29. Quand je (toucher) _____ ce chèque, je (pouvoir) _____ régler mes dettes. S'il me (rester) _____ encore de l'argent, je vous (emmener) _____ au théâtre ce soir.

30. Après (courir) _____ pendant toute la journée, le chien va sûrement s'endormir.

| Situations actives |

Il va sans dire qu'il faut mettre à l'œuvre autant des structures de cette leçon que possible.

1. Imaginez votre situation dans l'avenir: où vous serez, ce que vous ferez, comment vous serez à l'âge de quarante ans.

2. (sketch) Préparez le plan d'une campagne électorale pour un(e) candidat(e) politique. Vous y mettrez ses promesses, ses espoirs et les conditions de la réalisation de ces espoirs.

3. Complétez ces phrases:

   1. Si j'avais un million de dollars...
   2. Si vous me téléphonez...
   3. J'aurais appelé la police si...
   4. Il n'aura plus d'argent si...
   5. Je partirai en vacances quand...
   6. S'il n'avait pas refusé de...
   7. Je lui parlerai quand elle...
   8. Je ferais volontiers la vaisselle si...
   9. N'insistez pas sur une réponse si...
   10. Quand je mange trop de chocolat...

4. Employez le verbe *devoir* dans une appréciation qu'un professeur écrit à un mauvais élève. Dans cette appréciation, il y a des conseils, des regrets, des reproches, etc.

5. Que verriez-vous si vous pouviez faire un retour dans le passé à l'aide d'un appareil temporel fantasmagorique? Imaginez toutes les scènes, toutes les circonstances possibles.

6. Imaginez ce que vous feriez au cours d'un voyage interplanétaire.

7. (sketch) Faites semblant d'être un(e) voyant(e) qui prévoit l'avenir de quelques-un(e)s de vos ami(e)s.

8. Ecrivez une rédaction qui commence par une de ces propositions:
   1. "Si j'habitais un monde idéal..."
   2. "Si j'étais à la place du professeur..."

QUATRIÈME LEÇON

LE SUBJONCTIF

Le mode subjonctif exprime une action généralement non-réalisée qui est subordonnée à un point de vue personnel. Ce mode présente quatre temps: le présent, le passé, l'imparfait et le plus-que-parfait, dont les deux derniers ne se trouvent que dans la littérature.

I. Le Subjonctif

Modèles

> Vos parents sont heureux que vous ayez le temps de leur parler de vos projets.
> Je suis enchantée qu'il soit venu avec toi.
> Le professeur regrette que les élèves ne fassent pas attention en classe.
> Je crains qu'il ne soit malade.
> Je veux que Nicolas vienne me voir ce soir.
> Il faut que tu dises la vérité.
> Il est possible qu'elle ne veuille pas nous voir.
> Il n'est pas probable que je repeigne ma maison cette année.
> Je ne pense pas qu'il ait raison.
> Croyez-vous qu'il puisse venir avant demain?
> Il est utile que vous appreniez à bien parler.
> Quoique ce soit très cher, nous lui offrirons un voyage en Europe.
> Parlez à haute voix pour que tout le monde puisse entendre.
> Je cherche quelqu'un qui sache le japonais.
> Quelque riche qu'elle soit, elle est avare.
> Qu'il en sache la raison!

Exercices de réflexion

1. Mettez les verbes entre parenthèses aux temps qui conviennent.
   1. Quoique tu (avoir) _____ bonne mine, je sais que tu (être) _____ enrhumé.
   2. Je suis content que vous (téléphoner) _____ hier; car je (vouloir) _____ justement vous demander un conseil.
   3. Connaissez-vous par hasard quelqu'un qui (pouvoir) _____ s'occuper de mon chien pendant que je (être) _____ en vacances?
   4. Le médecin craint que mon oncle n' (avoir) _____ la grippe, et il veut que mon oncle (aller) _____ tout de suite à l'hôpital. Il est possible que ce (ne rien être) _____ de sérieux.
   5. Dès que j' (avoir) _____ des nouvelles, je vous (téléphoner) _____ .
   6. Il est étonnant qu'elle (ne pas venir) _____ à ta soirée hier soir. Elle (devoir) _____ être malade.
   7. Jean Pierre dit qu'il (vouloir) _____ partir pour l'Europe dans trois jours.
   8. Il est dommage que nous (se tromper) _____ de date et que nous (manquer) _____ _____ la surprise-party.
   9. Tant pis! Il n'y a rien qu'on (pouvoir) _____ faire. Maintenant c' (être) _____ trop tard. Il est regrettable qu'il (être) _____ si stupide; j'espère que la prochaine fois il (savoir) _____ se débrouiller.

10. Jean m'a dit qu'il la (voir) _____ cet après-midi-là et qu'elle (avoir) _____ très bonne mine.

11. Tout le monde est étonné que notre équipe (gagner) _____ le match de rugby hier.

12. J'espère qu'il (pouvoir) _____ nous rejoindre dans quelques jours.

13. Je ne crois pas que l'incendie d'hier (détruire) _____ le magasin à côté.

14. N'oublie pas de nous téléphoner avant de (partir) _____!

15. Quelque heureux qu'il (sembler) _____, il a des ennuis.

16. Le palais de l'Elysée est le plus beau palais que je (jamais voir) _____.

17. Aujourd'hui j'ai acheté une chemise qui (ne pas coûter) _____ cher.

18. Bien que nous (se voir) _____ rarement, cela me (faire) _____ toujours plaisir de causer un peu avec elle.

19. Même s'ils (terminer) _____ leur devoir à deux heures, nous (partir) _____ pour la plage.

20. Je ne crois pas qu'il (être) _____ très raisonnable.

21. Il vaut mieux que les ouvriers (ne pas faire) _____ grève.

22. Vous regrettez qu'il (falloir) _____ participer à la réunion.

23. Quoi qu'on (dire) _____ à cet enfant, il fait toujours ce qu'il (vouloir) _____. Connaissez-vous un psychologue qui (pouvoir) _____ aider ses parents? Il est certain qu'ils (être) _____ découragés s'ils (ne pas trouver) _____ de solution bientôt.

24. Qu'il (ne pas se souvenir) _____ de toutes ses mauvaises expériences!

2. Refaites les phrases suivantes en évitant d'employer le subjonctif.
   1. Il vaut mieux qu'on aille voir le médecin.
   2. Avant qu'il ne parte, je lui parlerai.
   3. Bien que Georges ne vienne pas vous voir, il pense toujours à vous.
   4. Il faut que tout le monde dise la vérité.

Formation

1. Pour former le présent du subjonctif, on prend la troisième personne du pluriel de l'indicatif présent et l'on remplace la terminaison *-ent* par les terminaisons suivantes:

Parler		*Finir*		*Rendre*	
que je parl	*e*	que je finiss	*e*	que je rend	*e*
que tu parl	*es*	que tu finiss	*es*	que tu rend	*es*
qu'il parl	*e*	qu'il finiss	*e*	qu'il rend	*e*
ils parl	*ent*	ils finiss	*ent*	ils rend	*ent*

Venir		*Prendre*		*Boire*	
que je vienn	*e*	que je prenn	*e*	que je boiv	*e*
que tu vienn	*es*	que tu prenn	*es*	que tu boiv	*es*
qu'il vienn	*e*	qu'il prenn	*e*	qu'il boiv	*e*
ils vienn	*ent*	ils prenn	*ent*	ils boiv	*ent*

2. Pour former la première et la deuxième personnes du pluriel, on prend les formes de l'imparfait de l'indicatif.

Parler	*Finir*	*Rendre*
que nous parlions	que nous finissions	que nous rendions
que vous parliez	que vous finissiez	que vous rendiez

Venir	*Prendre*	*Boire*
que nous venions	que nous prenions	que nous buvions
que vous veniez	que vous preniez	que vous buviez

Remarquez bien: Les verbes qui se terminent en *-ier* sont réguliers, mais il faut noter que la première et la deuxième personnes du pluriel contiennent deux *ii* ensemble.

Etudier
que nous étud*ii*ons
que vous étud*ii*ez

3. Les verbes entièrement irréguliers *avoir, être, faire, pouvoir, savoir, falloir* et *valoir.*

Avoir		*Etre*	
que j'aie	que nous ayons	que je sois	que nous soyons
que tu aies	que vous ayez	que tu sois	que vous soyez
qu'il ait	qu'ils aient	qu'il soit	qu'ils soient

Faire	*Pouvoir*	*Savoir*
que je fasse	que je puisse	que je sache
que nous fassions	que nous puissions	que nous sachions

Falloir	*Valoir*
qu'il faille	que je vaille
	que nous valions

4. Les verbes *vouloir* et *aller* sont irréguliers à la première, à la deuxième et à la troisième personnes du singulier, et à la troisième personne du pluriel.

Vouloir		*Aller*	
que je veuille	que nous voulions	que j'aille	que nous allions
que tu veuilles	que vous vouliez	que tu ailles	que vous alliez
qu'il veuille	qu'ils veuillent	qu'il aille	qu'ils aillent

5. Pour former le passé du subjonctif, on prend le présent du subjonctif d'*avoir* ou d'*être* et l'on ajoute le participe passé.

Parler		*Descendre*	
que j'aie parlé	que nous ayons parlé	que je sois descendu(e)	que nous soyons descendu(e)s
que tu aies parlé	que vous ayez parlé	que tu sois descendu(e)	que vous soyez descendu(e)(s)
qu'il ait parlé	qu'ils aient parlé	qu'il soit descendue	qu'ils soient descendus
		qu'elle soit descendue	qu'elles soient descendues

| Emploi |

En général, le subjonctif s'emploie dans une proposition subordonnée d'une proposition principale. Les deux propositions doivent avoir deux sujets différents. Tandis que l'indicatif exprime une réalité, le subjonctif exprime une opinion, une possibilité ou une interprétation dont la réalité est incertaine. Il faut noter les dix emplois suivants du subjonctif.

1. Après les expressions qui expriment *l'émotion* (la joie, la tristesse, la peur, le regret, la colère, l'étonnement, etc.):

Françoise est { heureuse / enchantée / ravie / contente } que son ami soit venu avec toi.

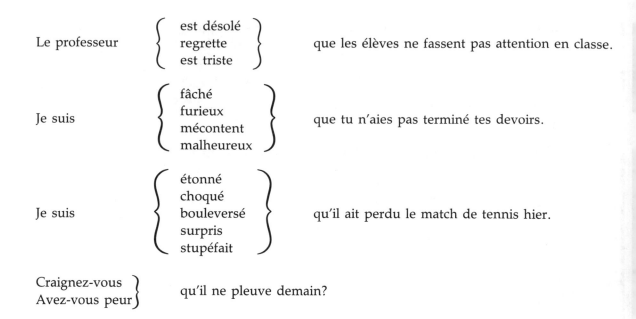

Le professeur { est désolé / regrette / est triste } que les élèves ne fassent pas attention en classe.

Je suis { fâché / furieux / mécontent / malheureux } que tu n'aies pas terminé tes devoirs.

Je suis { étonné / choqué / bouleversé / surpris / stupéfait } qu'il ait perdu le match de tennis hier.

Craignez-vous / Avez-vous peur } qu'il ne pleuve demain?

2. Après les expressions qui expriment *la volonté, le désir*

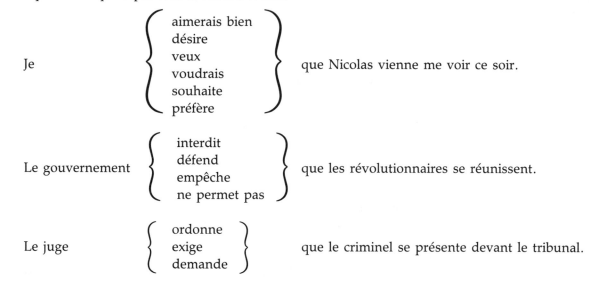

Je { aimerais bien / désire / veux / voudrais / souhaite / préfère } que Nicolas vienne me voir ce soir.

Le gouvernement { interdit / défend / empêche / ne permet pas } que les révolutionnaires se réunissent.

Le juge { ordonne / exige / demande } que le criminel se présente devant le tribunal.

Remarquez bien: Le subjonctif ne suit ni *se demander* ni *espérer*. Généralement après *espérer* au présent, le verbe subordonné se met au futur et généralement après *espérer* à l'imparfait le verbe subordonné se met au présent du conditionnel. (Voir p. 40 et pp. 44–45.)

J'espère qu'il viendra demain soir.
J'espérais qu'il viendrait le lendemain soir.

3. Après les expressions qui expriment *la nécessité, la possibilité* ou *l'improbabilité*:

Il faut que tout le monde prenne les repas au réfectoire.
Il est nécessaire que nous étudiions pour réussir à l'examen.
Il est impossible que Jean-Pierre ait triché.
Il n'est pas probable (*improbable, peu probable*) *que* nous arrivions à l'heure.

*Il est possible qu'*elle ne veuille pas nous voir.
*Il se peut qu'*il vienne demain.

Remarquez bien: Le subjonctif ne suit jamais *il est probable* affirmatif.

Il est probable que je viendrai vous voir demain après-midi.

4. Après les expressions qui expriment *l'incertitude* (telles que *penser, croire, être certain, être sûr* aux formes négative ou interrogative, et *douter* à la forme affirmative)

Je ne crois pas qu'il fasse beau demain.
Pensez-vous qu'il ait raison?
Tu doutes qu'il suive nos conseils.
Il n'est pas certain que l'homme ait dit la vérité.
Je ne suis pas sûr qu'il ait compris le texte.

Remarquez bien: L'indicatif suit *penser, croire, être certain, être sûr* à l'affirmatif et *ne pas douter,* et *se douter que.*

5. Après certaines *expressions impersonnelles:*

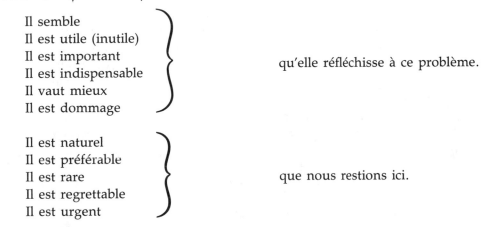

Il semble
Il est utile (inutile)
Il est important
Il est indispensable
Il vaut mieux
Il est dommage

qu'elle réfléchisse à ce problème.

Il est naturel
Il est préférable
Il est rare
Il est regrettable
Il est urgent

que nous restions ici.

Remarquez bien:

• Il y a une distinction entre l'emploi de ces expressions dans une phrase simple et dans une phrase complexe.

Phrase simple	*Phrase complexe*
Il va venir. C'est possible.	Il est possible qu'il vienne.
Il est mort. C'est regrettable.	Il est regrettable qu'il soit mort.

• *Il me (te, lui, etc.) semble que, il est vrai que, il est évident que* exigent l'indicatif.

6. Après les *conjonctions* suivantes:

bien que	de sorte que	sans que	jusqu'à ce que
quoique	pourvu que	avant que	à condition que
pour que	malgré que	de crainte que	à moins que
afin que	autant que	de peur que	en attendant que

Quoique ce soit très cher, nous lui offrirons un voyage en Europe.
Parlez à haute voix pour que tout le monde puisse entendre.
Elle attendra devant l'école jusqu'à ce que nous arrivions.
Le père Noël apportera des cadeaux aux enfants pourvu qu'ils soient sages.
Fermez la porte à clef avant qu'ils *ne* partent.
Elle lui donne un coup de fil de peur qu'il (de crainte qu'il) *n'*oublie le rendez-vous.
Autant que je puisse savoir. ("Pas que je sache.")

Remarquez bien:

- Il n'est pas obligatoire, mais préférable, d'employer le *ne* pléonastique (explétif) après les expressions *avant que, de peur que, de crainte que, à moins que, avoir peur que, craindre que.*

  Nous irons au stade à moins qu'il *ne* pleuve.

- Le subjonctif ne suit pas *après que, dès que, aussitôt que, pendant que, tandis que, parce que, puisque* ou *étant donné que.*

7. Quand l'existence de l'antécédent d'un pronom relatif est incertaine, on emploie le subjonctif dans la proposition subordonnée:

   Comparez:

   Je cherche quelqu'un qui sache le japonais. (L'existence de cette personne est incertaine.) | Je connais un monsieur qui sait le japonais. (L'existence de ce monsieur est certaine.)

   Aujourd'hui, les Américains ont besoin d'une voiture qui soit économique. (L'existence de la voiture est incertaine.) | Aujourd'hui les Américains ont une voiture qui est économique. (L'existence de la voiture est certaine.)

   Ils veulent un appartement qui soit propre, mais pas cher. (L'existence de cet appartement est incertaine.) | Ils ont trouvé un appartement qui est propre, mais pas cher. (L'existence de cet appartement est certaine.)

   La dame cherche une bonne qui sache faire la cuisine. | La dame a une bonne qui sait faire la cuisine.

   Remarquez bien: Si l'identité de l'antécédent est certaine, il faut employer l'indicatif dans la proposition subordonnée.

8. Quand l'antécédent d'un pronom relatif est modifié par un *superlatif* ou par des mots ayant sens de superlatif (comme *le seul, l'unique, le premier, le dernier*) qui expriment un jugement personnel:

   Comparez:

   C'est le meilleur film que j'aie vu. (A mon avis c'est le meilleur film de tous les films que j'ai jamais vus.) | C'est le meilleur film que j'ai vu. (Parmi tous les films d'un groupe je n'ai vu que le meilleur.)

   La tour Eiffel est le plus joli monument qu'on puisse voir à Paris. (La beauté est discutable; c'est une opinion.) | La tour Eiffel est le plus haut monument qu'on peut voir à Paris. (Sa hauteur supérieure à tous les autres est exacte et connue; c'est un fait.)

9. Après les expressions indéfinies *quelque... que, quel... que, quoi... que, qui... que, où... que* qui n'expriment pas une identité exacte

Quelque riche qu'elle soit, elle est avare.
Quelques difficultés que nous ayons en chimie, nous continuons à l'étudier.
Quelles que soient vos préférences, il ne sera pas d'accord.
Quels que soient ses intérêts, le Président doit être impartial.
Qui que vous soyez, adressez-vous à la douane, s'il vous plaît.
Quoi qu'il mange, il ne grossit point.
Où que la vedette aille, elle est toujours reconnue.

Remarquez bien: *Soit... soit* est l'équivalent de *ou... ou*.

Vous trouverez le crayon soit sur le bureau, soit dans le tiroir.

Tous les Français boivent soit du vin, soit de l'eau minérale au dîner.

Que préférez-vous comme boisson?
Soit un Perrier, soit un citron pressé.

Vous trouverez le crayon ou sur le bureau, ou dans le tiroir.

Tous les Français boivent ou du vin, ou de l'eau minérale au dîner.

Ou un Perrier, ou un citron pressé.

10. Dans les propositions principales, le subjonctif s'emploie pour exprimer un impératif à la troisième personne du singulier et du pluriel.

Qu'il en sache la raison!
Qu'ils se taisent!
Qu'il soit plus intelligent!
Vive le roi! ⎫
Ainsi soit-il! ⎭ (expressions idiomatiques)

Remarquez bien:

Qu'il soit plus intelligent!
(Je voudrais qu'il soit plus intelligent.)

Qu'il est intelligent!
(Comme il est vraiment intelligent.)

II. La Concordance des temps au subjonctif

Le temps du verbe de la proposition principale à l'indicatif ne dicte pas le temps du subjonctif dans la proposition subordonnée. Le temps du subjonctif est gouverné par la chronologie des actions. Si l'action de la proposition subordonnée a lieu:

1. au même moment ou à un moment futur à l'action de la proposition principale, on emploie le présent du subjonctif.

> Tout le monde regrette qu'Agnès ne soit pas à la soirée.
> Bien qu'il pleuve, nous irons à la plage.
> François est content que tu viennes nous voir dans six mois.
> Je ne pense pas qu'il arrive avant votre départ.
> Nous voulions qu'il reste avec nous trois jours de plus.
> Le professeur veut que nous comprenions ce poème-ci avant que nous n'en étudions un autre.

2. à un moment antérieur à l'action de la proposition principale, on emploie le passé du subjonctif.

> Bien que le professeur lui ait donné une bonne note à l'examen, elle n'y comprend rien.
> Je ne crois pas qu'il ait lu le livre avant l'examen.
> Votre tante est furieuse que vous soyez rentré à deux heures du matin.

III.   Comment éviter le subjonctif

On n'emploie pas le subjonctif quand les deux propositions ont le même sujet. Dans ce cas, la proposition subordonnée est remplacée:

1. *par une proposition infinitive.*

NE DITES PAS:	DITES:
Nous sommes heureux que *nous* allions en Italie.	Nous sommes heureux d'aller en Italie.
Croyez-*vous* que *vous* finissiez votre travail avant midi?	Croyez-vous finir votre travail avant midi?
Il est désolé qu'*il* n'ait pas accepté l'invitation.	Il est désolé de ne pas avoir accepté l'invitation.
Je suis furieux que *j'*aie oublié le devoir.	Je suis furieux d'avoir oublié le devoir.
Vous désirez que *vous* alliez à la plage.	Vous désirez aller à la plage.
Je veux que *je* change d'adresse.	Je veux changer d'adresse.

Remarquez bien: Les verbes suivants, qui indiquent un ordre ou une permission, ne sont presque jamais suivis d'une proposition subordonnée au subjonctif. Généralement on remplace la proposition subordonnée par *à* + un objet indirect + *de* + un infinitif. (Voir p. 154.)

$$\left.\begin{array}{l}\text{commander}\\\text{demander}\\\text{ordonner}\\\text{permettre}\\\text{défendre}\\\text{interdire}\end{array}\right\}\textit{à}\ \text{quelqu'un}\ \textit{de}\ \text{faire quelque chose}$$

On a interdit aux enfants de jouer sur la pelouse.
Ma mère me demande de faire de mon mieux.
Le gouvernement défend aux révolutionnaires de se réunir.
Il n'a pas permis aux jeunes gens de sortir après minuit.

2. *quand une conjonction introduit le subjonctif:*

   a. soit par la préposition correspondante + une proposition infinitive,
   b. soit par la préposition correspondante + un nom, un participe passé ou un adjectif.

Conjonction + subjonctif	*Préposition + infinitif*	*Préposition + nom, participe passé ou adjectif*
pour qu'il parte	pour partir	— — — — — — — — —
jusqu'à ce qu'il parte	— — — — — — — —	jusqu'à son départ
sans qu'il parte	sans partir	sans son départ
malgré qu'il parte	— — — — — — — —	malgré son départ
afin qu'il parte	afin de partir	— — — — — — — — —
avant qu'il ne parte	avant de partir	avant son départ
à moins qu'il ne parte	à moins de partir	— — — — — — — — —
à condition qu'il parte	à condition de partir	— — — — — — — — —
de peur qu'il ne parte	de peur de partir	— — — — — — — — —
de crainte qu'il ne parte	de crainte de partir	— — — — — — — — —
en attendant qu'il parte	— — — — — — — —	en attendant son départ
bien qu'il soit parti	— — — — — — — —	bien que parti
quoiqu'il soit parti	— — — — — — — —	quoique parti

NE DITES PAS:	DITES:
Il a terminé ses devoirs pour qu'il puisse aller au cinéma.	Il a terminé ses devoirs pour pouvoir aller au cinéma.
Il a terminé ses devoirs avant qu'il ne parte.	Il a terminé ses devoirs avant de partir. Avant son départ, il a terminé ses devoirs.
Bien qu'il soit fatigué, il a joué au tennis. Bien qu'il (quoiqu'il) soit malade, il se baigne.	Bien que fatigué, il a joué au tennis. Bien que (quoique) malade, il se baigne.

Remarquez bien: *Bien que* et *quoique* peuvent être remplacés par les expressions *même si* + *l'indicatif* ou *malgré* + *nom*.

Comparez:

Bien qu'il joue souvent au tennis, il ne fera jamais de progrès.

Même s'il joue souvent au tennis, il ne fera jamais de progrès.

Quoiqu'il sache bien nager, il se noiera en pleine mer.

Même s'il sait bien nager, il se noiera en pleine mer.

Bien que mon épouse soit fatiguée, nous pourrons accepter votre invitation.

Malgré la fatigue de mon épouse, nous pourrons accepter votre invitation.

Exercices de vérification

1. Mettez les verbes entre parenthèses au subjonctif.

1. Il faut que nous (remettre) _____ les devoirs pour que le professeur (pouvoir) _____ vérifier nos progrès.
2. Je suis désolé que ta grand-mère (tomber) _____ malade.
3. La jeune fille est ravie que son chien (être) _____ si obéissant.
4. Avez-vous peur que le bébé (dormir) _____ trop?
5. On ne peut pas empêcher que les gens (se garer) _____ devant l'entrée du magasin.
6. Il se peut que Jules (se sentir) _____ mieux dans quelques jours.
7. A cause de l'heure il est peu probable que le navire (entrer) _____ dans le bassin ce soir.
8. Il préfère que nous (étudier) _____ d'abord ce texte-ci.
9. Vos parents doutent que vous (travailler) _____ sérieusement.
10. Je ne crois pas que Jacques (prendre) _____ le train ce soir.
11. Bien qu'elle (préparer) _____ un repas délicieux, personne n'a rien mangé.
12. Il est indispensable que tout le monde (comprendre) _____ le sens de cette crise politique, mais il est rare que le public (retenir) _____ tous les détails.
13. Le seul cours qui me (plaire), _____ c'est le cours de français.

2. Mettez les verbes entre parenthèses aux temps qui conviennent.

1. Ce dont nous (avoir) _____ besoin, c' (être) _____ une usine qui (ne pas polluer) _____ ce fleuve.
2. Où que l'on (habiter) _____ aux Etats-Unis, on (payer) _____ des impôts.
3. Jean-Pierre a emporté la bouteille de whisky de peur que Robert (en boire) _____ trop.
4. Il est dommage que tu (devoir) _____ rester à la maison.
5. Le Centre du Commerce International est le plus grand bâtiment qu'on (pouvoir) _____ voir à New York.
6. Hier Jacqueline (faire) _____ tout ce qu'elle (pouvoir) _____ pour trouver le petit chien perdu.
7. Est-il possible qu'il (ne pas prendre) _____ de vacances depuis l'année dernière? Je (ne pas pouvoir) _____ le croire.
8. Suzanne est-elle sûre que tu (venir) _____ ce soir?
9. Où que vous (chercher) _____, vous (ne pas trouver) _____ les clefs.
10. Tout le monde espère que l'on (pouvoir) _____ éliminer la faim dans le monde.
11. Nous croyons que tout le monde (être) _____ égal devant la loi.
12. Quelles que (être) _____ vos ambitions, n'oubliez pas vos amis.

13. Je souhaite que Marie (recevoir) _____ une bourse de son université.

14. Pouvez-vous imaginer une émission à la télé qui (plaire) _____ à tout le monde?

15. Il faut que tous les étudiants (faire) _____ la queue pour entrer dans l'amphithéâtre.

16. Jeanne est ravie que ses amis (se souvenir) _____ de son anniversaire la semaine dernière.

17. La concierge est furieuse que les habitants (ne pas ramasser) _____ leur courrier pendant qu'elle était en vacances.

18. Napoléon désirait que tout le monde le (craindre) _____.

19. Tu ne doutes pas que Georges (vouloir) _____ épouser Marianne.

20. Jacques veut que l'on (savoir) _____ la raison pour tout ce qu'il a fait hier.

21. On lui a volé son sac dans le restaurant sans qu'elle (s'en rendre compte) _____.

22. De crainte que les voisins nous (entendre) _____, nous avons fermé toutes les fenêtres.

23. Qu'il (comprendre) _____ la situation!

24. Pourvu que nous (ne rien dire) _____, Jean-Thomas ne (se douter) _____ de rien.

25. Ainsi (être) _____-il!

3. En employant le subjonctif ou l'indicatif, faites *deux* phrases qui expriment:

1. l'émotion
2. l'espoir
3. la volonté
4. la nécessité
5. la possibilité
6. la probabilité
7. l'incertitude
8. un superlatif
9. un impératif

4. Corrigez les phrases suivantes en évitant le subjonctif.

1. Quoique nous essayions de ne pas dépenser d'argent, nous avons toujours trop de factures.
2. Sans qu'il s'entraîne, il joue très bien au football.
3. Jacqueline a peur qu'elle ne manque l'avion.
4. Je ne crois pas que je puisse accepter votre invitation.

Exercices de récapitulation

1. Mettez les verbes entre parenthèses aux temps qui conviennent.

1. Son père lui permet d'aller à la soirée pourvu qu'elle (rentrer) _____ avant minuit. Mon père défend que j'y (aller) _____ parce que je (préparer) _____ mes examens. Pensez-vous qu'il (être) _____ trop sévère?

2. (S'asseoir) _____, monsieur!

3. Puisque je (terminer) _____ mes devoirs, nous (aller) _____ au cinéma hier soir.

4. Pendant que Louis XIV (régner) _____, les nobles (s'amuser) _____.

5. Dès que le chien (voir) _____ des étrangers, il aboyait.

6. Aussitôt que vous (arriver) _____ à Londres, envoyez-nous un télégramme!

7. Dans ce restaurant, quoi que l'on (choisir) _____, on est toujours satisfait.

8. Où que l'on (aller) _____, on (voir) _____ des réclames pour des cigarettes. Il est dommage qu'on le (permettre) _____, car ces affiches (gâter) _____ le paysage.

9. Pendant sa jeunesse, chaque fois que Pierre (arriver) _____ à Paris avec ses parents, ils (aller) _____ directement voir le guignol aux Tuileries.

10. Hier comme il (faire) _____ gris, papa (prendre) _____ un grand parapluie au cas où il (pleuvoir) _____.

11. (Quitter) _____ la ville pour échapper à la chaleur. Nous serons mieux à la campagne.

12. Les grandes écoles (être) _____ fondées par Napoléon.

13. Si j'avais eu le temps, je (aller) _____ en Europe l'été dernier.

14. Après demain Pierre et Jeanne (partir) _____ pour l'Espagne.

15. Monsieur, je (vouloir) _____ vous présenter Françoise Renaud.

16. Le vin rouge (se boire) _____ avec la viande.

17. Ils sont obligés d'attendre que la vedette (venir) _____, avant de (tourner) _____ le film.

18. Qu'il (faire) _____ attention aux voitures!

19. Quoiqu'il (faire) _____ maintenant, il est certain qu'il (échouer) _____ à cet examen la semaine prochaine, à moins qu'un miracle (se produire) _____. Il (devoir) _____ travailler pendant tout le trimestre!

20. Le gouvernement a ordonné que la SNCF (résoudre) _____ les problèmes entre les ouvriers et le public.

2. Refaites les phrases suivantes en évitant le subjonctif.
   1. Il faut que vous partiez.
   2. Le capitaine ordonne que les marins restent à bord du bateau.
   3. Son grand chapeau empêche que je voie la scène.
   4. Nous attendons jusqu'à ce qu'il arrive.
   5. Quoi qu'il mange, il ne grossit pas.

3. Mettez l'article défini, indéfini ou partitif où il le faut.
   1. Jeanne a trouvé _____ souris dans son grenier.
   2. Nous avons envie d'un verre _____ bière.
   3. Il y a beaucoup _____ livres dans _____ serviette.
   4. _____ musée du Louvre se trouve à Paris.

Situations actives

Il va sans dire qu'il faut mettre à l'œuvre autant des structures de cette leçon que possible.

1. Vous venez d'acheter une voiture neuve, mais elle tombe souvent en panne. Vous êtes tellement furieux (furieuse) que vous écrivez une lettre au président de la société qui a fabriqué la voiture.

2. Apportez en classe un petit appareil. Expliquez à la classe sa fonction et ce qu'il faut faire pour le faire marcher. Employez les expressions comme *il faut, il est nécessaire, il est indispensable*, etc.

3. (*sketch*) Vous êtes animateur (animatrice) à la télé, où vous faites la publicité pour un nouveau produit sensationnel. N'hésitez pas à faire des démonstrations actives.

4. (*sketch*) Vous faites un voyage avec un copain (une copine) et vous ne partagez pas les mêmes idées sur ce qu'il faut faire, voir, ou visiter. Employez des expressions comme:

n'importe où   il est dommage que
n'importe qui   il vaudrait mieux que
n'importe quand   quoique
avant que   pour que
jusqu'à ce que

CINQUIÈME LEÇON

LES PRONOMS COMPLÉMENTS ET LES PRONOMS ACCENTUÉS

I. Les Pronoms compléments

Modèles

Attendez-vous le professeur?	Oui, nous l'attendons.
Est-ce que vous m'écoutez?	Oui, je vous écoute.
Avez-vous corrigé vos exercices?	Non, je ne les ai pas corrigés.
Aimeriez-vous voir ce film?	Oui, j'aimerais le voir.
Est-ce qu'elle sait que Jérome est malade?	Oui, elle le sait.
Ont-ils téléphoné à leurs parents?	Non, ils ne leur ont pas téléphoné.
Est-ce qu'il m'a laissé un mot?	Non, il ne t'en a pas laissé.
As-tu envoyé les livres à Nadine?	Oui, je les lui ai envoyés.
Va-t-il vous donner la clef?	Oui, il va me la donner.
Allez-vous à Paris?	Oui, j'y vais.
Est-ce qu'il était chez lui?	Non, il n'y était pas.
Est-ce que vous les avez vus à la bibliothèque?	Oui, je les y ai vus.
Avez-vous réfléchi à ce problème?	Oui, j'y ai réfléchi.
Où est-ce qu'on achète du lait?	On en achète dans une crémerie.
Est-ce qu'elle vient de Marseille?	Oui, elle en vient.
Avez-vous assez d'argent?	Oui, j'en ai assez.
Est-il content de son travail?	Oui, il en est content.
Combien de livres avez-vous donné à votre sœur?	Je lui en ai donné deux.

Ton grand-père n'a plus de tabac. Achète-lui-en.
Si tu as une question à poser, pose-la-lui, mais ne me la pose pas.

Exercices de réflexion

Remplacez les mots en italique par les pronoms qui conviennent.

1. Tu devrais jeter *cette vieille veste.*
2. S'est-il présenté *à mes parents?*
3. Nous avons assisté *à la conférence* hier soir.
4. Il a deux *frères.*
5. Ma grand-mère ne pourrait pas monter *au cinquième étage.*
6. Il vendra *son vélo à Georges.*
7. On nous a déjà dit *qu'il ne viendrait pas.*
8. Il a lu *les gros titres* avant de passer le journal *à son père.*
9. Je vais réfléchir *à ce problème.*
10. Demandez *son adresse à Marie-Claire.*
11. Ne vous faites pas *de souci.*

Pronoms Compléments

Ordre						
	me (m') te (t') (se, s') nous vous (se, s')	le la les	lui leur	y	en	
sujet (ne)						verbe (pas) (participe passé)

(ordre interrogatif)

Emploi					
1. O.D. personnes, 1re et 2e pers.	1. O.D. personnes, 3e pers.	O.I. personnes, 3e pers.	1. O.I. choses	de + choses	
2. O.I. personnes, 1re et 2e pers.	2. O.D. choses		2. préposition + lieu		
3. réfléchi (se)					

Remarquez bien: Dans une phrase avec un complément infinitif, en général on met les pronoms compléments dans le même ordre directement avant l'infinitif qui les gouverne.

> Il faut le faire aussi vite que possible.
> J'aurais dû vous le dire.
> Il a voulu vous en parler.
> Nous allons lui demander de le faire.

Explication

Un *objet direct* reçoit directement l'action du verbe. (Je donne *le cadeau*.) Le pronom objet direct remplace ce nom objet direct. (Je *le* donne.)

Un *objet indirect* reçoit indirectement l'action du verbe. (Je donne le cadeau *à Marie*.) Le pronom objet indirect remplace ce nom objet indirect. (Je *lui* donne le cadeau.)

1. *Les Pronoms objets directs*

   a. *Me, te, nous, vous* sont les pronoms objets directs à la première et à la deuxième personnes.

      > Venez *me* voir ce soir.
      > Qui est cette personne qui *vous* regarde fixement?
      > Ils *nous* attendront à la sortie du métro.

   b. *Le, la* et *les* sont les pronoms objets directs à la troisième personne. Ils indiquent des personnes et des choses.

Avez-vous envoyé la lettre?	Oui, je *l'*ai envoyée.
A-t-il trouvé mon sac?	Oui, il va *le* donner à ton frère.
As-tu vu Anne?	Non, je ne *l'*ai pas vue.

Remarquez bien: Le pronom *le* peut être neutre (il ne change pas selon le genre ou le nombre). Dans ce cas il remplace:

- un adjectif

Est-il intelligent?   Oui, il *l'*est
Sont-ils prêts?   Non, mais ils *le* seront tout à l'heure.
Etes-vous française, mademoiselle?   Oui, je *le* suis.

- une proposition ou une idée complète

Est-ce qu'il sait que tu es arrivé?   Oui, il *le* sait.
Crois-tu qu'il soit sincère?   Oui, je *le* crois.
Est-ce qu'il vous aidera?   Oui, s'il *le* peut.

Son mari est en train de mourir, mais elle ne *le* sait pas.

c. *Me, te, se, nous, vous* et *se* s'emploient comme pronoms réfléchis. D'habitude ils s'emploient comme objets directs.

Elle *s'*est lavée.
Je *me* couche de bonne heure.
Vous *vous* regardez dans la glace.

2. *Les Pronoms objets indirects*

a. *Me, te, nous, vous* sont les pronoms objets indirects à la première et à la deuxième personnes.

Je *vous* téléphonerai ce soir.
Il voudrait *nous* parler.
Elle a refusé de *me* prêter sa voiture.

b. *Lui* et *leur* sont les pronoms objets indirects à la troisième personne, masculin et féminin, et ils indiquent toujours des personnes.

As-tu montré tes photos à Anne? Oui, je les *lui* ai montrées.
J'écrirai à mes parents parce que je veux *leur* demander de l'argent.

Remarquez bien:

Pensez-vous à Jean? Oui, je pense *à lui*.
Pense-t-il à ses parents? Oui, il pense *à eux*. (Voir p. 75.)

c. Les pronoms réfléchis *me, te, se, nous, vous* et *se* s'emploient comme objets indirects *quand un objet direct suit ou précède le verbe*. Quand l'objet direct le suit, il n'y a pas d'accord.

Elle *s'*est lavé *les cheveux*.   Elle se les est lavés.
Je *me* suis foulé *la cheville*.   Je me la suis foulée.
Attention! Tu vas *te* couper *la main* avec ce couteau.   Tu vas te la couper.

Remarquez bien: Quand *me, te, se, nous* ou *vous* sont l'objet direct avant le verbe, on ne peut pas employer aussi un pronom objet indirect avant le verbe. Dans ce cas, on emploie un pronom accentué. (Voir pp. 73–74.)

> Après m'avoir conseillé de consulter un spécialiste mon médecin m'a envoyé à vous.
> Il nous présentera à elle ce soir.
> Je vais m'adresser à lui.

MAIS: Si l'on fait une présentation directe, on emploie la formule suivante:
> Je vous présente M. Seurat.
> Robert, je vous présente Anne.

3. *Le Pronom complément* **y**

a. *Y* s'emploie comme pronom objet indirect pour remplacer une *chose* introduite par la préposition *à*.

Avez-vous répondu à la lettre?	Oui, j'y ai répondu.
S'habituera-t-il au climat?	Non, il ne s'y habituera jamais.
Avez-vous réfléchi à ce problème?	Oui, j'y ai réfléchi.
Irez-vous à la conférence?	Oui, j'y assisterai avec plaisir.

Son pays natal lui manque et il *y* pense souvent.
Il suit un cours de biologie parce qu'il s'*y* intéresse.

Remarquez bien: Le pronom complément *y* ne remplace jamais une personne.

Comparez:

J'obéis aux règlements.	J'*y* obéis.
J'obéis à ma mère.	Je *lui* obéis.
J'ai répondu à la question.	J'*y* ai répondu.
J'ai répondu au professeur.	Je *lui* ai répondu.

b. *Y* indique aussi le lieu ou la direction. Dans ce cas *y* s'emploie comme un adverbe et il remplace le nom d'une chose ou d'un endroit précédé d'une préposition de lieu comme *à, dans, en, sur, sous, chez, à côté de, au milieu de*, etc.

Avez-vous mis le vase à côté de la lampe?	Oui, je l'*y* ai mis.

Tu n'as pas vu l'exposition? Il faut *y* aller!
Cherchez-le au café. Il *y* passe tout son temps.
Je sais que les clefs étaient dans ton sac parce que je les *y* ai vues.

Remarquez bien: *Là* est un synonyme plus démonstratif de *y*. (*Là* est le contraire de *ici*.)

> Ne téléphonez pas après six heures car je ne serai pas *là*.
> C'est *là* où je veux passer mes vacances.

4. *Le Pronom complément* en

Le pronom complément *en* remplace un nom ou une expression introduits par la préposition *de*.
Il peut remplacer:

a. un article partitif et un nom.

Lui avez-vous donné de l'argent?   Oui, je lui *en* ai donné.
Connaissez-vous des Français?   Oui, j'*en* connais à Paris.

De l'imagination, il n'*en* a point.
S'il veut de la bière, dites-lui qu'il n'y *en* a plus.

Remarquez bien: Quand un article partitif introduit un nom pluriel modifié par un adjectif,
on remplace le nom par *en* et on met la préposition *de* avant l'adjectif.

Y a-t-il de belles peintures au musée?   Oui, il y *en* a de très belles.
Vend-on des bonbons à la pâtisserie?   Oui, on *en* vend de très bons.

b. un nom complément d'une expression de quantité.

Combien de farine voulez-vous?   J'*en* voudrais un kilo.
Combien de frères a-t-il?   Il *en* a deux.
Avez-vous une cigarette?   Oui, j'*en* ai une.
Y avait-il beaucoup de monde?   Non, il n'y *en* avait pas beaucoup.

c. une expression de lieu introduite par *de*.

Est-il revenu de Paris?   Oui, il *en* est revenu il y a une semaine.
A quelle heure est-il sorti du bureau?   Il *en* est sorti vers cinq heures.

d. le complément des expressions suivies de la préposition *de*.

avoir besoin de   parler de
avoir envie de   s'occuper de
avoir peur de   se souvenir de
avoir honte de   se plaindre de
avoir l'intention de   se moquer de
avoir l'habitude de   se servir de

Dans ce cas, *en* désigne une chose ou une idée, mais *jamais une personne*. Quand le complément est une
personne, on emploie un pronom accentué. (Voir p. 74.)

Avez-vous peur du chien?   Non, je n'*en* ai pas peur.
As-tu honte de ce que tu as fait?   Non, je n'*en* ai pas honte.

Il a oublié notre rendez-vous, mais il s'*en* est souvenu plus tard.
Ils veulent aller au café, mais moi, je n'*en* ai pas envie.
Tu te fais du souci. Ne t'*en* fais pas. Je m'*en* occuperai.

MAIS:
Avez-vous besoin de Jean pour vous aider?   Oui, j'ai besoin *de lui*.
Vous moquez-vous de moi?   Non, je ne me moque pas *de toi*; je me moque *d'elle*.

e. le complément d'un adjectif. Le complément peut être une chose ou une proposition entière.

Est-il content de son travail?	Oui, il *en* est content.
Etes-vous furieux de ce qu'ils ont fait?	Oui, j'*en* suis furieux.
Sont-ils convaincus de mon innocence?	Oui, ils *en* sont convaincus.
Est-il sûr qu'elle lui rende son argent?	Non, il n'*en* est pas sûr.
Ce monsieur est-il le meilleur candidat?	Oui, j'*en* suis persuadé.

f. *de + une chose* quand *de* désigne la possession. On emploie quelquefois cette forme pour des raisons de style.

Quelle voiture formidable! J'*en* aime surtout la couleur.
Je ne mange jamais de caviar parce que je n'*en* aime pas le goût.

Comparez:

J'ai choisi ce livre parce que j'aime son titre.	J'ai choisi ce livre parce que j'*en* aime le titre.
Je n'aime pas ce fauteuil; son style est démodé.	Je n'aime pas ce fauteuil; le style *en* est démodé.

Remarquez bien: On ne met jamais *y* et *en* ensemble dans une phrase, sauf à tous les temps de l'expression "il y a."

Tous les artistes vendent *des tableaux sur la place du Tertre.*	Tous les artistes *en* vendent sur la place du Tertre. Tous les artistes *y* vendent des tableaux.

Il n'y a pas de confiture dans le réfrigérateur, mais il *y en* a dans le placard.

5. *Les Accords du participe passé*

a. Le participe passé s'accorde avec le pronom objet direct qui le précède. (Pour une explication plus détaillée, voir p. 25.) Examinez l'emploi des pronoms et les accords du participe passé dans ce paragraphe:

Nous les avons vus au parc. Ils se sont regardés longuement, ils se sont parlé un peu, et puis ils se sont embrassés. Nous ne leur avons pas dit que nous les avions observés. Si nous le leur avions avoué, ils nous auraient tués.

b. Le participe passé ne s'accorde jamais avec le pronom complément *en*.

A-t-il pris des photos? Oui, il *en* a pris.

6. *Les Pronoms complément à l'impératif*

a. A l'impératif affirmatif les pronoms se placent *après le verbe.* On met un trait d'union entre le verbe et le pronom et aussi entre les pronoms. *Moi* et *toi* (voir p. 74) deviennent *m'* et *t'* devant *y* et *en*. L'ordre des pronoms compléments est:

Verbe -	le la les	moi (m') toi (t') nous vous	lui leur	- y - en

Parlez-nous-en!   Allez-vous-en!

Donnez-la-lui!   Allez-y!

Remarquez bien: Pour des raisons de prononciation, on garde le *s* avant *y* ou *en* à la deuxième personne du singulier des verbes qui se terminent en *-er*.

Vas-y!   Penses-y!   Manges-en!

b. A l'impératif négatif, l'ordre et la forme des pronoms compléments sont les mêmes que dans les phrases déclaratives.

Comparez:

Demandez-lui son adresse.	Demandez-la-lui.
	Ne la lui demandez pas.
Envoyez-moi de l'argent.	Envoyez-m'en.
	Ne m'en envoyez pas.
Ecris une lettre à tes parents.	Ecris-leur-en une.
	Ne leur en écris pas.
Donnez-moi mon livre.	Donnez-le-moi.
	Ne me le donnez pas.
Occupe-toi de cette affaire.	Occupe-t'en.
	Ne t'en occupe pas.

Exercices de vérification

1. Remplacez les mots en italique par les pronoms qui conviennent.
   1. Je connais *Michel* depuis trois ans.
   2. J'ai mis *les clefs* dans le tiroir.
   3. Mes parents m'ont raconté *ce conte de fées.*
   4. Le professeur a parlé *à Georges* cet après-midi.
   5. Je vais téléphoner *à mes grands-parents.*
   6. Il a expliqué *la réponse aux élèves.*
   7. Pierre refuse de nous montrer *ses photos.*
   8. C'est Gérard qui m'a envoyé *cette carte.*
   9. Le contremaître a expliqué *le travail aux ouvriers.*
   10. Nous avons demandé *le prix à la vendeuse.*
   11. C'est Paul qui a su réparer *la bicyclette.*
   12. Nous allons demander *à Jeannette* de faire *la vaisselle.*
   13. Ils vont *à* Nice pour le week-end.
   14. Il ne s'habituera jamais *au climat.*
   15. En été nous déjeunons souvent *dans le parc.*
   16. Ils vont réfléchir *à ce problème.*
   17. Il tient *à partir pour le week-end.*

18. L'enfant a accroché *son cerf-volant dans cet arbre.*
19. Elle va emmener *ses nièces au zoo* cet après-midi.
20. Nous voulons nous asseoir *à la terrasse* pendant que vous ferez *vos achats.*
21. J'ai rencontré *Pierre et Nadine au café.*
22. Cet homme d'affaires pense toujours *à son travail* et il ne pense jamais *à sa femme.*
23. Il s'est installé *derrière moi.*
24. Il a posé *son sac sur la table.*
25. J'ai déjà répondu *à sa lettre.*
26. On achète *des allumettes* dans un bureau de tabac.
27. Il y a *de la crème* dans le réfrigérateur.
28. J'ai vu *des hippopotames* au zoo.
29. Avez-vous *de la monnaie?*
30. Le père Noël apporte *des cadeaux aux enfants* à Noël.
31. Elle a toujours besoin *d'argent.*
32. Je n'ai pas envie *de dessert* ce soir.
33. Tu as déjà mangé trois *sandwiches!*
34. Elle a un *frère,* mais moi, j'ai deux *frères.*
35. J'ai mis un peu de *poivre* dans la salade.
36. Ils sont fiers *de leur réussite.*
37. J'aime le bouquet *de ce vin.*
38. Quelle jolie robe! J'aime surtout la couleur *de cette robe.*
39. Il reviendra *du pique-nique* vers quatre heures.
40. Il arrivera *de Paris* cet après-midi.
41. On peut trouver *du caviar* chez cet épicier.
42. Il voudrait parler *au professeur de ces devoirs.*
43. Je m'occuperai *du ménage* cet après-midi pendant que vous serez *en ville.*
44. Peux-tu me donner *une cigarette?*
45. Je vais acheter *des livres* à la librairie.
46. Il est *intelligent.*
47. Avez-vous entendu *ce qu'elle m'a dit?*
48. En grandissant, il est devenu *paresseux.*
49. Faites attention *à la route* et ne parlez pas *aux voyageurs.*
50. Donnez *de l'argent à l'enfant* parce qu'il veut aller *au cinéma.*
51. Demande-lui *son numéro de téléphone.*
52. Occupe-toi *du ménage.*
53. N'appuyez pas *sur le bouton.*
54. Ne te fais pas *de souci* et ne dis rien *de cette affaire à tes amis.*

2. Répondez aux questions en employant autant de pronoms que possible. Répondez à la forme affirmative sauf si l'on impose la négation.
   1. Avez-vous vu cette pièce?
   2. Voudriez-vous envoyer cette carte à votre cousin?
   3. Le professeur a-t-il le temps de corriger vos fautes?
   4. Croyez-vous qu'elle dise la vérité?
   5. Sait-il que nous serons en retard?
   6. Est-ce que les cigarettes sont mauvaises pour la santé?
   7. Sont-elles prêtes à partir?
   8. Ressemble-t-elle à sa mère? (négatif)
   9. Pourriez-vous demander le livre à la bibliothécaire?
   10. Avez-vous expliqué votre problème à vos parents?

11. Ecoutez-vous le vieillard quand il vous raconte ses histoires?
12. Téléphone-t-elle souvent à ses parents? (négatif)
13. Demeurent-ils à Paris depuis longtemps?
14. L'enfant a-t-il laissé ses jouets sur l'escalier?
15. Avez-vous mis la crème dans le réfrigérateur? (négatif)
16. Se sont-ils habitués à cette façon de vivre?
17. Pense-t-elle souvent à ses parents?
18. Allez-vous au cinéma de temps en temps?
19. Met-il son argent sous le matelas? (négatif)
20. Avez-vous beaucoup de travail?
21. Ose-t-il se moquer du professeur? (négatif)
22. Se moque-t-il des règlements de l'école?
23. Ce monsieur vient-il de Marseille?
24. Combien de jours y a-t-il dans une semaine?

II. Les Pronoms accentués

Modèles

C'est moi qui ai réparé la bicyclette.
Moi, je travaille tandis que toi, tu perds ton temps.
Henri et moi, nous nous entendons bien.
Vous êtes arrivé avant nous et après eux.
Donnez-moi votre adresse.
Il est plus grand que moi, mais je suis plus âgé que lui.
Ni toi ni moi ne sommes d'accord avec lui.
Il n'y a que toi qui puisses me comprendre.
On ne doit pas toujours penser à soi.

Exercices de réflexion

Complétez ces phrases avec les pronoms qui conviennent.

1. Ce sont _____ qui ont fait ce travail.
2. _____, vous cherchez les difficultés, mais _____, nous les évitons.
3. Si l'on ne pense qu'à _____, un jour on se trouvera seul.
4. Etes-vous parti avec Pierre et Claudine? Oui, je suis parti avec _____.
5. _____ et _____ s'écrivent depuis septembre.
6. Ni _____ ni lui n'avez compris la raison de son absence.
7. C'est _____ qui sommes en retard.
8. Si tu l'avais fait _____, tu aurais réussi.
9. S'occupe-t-il de son vieux père? Oui, il s'occupe de _____.
10. Chaque soir je te téléphone. Tu n'es jamais là. N'aimes-tu pas rester chez _____?

Explication

Les pronoms accentués ne s'emploient que pour des personnes.

moi	nous
toi	vous
lui	eux
elle	elles
soi	

Ils s'emploient:

1. *après* **c'est** *ou* **c'était**.

c'est moi	c'est nous
c'est toi	c'est vous
c'est lui	ce sont eux
c'est elle	ce sont elles

Ce n'est pas moi qui ai raconté cette histoire.
Est-ce lui qui a volé votre portefeuille?
C'est toujours nous qui arrivons les derniers.
D'habitude, c'était vous qui saviez la réponse.
Ce sont eux qui ont fait ce bruit.

Remarquez bien:

• Le verbe d'une proposition relative s'accorde avec le pronom accentué précédent.

C'est moi qui dois répondre à la question.
C'est nous qui sommes en retard.

• C'est seulement à la troisième personne du pluriel que le verbe est au pluriel.

ce sont eux	ce sont elles
c'étaient eux	c'étaient elles

2. *en apposition*, quand on veut souligner ou insister sur la particularité d'un sujet ou d'un complément. A la troisième personne, il n'est pas obligatoire de garder le pronom sujet. Souvent dans une exclamation ou dans une réponse à une question on peut supprimer le verbe.

Moi, je veux bien y aller, mais lui, il préfère rester à la maison.
Ils sont intelligents, eux.
Vous, il vous déteste, mais moi, il m'aime.
Lui, je l'ai vu, mais elle, je ne l'ai pas vue.
Il a de la chance, lui. Toi aussi.
Lui n'a rien dit. Moi non plus.
Qui a fait cela? Lui.

Remarquez bien: On peut ajouter *-même* (singulier) ou *-mêmes* (pluriel) à un pronom accentué pour souligner davantage.

Si, c'est vrai; je l'ai vu moi-même.
Elle peut le faire elle-même.
Demandez-lui vous-même! Il vous dira la même chose.

3. *pour éviter toute ambiguïté* dans un pronom collectif (pluriel).

Comparez:

Nous sommes partis.   Lui et moi sommes partis, mais vous autres, vous êtes restés.
Ils ont pris un taxi.   Vous et elle, vous êtes allés à pied.

Georges et moi sommes allés avec Louise et elle.

4. *après une préposition*, sauf quand la préposition introduit un objet indirect. (Voir *objets indirects*, p. 67; *y*, p. 68; et *en*, p. 69.)

Elle est assise devant moi, derrière lui, et à côté de vous.
A qui est cette bicyclette? Elle est à lui. (Voir p. 79.)
Je veux aller avec toi.
"Après moi, le déluge," a dit Louis XIV.
C'est un cadeau pour lui et moi. Tant pis pour toi.
Est-ce que vous vous moquez de moi?
Elle s'intéresse beaucoup à lui. Qu'est-ce qu'il pense d'elle?
Il n'est jamais chez lui.

Remarquez bien: *Penser à* exige toujours l'emploi du pronom accentué pour remplacer une personne.

Jean-Paul pense à Simone, mais Simone ne pense pas à lui.

5. *après l'impératif affirmatif* à la première et à la deuxième personnes. (Voir p. 14.)

Parlez-moi de vos vacances.
Dis-moi la vérité.
Assieds-toi là.

6. *dans une phrase comparative après* **que**.

Vous parlez français mieux que moi.
Elle est plus intelligente que lui.
Nous avons moins d'argent que vous.

7. *après* **ni... ni** *et* **ne... que**.

Ni elle ni lui n'ont compris mon explication.
Il n'a appelé ni elle ni moi.
Elle n'a que lui au monde.
Il n'y a que lui qui ait su le faire.

Le pronom accentué *soi* s'emploie quand le sujet est indéterminé.

On ne doit pas toujours penser à soi.
Chacun pour soi et Dieu pour tous.
Il faut être sûr de soi pour réussir dans la vie.

1. Refaites ces phrases en remplaçant les mots en italique par les pronoms accentués qui conviennent.
    1. Sans *Georges*, nous n'aurions jamais gagné le match.
    2. Ils parlent de *ta sœur* et de *ton frère*.
    3. Ce cadeau est pour *Nadine et pour* toi.
    4. Ces livres sont à *vous et à moi*; les autres sont à *Guy et à Marianne*.
    5. Ils sont arrivés avant *toi et moi*, mais après *Agnès*.
    6. Ni *André* ni *Germaine* n'ont téléphoné.
    7. Il n'y a que *Bernard* qui fume.
    8. Ce sont *Françoise et Elisabeth* qui m'ont fait ce cadeau.

2. Complétez les phrases avec les pronoms qui conviennent.
    1. Est-ce _____ qui as fait tant de bruit?
    2. Je n'ai pas besoin de vous! Je pourrai le faire _____.
    3. Après de longues vacances, on est toujours heureux de revenir chez _____.
    4. _____, tu sais le faire, mais _____, ils ont besoin d'un coup de main.
    5. Explique- _____ pourquoi tu m'as menti tandis que _____ m'a dit la vérité.
    6. J'ai dix-sept ans mais Gérard a seize ans. Quoique je sois plus âgé que _____, il est plus grand que _____.
    7. Je le connais déjà. Je me suis présenté à _____ hier soir.
    8. Elle n'est pas très sûre d'elle-même et veut savoir ce que tout le monde pense d'_____.
    9. Ce n'est pas la peine de leur téléphoner maintenant. Je sais qu'ils ne sont pas chez _____.
    10. Je sais que ce sac est le tien; mais est-ce que le sac brun est aussi à _____?

1. Remplacez les mots en italique par les pronoms qui conviennent.
    1. J'ai assez *d'argent!*
    2. Va sur la côte et tu seras content *de tes vacances*.
    3. Ecrit-il souvent *à Hélène?*
    4. Cette voiture n'est pas à *mes parents;* elle est à *mon frère*.
    5. Demandez *des renseignements à ce monsieur*.
    6. Je ne me souviens pas *de cette histoire*.
    7. Tu te plains toujours *de ton travail*.
    8. Nous allons nous présenter à *ces gens*.
    9. Vous n'êtes jamais allé *à Paris?* Paul est arrivé *de Paris* il y a trois jours. Il nous a dit qu'il avait beaucoup aimé *Paris* et qu'il espère retourner *à Paris* bientôt.
    10. Il ne peut pas supporter l'odeur *des champignons*. Alors, il ne faut pas préparer *ces champignons* quand il est *à la maison*.
    11. Il manque *d'imagination!*
    12. Fais *le ménage* pour ta mère. Elle sera contente *de ta gentillesse*.
    13. Ce jeune homme a offert un *bouquet de fleurs à cette jeune fille*.
    14. Il faudra que tu emmènes *ton petit frère au cirque*.
    15. Elle a refusé d'accompagner *Thomas au théâtre*. Elle a préféré sortir avec *Maurice*.
    16. J'avais douze *assiettes*. Maintenant il ne me reste que trois *assiettes*.
    17. Je ne sais rien *de cette affaire*. Demandez *à Alain* s'il peut vous renseigner.
    18. Achète *du tabac* pour ton père pendant que tu seras *en ville*.
    19. Mettez *la valise dans le coffre de ma voiture*.
    20. Il a acheté plusieurs *livres* à la librairie.
    21. Ni *Pierre* ni *Marie-Claire* ne vont aller à la conférence ce soir. Je regrette *qu'ils ne nous accompagnent pas*.

22. Ne me parle pas *de tes ennuis!*
23. Il a choisi *ce cadeau* parce qu'il voulait faire plaisir *à sa tante.*
24. Tu pourras parler *au professeur* après *Cécile et moi.*
25. Si tu as mal à la tête, prends *de l'aspirine.* Il y a *de l'aspirine* dans ce tiroir.
26. J'ai vu *Hélène* dans la rue; elle était avec *Paul.*
27. Avez-vous donné *du chewing-gum aux enfants?*
28. J'avais l'intention *d'aller vous voir,* mais je n'ai pas eu le temps.
29. Est-il digne *de toutes ces louanges?*
30. Il a oublié de répondre *à mon invitation.*

2. Répondez aux questions en employant autant de pronoms que possible. Répondez à la forme affirmative sauf si l'on impose la négation.
    1. Avez-vous annoncé la nouvelle à vos parents?
    2. Vont-ils aller voir l'exposition à New York?
    3. Se rend-elle compte de l'erreur qu'elle a commise? (négatif)
    4. Vous a-t-on donné assez de beurre?
    5. Vont-elles en Europe avec leurs parents?
    6. Va-t-il confier son chien à sa sœur pendant ses vacances?
    7. Avez-vous rencontré Françoise dans la rue?
    8. Sera-t-il récompensé de son travail?
    9. Avez-vous échoué à l'examen? (négatif)
    10. Marc a-t-il obtenu son permis de conduire?
    11. A-t-il assez de temps pour entreprendre ce projet?
    12. Ce cadeau va-t-il plaire à ta tante?
    13. Etes-vous américain?
    14. Ont-ils refusé de prêter la voiture à leur fils?
    15. Jouez-vous au tennis avec Madeleine? (négatif)
    16. Sont-ils abonnés à ce journal?
    17. S'est-elle servie de votre machine à coudre pour faire cette robe?
    18. Parle-t-il souvent de la guerre à ses petits-enfants?
    19. Est-elle fière de sa réussite?
    20. Craignaient-ils que je ne revienne pas?

| Situations actives |

Il va sans dire qu'il faut mettre à l'œuvre autant des structures de cette leçon que possible.

1. (*sketch*) Un(e) client(e) entre dans une boutique. Il discute avec le vendeur (la vendeuse) la qualité, le prix et l'existence même de plusieurs produits.

2. (*sketch*) Créez une dispute entre deux enfants au sujet de la possession d'un objet. Au cours de cette dispute, employez au moins cinq verbes à la forme impérative avec deux pronoms.

3. Ecrivez une lettre à votre meilleur(e) ami(e) au sujet d'un séjour chez des cousins que vous n'aimez pas tellement.

4. Vous participez à une interview pour un travail d'été. Pour répondre à la situation proposée dans l'interview, employez des pronoms.

5. Préparez quinze questions biographiques à poser à votre voisin(e) en classe et auxquelles il (elle) doit répondre en utilisant un maximum de pronoms.

SIXIÈME LEÇON

LES POSSESSIFS ET LES DÉMONSTRATIFS

I. Les Possessifs

Modèles

Le chien de Jean s'est endormi devant la cheminée.
Le stylo est à Jacques.
Pierre a envoyé des cartes postales à mon oncle, à ma tante, et à mes cousins.
Marie ressemble à son père. Bernard ressemble à sa mère.
Où est son écharpe?
Nos projets sont plutôt ambitieux.
Leur père préfère qu'ils rentrent avant minuit.
Leurs parents sont indulgents.
Ma voiture est au garage; il faut prendre la tienne.
Jean-Pierre ne s'intéresse pas à votre programme de travail; il s'intéresse plutôt au sien, mais je trouve que le mien est préférable.

Exercices de réflexion

Complétez ces phrases avec les adjectifs ou pronoms possessifs qui conviennent aux possesseurs en italiques.

1. *Chacun* a _____ goût.
2. *J'ai* terminé _____ devoirs mais *Jeanne* n'a pas terminé _____ .
3. Chaque soir le *monsieur* rentre chez lui, _____ journal sous _____ bras. _____ femme l'attend à la porte.
4. *Tout le monde* met _____ argent à la banque, mais *ces vieilles dames* cachent _____ sous leurs matelas.
5. *Balzac* était le plus grand écrivain de _____ époque.
6. Lavez-*vous* _____ mains.
7. *Nous* écrivons souvent à _____ parents mais _____ *camarades* n'écrivent jamais à _____ .
8. _____ ami *vous* a téléphoné pour dire qu'il s'était cassé _____ bras.
9. Ma voiture est en panne. Alors j'ai demandé à *mes parents* si je pouvais prendre _____ .
10. *Tout le monde* doit apporter _____ cahier en classe demain.

Explication

La possession s'exprime par:

1. *la préposition* **de** + *un nom.*

Le chien de Jean s'est endormi devant la cheminée.
Le livre de Marie se trouve sur la table.
Le fils du garagiste a réparé le vélo.

Remarquez bien: Pour insister sur le possesseur on emploie *être à* + un nom ou un pronom accentué.

Ce stylo est à Jacques.
Cette peinture est à moi.

2. *l'adjectif possessif.* L'adjectif possessif s'accorde toujours en genre et en nombre avec l'objet possédé.

    a. L'adjectif possessif ne s'accorde *jamais* en genre et en nombre avec le possesseur.

    b. L'adjectif possessif remplace l'article.

	UN POSSESSEUR		PLUSIEURS POSSESSEURS	
	Un objet	*Plusieurs objets*	*Un objet*	*Plusieurs objets*
1re pers.	mon (objet masc.) ma (objet fém.) mon (objet fém. qui commence par une voyelle ou un *h* muet)	mes	notre (m. et f.)	nos
2e pers.	ton (objet masc.) ta (objet fém.) ton (objet fém. qui commence par une voyelle ou un *h* muet)	tes	votre (m. et f.)	vos
3e pers.	son (objet masc.) sa (objet fém.) son (objet fém. qui commence par une voyelle ou un *h* muet)	ses	leur (m. et f.)	leurs

Pierre a envoyé des cartes postales à mon oncle, à ma tante et à mes cousins.
Marie ressemble à son père. Bernard ressemble à sa mère.
Où a-t-elle laissé son écharpe?
Nos projets sont plutôt ambitieux.
Leur père préfère qu'ils rentrent avant minuit.
Leurs parents sont indulgents.
Il a mis son chapeau, sa veste et ses gants dans l'armoire.

Remarquez bien:

- L'article défini remplace l'adjectif possessif quand on désigne les parties du corps (non qualifiées par un adjectif précédent) dont le possesseur est évident.

    Je ne me sens pas bien. J'ai mal à *la* tête; j'ai mal à *l'*estomac.
    Le skieur s'est cassé *la* jambe.
    Je me suis lavé *les* mains.
    Elle a *les* cheveux et *les* yeux bruns.

    MAIS:

        Il a mis ses énormes mains sur le bureau.
        (*mains* qualifiées par l'adjectif *énormes*)

- Pour éviter l'ambiguïté et pour insister sur la particularité du possesseur, on ajoute ou l'adjectif *propre* avant le nom, ou *à* + *un pronom accentué* après le nom.

    Chacun de mes parents a sa *propre* voiture.   Ma mère a sa voiture *à elle* et mon père a sa voiture *à lui.*

3. *le pronom possessif*. Comme l'adjectif possessif, le pronom possessif s'accorde toujours en genre et en nombre avec l'objet possédé qu'il remplace.

	UN POSSESSEUR		PLUSIEURS POSSESSEURS	
	Un objet	*Plusieurs objets*	*Un objet*	*Plusieurs objets*
1re pers.	le mien (objet masc.) la mienne (objet fém.)	les miens (objet masc.) les miennes (objet fém.)	le nôtre (objet masc.) la nôtre (objet fém.)	les nôtres (m. et f.)
2e pers.	le tien (objet masc.) la tienne (objet fém.)	les tiens (objet masc.) les tiennes (objet fém.)	le vôtre (objet masc.) la vôtre (objet fém.)	les vôtres (m. et f.)
3e pers.	le sien (objet masc.) la sienne (objet fém.)	les siens (objet masc.) les siennes (objet fém.)	le leur (objet masc.) la leur (objet fém.)	les leurs (m. et f.)

Ma voiture est au garage; il faut prendre la tienne.

Jean-Pierre ne s'intéresse pas à votre programme de travail; il s'intéresse plutôt au sien, mais je trouve que le mien est préférable.

Même si vous n'avez pas besoin de vos notes, nous avons besoin des nôtres.

Mes sœurs jouent au tennis; les siennes font de la danse.

Remarquez bien:

• N'oubliez pas que l'article défini est une partie du pronom possessif et a une forme contractée après les prépositions *à* et *de: au mien, du mien, des miens*, etc.

• Le schéma suivant résume l'emploi des adjectifs et des pronoms possessifs à la troisième personne:

le père de Jean le père de Marie	son père son père	le sien le sien
la mère de Jean la mère de Marie	sa mère sa mère	la sienne la sienne
les parents de Jean les parents de Marie	ses parents ses parents	les siens les siens
le père de Jean et de Marie la mère de Jean et de Marie les parents de Jean et de Marie	leur père leur mère leurs parents	le leur la leur les leurs

---

| Exercices de vérification |

1. Complétez ces phrases avec les adjectifs possessifs ou les articles qui conviennent aux possesseurs en italique.

   1. Où *cette jeune fille* a-t-elle envoyé _____ lettre?

   2. *Je* veux que le professeur corrige _____ examen.

   3. Pourquoi as-*tu* mis _____ veste?

   4. *Jacques* parle toujours à _____ mère de tous _____ projets, mais il n'en parle jamais à _____ père.

   5. *Ces ingénieurs* ont facilement résolu _____ problèmes.

   6. L'été prochain *je* retrouverai _____ amie Charlotte à Paris.

   7. *Antoine* a trébuché et alors il s'est foulé _____ cheville.

8. Le bruit de l'explosion *lui* a donné mal à _____ tête.

9. *Mes sœurs* nettoient _____ chambre le jeudi soir.

10. *Elle* n'est pas très aimable, mais tout le monde admire _____ jolis cheveux longs.

2. Remplacez les mots en italique par les *pronoms possessifs* qui conviennent.

1. Attention! Tu prends mes livres au lieu de *tes livres*.

2. Quand *le chien des Bourgeacq* se met à aboyer, *notre chien* se cache sous le canapé.

3. Jean n'a pas reçu de nouvelles de ses parents depuis leur départ, mais Henri en a reçu de *ses parents* qui les accompagnent.

4. La voiture des Dachet est une décapotable tandis que *ma voiture* est une berline.

5. Je m'intéresse plus à son projet qu'à *votre projet*. Votre projet est idéaliste tandis que *son projet* est pratique.

6. Tu es content de tes notes, mais Paul n'est pas content de *ses notes*.

7. Notre maison est plus moderne que *leur maison*.

8. Non, ce n'est pas mon grand-père. *Mon grand-père* est mort; c'est *le grand-père de Jacqueline*.

II. Les Démonstratifs

Modèles

Ce monsieur et cette dame ont acheté ces meubles anciens pour leur maison.

Le médecin travaille dans cet hôpital.

Georges a pris rendez-vous avec cet avocat.

Il y a beaucoup de livres sur cette table; celui-ci est une pièce de théâtre; ceux-là sont des romans.

Quelle chemise a-t-il préférée; celle en laine ou celle en coton?

Nous venons d'acheter des tapis; celui qui a coûté le plus cher vient de l'Iran.

Cela m'a beaucoup impressionné.

Ceci vous fera plaisir; votre fils vient de gagner le concours.

Qu'est-ce que c'est que ça?

Ça c'est bien.

C'est une bonne idée.

Cet homme a écrit l'article; c'est François Lenouveau.

Voilà le programme du cours; il est intéressant.

Exercices de réflexion

Complétez ces phrases avec les adjectifs ou les pronoms démonstratifs qui conviennent.

1. _____ garçon a dit à notre voisin que _____ était lui qui avait cassé la vitre.

2. _____ aqueduc, qui a été construit par les Romains, s'appelle le pont du Gard.

3. On peut toujours stationner devant _____ hôtel.

4. _____ couleur vous va à merveille.

5. Lequel de _____ fromages voulez-vous goûter? _____ est fort et _____ est doux.

6. Montréal et Bruxelles sont deux villes où l'on parle français. _____ est en Belgique; _____ est au Canada.

7. Ça, _____ est de ma faute.

8. Votre ami vient de gagner le concours; _____ doit plaire à sa famille.

9. Quels arbres préférez-vous? _____ qui sont toujours verts.

10. Aimez-vous Brahms? _____ était un compositeur extraordinaire!

11. Il veut prendre cet avion mais, puisqu'il fait mauvais, _____ est ridicule de sa part.

12. Ce chapeau que tu veux porter est démodé. _____ ne te va pas.

13. _____ sont nos amis qui ont l'intention de quitter le pays.

14. Je veux bien assister à votre conférence. _____ promet d'être très intéressante.

15. Quelle sorte de musique l'orchestre de Philadelphie joue-t-il le plus souvent, _____ des romantiques ou _____ des modernes?

16. _____ ne se dit pas.

17. _____ symphonie de Mozart est nettement plus classique que _____ de Beethoven.

18. _____ avion est prêt à décoller.

19. Chaque fois que Patricia va à Paris, elle descend à _____ hôtel.

20. _____ est avocat. _____ est l'avocat de mon père.

| Explication |

	Adjectifs	*Pronoms*
Masculin	ce cet (devant une voyelle ou un *h* muet)	celui (-ci, -là)
Féminin	cette	celle (-ci, -là)
Pluriel	ces	ceux (-ci,-là) (m.) celles (-ci, -là) (f.)
Neutre		ceci, ce cela, ça

1. *Les adjectifs démonstratifs* s'emploient pour montrer d'une façon précise un objet ou une personne.

Ce monsieur et cette dame ont acheté ces meubles anciens pour leur maison.
Le médecin travaille dans cet hôpital.
Georges a pris rendez-vous avec cet avocat.
Ces jeunes filles font de la danse.

Remarquez bien: Pour renforcer les adjectifs démonstratifs, on ajoute souvent au nom les adverbes *-ci* (pour désigner quelque chose de proche) et *-là* (pour désigner quelque chose d'éloigné).

Ce peintre-ci dessine des portraits tandis que celui-là fait des natures mortes.
Montréal et Bruxelles sont deux villes où l'on parle français. Celle-ci est en Belgique; celle-là est au Canada.
Cet hôtel-ci est très connu, mais cet hôtel-là est moins cher et mieux situé.
Il faut prendre ce train-ci pour Genève et ce train-là pour Marseille.

2. *Les pronoms démonstratifs* **celui, celle, ceux, celles** *s'emploient pour remplacer un nom modifié par un adjectif démonstratif. Ils s'accordent en genre et en nombre avec le nom remplacé. Ils ne s'emploient jamais tout seuls. Il sont modifiés par:*

a. les adverbes *-ci* ou *-là.*

Il y a beaucoup de livres sur cette table; celui-ci est une pièce de théâtre; ceux-là sont des romans.
Quelle robe préférez-vous? Celle-ci.
Aimez-vous ces fleurs? J'aime bien celles-ci; celles-là sont fanées.

Remarquez bien: Dans une phrase où il y a deux "références" entre lesquelles il faut distinguer, on emploie *là*, qui rappelle la première référence, et *-ci*, qui en rappelle la deuxième.

Le hockey et le baseball sont mes deux sports préférés; celui-ci se joue au printemps; celui-là se joue en hiver.

b. un complément introduit par une préposition.

Quelle chemise a-t-il préférée, celle en laine ou celle en coton?
Nous avons lu plusieurs romans du XIXe siècle; ceux de Balzac nous intéressent beaucoup.

c. une proposition relative. (Voir p. 104.)

Nous venons d'acheter des tapis; celui qui a coûté le plus cher vient de l'Iran.

3. *Les pronoms démonstratifs neutres* **ceci, cela, ça** *s'emploient pour remplacer une phrase ou une idée entière.*

Ceci = ce + ci	*Cela = ce + là*
Ceci m'a beaucoup impressionné. (*Ceci* remplace la phrase ou l'idée entière que j'ai devant moi.)	*Cela* m'a beaucoup impressionné. (*Cela* remplace la phrase ou l'idée entière qu'on vient de mentionner.)
Je trouve *ceci* intéressant. (*Ceci* remplace la phrase ou l'idée entière que j'ai devant moi.)	Je trouve *cela* intéressant. (*Cela* remplace la phrase ou l'idée entière qu'on vient de mentionner.)
Ceci vous fera plaisir; votre fils vient de gagner le concours. (*Ceci* remplace la phrase ou l'idée entière que j'ai devant moi.)	Votre fils vient de gagner le concours; *cela* vous fera plaisir. (*Cela* remplace la phrase ou l'idée entière qu'on vient de mentionner.)

Remarquez bien: *Ça* s'emploie dans le style familier pour *cela*, surtout dans les expressions telles que:

Ça c'est bien.　　　　　　Ça va sans dire.
Ça c'est de ma faute.　　　Ça se voit.
Ça va de soi.　　　　　　Ça ne se fait pas.
Ça m'est égal.

4. *Le pronom démonstratif neutre* **ce** *s'emploie seulement comme sujet du verbe* **être.** *Il s'emploie toujours avant un nom, un pronom, un nom propre ou un adjectif qui décrit une idée entière. Le nom est toujours modifié au moins par un article.*

Qui est cette dame?　　　　C'est sa sœur aînée.
C'est une bonne idée.

C'est son neveu qui est allé en Afrique.

C'est moi qui suis allé en France.

Ces élèves travaillent beaucoup; ce sont ceux qui réussissent.

Ce n'est pas moi. Ce sont eux qui l'ont dit.

Ce n'est pas mon livre; c'est le tien.

Lisez ce livre de Camus. C'est le meilleur.

Ce monsieur a écrit l'article; c'est François Lenouveau.

Voyez-vous le grand garçon à côté de Michel? C'est mon ami Bernard.

Prenons le train; ce sera plus commode.

Etre aimable, c'est la meilleure façon d'avoir des amis.

Cet homme a été emprisonné pour le crime d'un autre. C'est injuste.

Remarquez bien: *Il* ou *elle* s'emploie normalement comme sujet du verbe *être* avant un adjectif et avant les nationalités, les professions et les religions.

Comparez:		
Je n'aime pas ce livre.	Il est difficile.	C'est un livre difficile.
Voilà Marie.	Elle est étudiante.	C'est une étudiante intelligente.
Connaissez-vous son père?	Il est avocat.	C'est un bon avocat.
Avez-vous vu ce film?	Il est formidable.	C'est un film formidable.
Je vous présente Cécile et Catherine.	Elles sont canadiennes.	Ce sont des étudiantes canadiennes.
Notre équipe a remporté la victoire.		C'est formidable. (Le fait de remporter la victoire est formidable.)
On a perdu le match.		C'est dommage. (Le fait de perdre le match est dommage.)
Robert a manqué le train.	Il est stupide. (Robert est stupide.)	C'est stupide. (Le fait de manquer le train est stupide.)

Exercices de vérification

1. Complétez ces phrases avec les adjectifs démonstratifs qui conviennent.

    1. On a tourné _____ film en 1987.

    2. J'adore _____ saison parce que les feuilles changent de couleur.

    3. _____ cathédrale donne sur l'avenue George V.

    4. _____ station de métro est plus propre que _____ que nous venons de quitter.

    5. Jean-Claude adore _____ camembert.

    6. _____ homme ressemble au général de Gaulle.

    7. L'architecture de _____ églises est horrible.

    8. _____ boulangerie vend le meilleur pain de Paris.

    9. _____ autos sont toutes neuves.

2. Complétez ces phrases avec les pronoms démonstratifs qui conviennent.

    1. Georgette adore cette robe-ci, mais Françoise préfère _____ .

    2. Ma tasse est pleine de café, mais _____ de Jacques est vide.

    3. As-tu employé ce stylo-ci ou _____ ?

    4. Voici deux tableaux de Van Gogh. _____ est une nature morte tandis que _____ est un paysage.

    5. Voilà deux cafés. _____ est plus agréable que _____ .

6. Ces chaussures te vont très bien, mais je préfère _____ en cuir.

7. Cette bicyclette a trois vitesses, mais _____ de Robert et de Jacques en ont dix.

8. Nous nous intéressons au cinéma français. J'aime surtout les films de Truffaut, mais il préfère _____ de Godard.

9. Vous portez toujours de très jolis vestons, mais _____ que porte Paul sont vraiment démodés.

10. J'ai su répondre à toutes les questions, sauf à _____ que vous m'avez posées.

11. _____ va remplacer cela.

12. _____ appartient à Michel.

13. _____ va sans dire.

14. Qui vous a dit _____? _____ n'est pas vrai.

15. Jacques a acheté _____ aux Trois Quartiers.

3. Complétez ces phrases par *c'est, ce sont, il est, ils sont, elle est* ou *elles sont*.

1. _____ Monsieur Dabancourt.

2. J'aime votre robe. _____ élégante.

3. _____ moi qui vous ai téléphoné hier soir.

4. Ne mangez pas ces fruits. _____ mauvais!

5. _____ le devoir pour demain.

6. _____ américain.

7. _____ une mauvaise élève.

8. _____ elle qui est en retard.

9. De quelle couleur est sa voiture? _____ noire.

10. _____ étudiant.

11. La vie est dure! Oui, _____ vrai.

12. _____ du caviar.

13. _____ protestants, mais _____ juives.

14. _____ Thérèse.

15. _____ mes lunettes.

16. _____ eux qui sont à la porte.

17. Jetez ces fleurs! _____ fanées.

18. Connais-tu Alain? Oui, _____ gentil.

19. _____ norvégienne.

20. Vous savez, il est très doué. Oui, _____ évident.

| Exercices de récapitulation |

1. Complétez les phrases suivantes avec les possessifs qui conviennent. Dans chaque phrase, le possesseur est en italique.

1. J'aimerais vous présenter _____ amie Anne. C'est une très jolie fille; *elle* a _____ yeux bleus et _____ cheveux blonds. Mais je vous avertis qu'elle est assez distraite; *elle* perd toujours _____ sac ou _____ clefs, ou bien elle oublie où elle a garé _____ voiture.

2. Quand *tu* en auras parlé à _____ père, *nous* en parlerons à_____.

3. Est-ce la voiture de *M. et Mme Dachet?* Oui, c'est _____.

4. J'ai remis les jouets de *mes petits frères* dans _____ chambre.

5. Pourquoi as-*tu* donné _____ écharpe à Aminata?

6. *Chacun* de mes amis a _____ propre bicyclette; malheureusement *j'ai* dû vendre _____.

7. *Madeleine* aime bavarder avec _____ frères, tandis que *Marie* ne bavarde jamais avec _____.

8. *Tu* as prêté _____ appareil à _____ amie parce qu'*elle* avait cassé _____.

9. *Nous* voulions faire _____ devoir hier soir, mais _____ amis nous ont interrompus.

10. Dans deux semaines *mes parents* vont partir pour passer _____ vacances à la Martinique. _____ *mère* a déjà sorti _____ vêtements d'été et il lui faudra plusieurs jours pour faire _____ valise. _____ *père*, par contre, fera _____ valise en dix minutes. _____ *frère* et moi, *nous* avons décidé de passer _____ vacances dans une station de ski avec _____ cousine Elisabeth. *Je* m'entends bien avec _____ parents, mais je préfère aller faire du ski avec _____ frère et _____ cousine. *Elisabeth* veut conduire _____ voiture, mais *nous* avons l'intention de prendre _____ parce qu'elle est plus commode.

2. Complétez ces phrases avec des adjectifs ou des pronoms démonstratifs.

1. A l'exception de _____ pomme, _____ fruits ne sont pas encore mûrs.

2. _____ arrangement me convient mieux que l'autre.

3. _____ vieillard préfère le climat du sud à _____ du nord.

4. _____ solution-ci est plus pratique que _____.

5. Je regrette de vous dire _____: je ne peux pas jouer au tennis samedi parce que j'ai perdu ma raquette, et _____ de mon frère est trop lourde.

6. Je me demande pourquoi il a fait _____.

7. Au contraire, _____ est une bonne idée. Il me semble que _____ lui ferait plaisir.

8. Charlie Chaplin et Marcel Marceau sont deux mimes; _____ est français; _____ est américain.

9. Il faudra expliquer le devoir à _____ qui étaient absents.

10. Tout le monde a beaucoup ri quand j'ai glissé sur une peau de banane. _____ était très drôle.

11. _____ omelette au fromage est délicieuse.

12. Jeanne a acheté _____ robe chez _____ couturier de l'avenue George V. Elle préfère _____ à _____ du Faubourg Saint-Honoré.

13. _____ ne se voit pas.

14. Le rédacteur préfère _____ article-ci à _____.

15. _____ est facile à faire.

3. Complétez ces phrases avec *c'est, ce sont, il est, ils sont, elle est* ou *elles sont*.

    1. _____ anglaise.

    2. Regardez ce chapeau! _____ ridicule.

    3. _____ elles qui font ce bruit.

    4. _____ un problème difficile.

    5. J'aime ses parents. _____ sympathiques.

    6. Je n'ai pas fait cet exercice. _____ trop difficile.

    7. _____ une bonne idée.

    8. Je n'aime pas l'architecture de ce bâtiment. _____ de mauvais goût.

    9. _____ allemand.

    10. _____ un chien affectueux.

4. Remplacez les mots en italique par des pronoms. N'oubliez pas de les placer correctement dans la phrase.

    1. Connaissez vous *l'adresse de Claude?*

    2. Jean-Pierre m'a présenté à *son oncle.*

    3. Nous avons donné un *exemplaire de notre livre à Marie.*

    4. Donnez-moi *des billets.*

    5. Ne jetez pas *cette carte dans la poubelle!*

    6. Georgette a lavé *sa voiture.*

    7. Pierre a envoyé beaucoup *de cartes postales à sa grand-mère.*

    8. Je pense toujours *à ce que je fais.*

    9. Jean voudrait offrir *des cadeaux à ses amis.*

    10. Il m'a demandé de lui prêter *mon vélo.*

5. Mettez les verbes entre parenthèses aux temps qui conviennent.

    1. Après (écrire) _____ la lettre, il l'a mise à la poste.

    2. Ma sœur m'a dit qu'elle (perdre) _____ sa montre.

    3. (Etre) _____ sage, mademoiselle!

    4. Si Jacques avait réussi à cet examen, l'université lui (décerner) _____ son diplôme.

    5. Hier nous (arriver) _____ à l'heure.

Situations actives

Il va sans dire qu'il faut mettre à l'œuvre autant des structures de cette leçon que possible.

1. (*sketch*) Un(e) client(e) s'intéresse à acheter une voiture d'occasion. Il (elle) fait de son mieux pour marchander avec un vendeur (une vendeuse) tout en essayant de lui vendre sa propre voiture.

2. (*sketch*) En employant des démonstratifs, faites la publicité pour un produit que vous avez apporté en classe.

3. Vous travaillez pour votre école ou pour votre université et vous créez une publicité pour attirer le plus grand nombre de candidats possibles. Faites cette publicité en employant des possessifs et des démonstratifs.

4. Vous êtes responsable de la publicité pour un(e) candidat(e) pour la Présidence des Etats-Unis. Créez la publicité en employant des démonstratifs et des possessifs.

SEPTIÈME LEÇON

LES EXPRESSIONS INTERROGATIVES

Après toutes les expressions suivantes il est nécessaire d'employer la forme interrogative du verbe. Avant d'étudier cette leçon, faites une révision de la forme interrogative. (Voir p. 11.)

Modèles

Combien de frères avez-vous?
Pourquoi ta sœur ne va-t-elle jamais en ville?
Où as-tu posé le verre?
Quand auras-tu fini le livre?
Quelle heure est-il?
Quel est le sens de ce mot?
Qu'est-ce qui est derrière la porte?
Qui a jeté la boule de neige?

Que faites-vous?
Qu'est-ce que vous faites?
Qui a-t-il invité à la surprise-party?
A quoi pensez-vous?
De quoi vous servez-vous pour écrire?
Avec qui allez-vous sortir?
Laquelle de ces jeunes filles est la plus jolie?
Qu'est-ce que c'est que l'électricité?

Exercices de réflexion

1. Complétez les phrases suivantes avec le pronom ou l'adjectif interrogatifs qui convient.

   1. _____ est à la porte?
   2. De _____ se sert-on pour écrire?
   3. _____ voulez-vous faire ce soir?
   4. A _____ parlez-vous?
   5. _____ s'est passé?
   6. _____ de ces livres est le plus intéressant?
   7. _____ l'existentialisme?
   8. _____ heure est-il?
   9. _____ le facteur vous a apporté aujourd'hui?
   10. Devant _____ êtes-vous assis?
   11. _____ de ces exercices sont les plus difficiles?
   12. A _____ pensez-vous? Je pense à mes projets de vacances.
   13. _____ leçon peut-on tirer de cette histoire?
   14. _____ beau temps!
   15. _____ est ce monsieur aux cheveux blonds?
   16. _____ de ces deux pièces est la meilleure?
   17. _____ avez-vous accompagné au cinéma?
   18. _____ on peut faire ici?
   19. _____ des jeunes filles de cette classe avez-vous parlé?
   20. _____ peut-on faire ici?

2. Mettez l'adverbe interrogatif qui convient. (*Combien, pourquoi, quand, où, d'où* ou *comment.*)

   1. _____ de temps faut-il pour aller à Paris?
   2. _____ venez-vous? Moi, je viens de tout près d'ici.
   3. _____ ne m'avez-vous pas dit la vérité?
   4. _____ peut-on devenir bilingue?
   5. _____ finira-t-il de me poser des questions aussi banales?

6. _____ se trouvent les W. C.?

7. _____? Je ne vous ai pas bien compris.

8. _____ est-ce que Jean-Michel viendra nous voir?

9. _____ coûte ce gâteau-là?

10. _____ vous moquez-vous de lui?

Explication

I. Les Adverbes interrogatifs

Les *adverbes interrogatifs* sont *combien, quand, pourquoi, comment, où* et *d'où* (*de* + quel endroit?).

Combien de frères avez-vous?	J'en ai deux.
Quand pourra-t-il partir?	Il pourra partir dans trois jours.
Pourquoi est-ce que notre professeur est de si mauvaise humeur?	Parce qu'il n'a pas bien dormi.
D'où a-t-il tiré cette citation?	Il l'a tirée du *Père Goriot*.
D'où venez-vous?	Je viens de Boston, qui se trouve dans le Massachusetts.
Où allez-vous?	Je vais à la bibliothèque.
Où Paul se promène-t-il?	Je crois qu'il se promène au Bois.
Où tes parents vont-ils passer les vacances?	Ils vont les passer à la Martinique.
Comment se fait-il que vous parlez si bien le français?	Je l'ai appris à l'école.

Remarquez bien: *Où Paul se promène-t-il?* peut aussi avoir la forme interrogative *Où se promène Paul?*

II. Les Adjectifs interrogatifs

	Singulier	*Pluriel*
Masculin	quel	quels
Féminin	quelle	quelles

Ils s'emploient directement comme adjectifs (*Quelle heure est-il?*) ou indirectement comme complément avant le verbe *être* + un nom. (*Quelle est son adresse?*).

Quel est le sens du mot "surboum"?	"Surboum" est un mot familier qui veut dire "surprise-party."
Quelle adresse faut-il mettre sur l'enveloppe?	Il habite rue du Faubourg Saint-Honoré.
En quel mois sommes-nous?	Nous sommes en février.
Quels sont les résultats des élections?	C'est la majorité qui a gagné encore une fois.
Quel élève a le mieux réussi cette interrogation?	Comme d'habitude, Agnès a obtenu la meilleure note.
Devant quelle maison se trouve la pelouse la plus verte?	C'est sûrement devant celle des Viton.

Remarquez bien: l'emploi exclamatif de l'adjectif interrogatif.

Quel beau temps il fait aujourd'hui!
Quel dommage!
Quelle merveilleuse histoire!

III. Les Pronoms interrogatifs

	Sujet	*Objet direct*	*Complément de préposition*
Personnes	qui (qui est-ce qui)	qui (qui est-ce que)	qui
Choses	qu'est-ce qui	que (qu'est-ce que)	quoi

Pour apprendre l'emploi des pronoms interrogatifs, il est utile de noter les faits suivants:

1. *Qui* est toujours correct pour les personnes.

2. Aux formes composées ($\underset{1}{\underline{\quad}}$ est-ce $\underset{3}{\underline{\quad}}$), le premier élément se rapporte au choix entre une personne ou une chose.

$$\begin{array}{ccc} 1 & 2 & 3 \end{array}$$
Qui ____ ____ = une personne
Qu¢' ____ ____ = une chose

Le troisième élément se rapporte au choix entre un sujet ou un objet direct.

$$\begin{array}{ccc} 1 & 2 & 3 \end{array}$$
____ ____ *qui* = un sujet
____ ____ *que* = un objet direct

personne	←	Qui	est-ce	qui	⎫	
chose	←	Qu¢'	est-ce	qui	⎭	sujet
personne	←	Qui	est-ce	que	⎫	
chose	←	Qu¢'	est-ce	que	⎭	objet

SUJETS

P
E
R
S
O
N
N
E
S

Qui est le jeune homme qui est avec elle?
Qui désire aller au cinéma?
Qui est-ce qui a jeté la boule de neige?

Ça doit être son fiancé.
Nous aimerions bien vous accompagner.
Ce n'était pas moi, monsieur.

C
H
O
S
E
S

Qu'est-ce qui est derrière la porte?
Qu'est-ce qui vous a fait peur?
Qu'est-ce qui est arrivé hier soir?
Qu'est-ce qui vous intéresse?

Ah, c'est le chapeau que j'avais perdu.
Le chien méchant des voisins.
La police a arrêté deux bandits devant l'auberge.
C'est surtout le cinéma qui m'intéresse.

Remarquez bien:

- Les pronoms interrogatifs sujets prennent toujours la troisième personne du singulier du verbe, même si la réponse n'est ni à la troisième personne ni au singulier.

  Qui est à la porte?   Nous sommes à la porte.

- *Qui est-ce qui* est une autre forme renforcée et plus directe mais qui s'emploie moins souvent.

  Qui est-ce qui a jeté la boule de neige?   Ce n'était pas moi, monsieur.

OBJETS DIRECTS

PERSONNES

Qui a-t-il invité à la surprise-party?
Qui est-ce qu'il a invité à la surprise-party?

Il a invité la plupart de ses camarades.

Qui a-t-il nommé comme premier ministre?
Qui est-ce qu'il a nommé comme premier ministre?

On ne sait pas encore.

Qui mettez-vous au premier rang?
Qui est-ce que vous mettez au premier rang?

D'habitude, j'y mets les élèves les moins bavards.

CHOSES

Que voulez-vous comme dessert?
Qu'est-ce que vous voulez comme dessert?

J'aimerais bien de la tarte maison.

Que ferez-vous demain?
Qu'est-ce que vous ferez demain?

J'accompagnerai mes amis en ville.

Que pensez-vous de cela?
Qu'est-ce que vous pensez de cela?

Je ne trouve pas que ce soit une bonne idée.

Que fait votre frère maintenant? Qu'est-il devenu?

Il est maintenant soldat. Il s'est engagé dans l'armée il y a deux ans.

Remarquez bien:

- Les deux formes interrogatives du verbe sont possibles après les pronoms interrogatifs objets directs *qui* et *que*.

Comparez:

Qui { regardez vous?
     { est-ce que vous regardez?

Que { regardez-vous?
    { est-ce que vous regardez?
    { (Qu'est-ce que vous regardez?)

- Souvent l'usage courant permet l'inversion directe du *nom* sujet et du verbe au présent après *que*.

Que fait votre frère maintenant?
Que pensent vos parents de tout cela?

Il est maintenant soldat.
Cela ne leur plaît pas du tout.

• On ne fait jamais d'élision avec *qui* (comme sujet ou comme objet).

Qui est-ce qu*i* a jeté la boule de neige?
Qui *a*-t-il nommé comme premier ministre?

COMPLÉMENTS DE PRÉPOSITION

P
E
R
S
O
N
N
E
S

Avec qui allez-vous sortir?   Je vais sortir avec Marianne.
Chez qui a-t-il passé ses vacances?   Je crois qu'il les a passées chez ses grands-parents.
A qui écris-tu cette lettre?   A Jean-Pierre.
Devant qui Jacques s'est-il assis au théâtre?   Il s'est assis devant moi.

C
H
O
S
E
S

A quoi pensez-vous?   Je pense déjà aux grandes vacances.
A quoi vous intéressez-vous?   Je m'intéresse surtout au cinéma.
A quoi sert un tire-bouchon?   Un tire-bouchon sert à déboucher une bouteille.
De quoi le plancher est-il couvert?   Il est couvert de poussière.

Remarquez bien: Il est encore possible d'employer les deux formes interrogatives après un complément de préposition.

A qui $\begin{cases} \text{téléphone-t-il?} \\ \text{est-ce qu'il téléphone?} \end{cases}$ Je crois qu'il téléphone à sa grand-mère.

De quoi $\begin{cases} \text{s'agit-il dans ce roman?} \\ \text{est-ce qu'il s'agit dans ce roman?} \end{cases}$ Dans ce roman, il s'agit d'un beau prince qui épouse une belle princesse.

IV. Les Interrogations exceptionnelles

1. *Lequel*

	Singulier	*Pluriel*
Masculin	lequel	lesquels
Féminin	laquelle	lesquelles

Ces pronoms s'emploient pour éviter une ambiguïté ou pour faire un choix. On retire un ou plusieurs éléments d'un groupe plus large.

a. Ils peuvent s'employer comme sujet, comme objet direct ou comme complément de préposition.

b. Après les prépositions *à* ou *de*, on emploie une forme composée au masculin et au pluriel:

à + lequel → auquel   à + lesquel(le)s → auxquel(le)s
de + lequel → duquel   de + lesquel(le)s → desquel(le)s

Laquelle de ces jeunes filles est la plus jolie?	A mon avis, c'est l'amie de Julie.
Lesquels de vos cours sont les plus intéressants?	Je trouve que l'anglais et le français sont les cours les plus intéressants.
Auquel de nos amis as-tu envoyé la lettre?	Je l'ai envoyée à Stéphanie.
Voici tous mes livres. Duquel as-tu besoin?	J'ai besoin de ton dictionnaire.
Je ne connais pas ces deux messieurs. Lequel trouvez-vous le plus sympathique?	Celui qui parle à Monsieur LeBrun.

2. *Qu'est-ce que c'est que*

> Qu'est-ce que c'est que + un nom
> Qu'est-ce que + un nom (moins fort)

Ces expressions s'emploient pour poser une question qui exige une définition ou une explication détaillée comme réponse.

> Qu'est-ce que c'est que l'électricité?
> Qu'est-ce que c'est que l'existentialisme?
> Qu'est-ce que c'est que cet insecte?
> Qu'est-ce qu'une rose?

Qu'est-ce que c'est que ça?	Je ne sais pas ce que c'est.
Qu'est-ce que c'est?	

Remarquez bien: Il est important de ne pas confondre l'emploi de *qu'est-ce que c'est que* avec l'adjectif interrogatif *quel*, qui s'emploie comme complément avant le verbe *être* pour poser une question relativement simple.

Comparez:

1. Quel est le sens de "Je n'en peux plus"?	Cela veut dire: "Je ne peux pas continuer."
2. Quel est le devoir?	Etudiez les deux premiers chapitres.
3. Quelle est l'histoire qu'on va lire ensuite?	On va lire un conte de Guy de Maupassant.
1. Qu'est-ce que c'est qu'un hanneton?	C'est une espèce d'insecte qui . . .
2. Qu'est-ce que c'est que le devoir?	Le devoir est une obligation . . .
3. Qu'est-ce que c'est que l'histoire?	L'histoire est une matière qui relate des événements . . .

Exercices de vérification

1. Complétez les phrases suivantes avec les pronoms, les adjectifs ou les adverbes interrogatifs qui conviennent.
   1. _____ vous allez faire ce soir?
   2. _____ allez-vous faire ce soir?
   3. _____ cela veut dire?
   4. _____ veut dire cela?
   5. _____ pensez-vous de cela?
   6. _____ est la date aujourd'hui?

7. _____ sont les leçons les plus difficiles?

8. _____ film préférez-vous?

9. _____ de ces deux films préférez-vous?

10. _____ de ces exercices sont les plus importants?

11. Je ne reconnais pas votre voiture. _____ est la vôtre?

12. Nous sommes à _____ page? _____ en sommes-nous?

13. _____ est le devoir pour demain?

14. _____ une ampoule?

15. _____ le communisme?

16. _____ est votre opinion?

17. _____ est l'importance de son acte?

18. _____ arrivera si j'appuie sur ce bouton?

19. _____ avez-vous mis dans ce tiroir?

20. _____ vous avez mis dans ce tiroir?

21. _____ se trouve au fond du tiroir?

22. _____ un tiroir?

23. Dans _____ des tiroirs avez-vous mis ce papier?

24. _____ sont les directives pour cet exercice?

25. _____ a causé cet embouteillage? Il y a un bouchon sur la route.

26. _____ est le cours que vous aimez le mieux?

27. _____ était Voltaire?

28. _____ est ce monsieur aux cheveux gris?

29. _____ est son nom?

30. _____ s'appelle-t-il?

31. _____ travaille le plus vite?

32. _____ pourrait me donner un coup de main?

33. _____ connais-tu dans cette classe?

34. _____ tu connais dans cette classe?

35. Avec _____ s'entend-il le mieux?

36. A_____ de nos amis veut-il donner cette lettre?

37. _____ vous avez envie de faire?

38. De _____ avez-vous envie?

39. A _____ sert cela?

40. Chez _____ vas-tu passer les vacances?

41. En _____ cette pièce est-elle amusante?

2. Posez la question qui correspond à la réponse donnée. Employez la forme familière où c'est possible.

1. Je prends l'avion *de 18 h.*

2. "Bondé" veut dire *plein de monde.*

3. Je lui parlerai de *notre idée.*

4. J'ai besoin d'*un ouvre-boîtes.*

5. Il a *seize ans.*

6. Je travaille.

7. Il s'intéresse à *l'architecture gothique.*

8. Elle envoie cette lettre *au député.*

9. Je vais bien, merci.
10. C'est *un cadeau pour Georges.*
11. J'ai mis la souris *dans une boîte.*
12. Nous avons l'habitude de *bavarder* après le dîner.
13. Elle s'appelle *Emilie.*
14. Je l'ai apporté *à ta mère.*
15. Il nous reste *trois* semaines de vacances.
16. Tu me dois *vingt-cinq francs.*
17. Je veux *du vin blanc.*
18. Nous sommes en *hiver.*
19. J'aime lire *les romans d'aventures.*
20. Il pleut.
21. *Pauline* m'a téléphoné.
22. Elle m'a téléphoné *hier.*
23. *Les langues étrangères* m'intéressent.
24. Elle a peur de *sortir toute seule.*
25. Je suis allé voir les ballets avec *Gérard.*
26. *Des légumes verts* poussent dans son jardin.
27. Un aspirateur sert à *nettoyer les tapis.*
28. Elle a choisi la robe *rose.*
29. Je ne sais pas *ce que c'est.*
30. L'été est la saison qui suit le printemps.
31. Le prestidigitateur a tiré le lapin de *son chapeau.*
32. Il faut lire jusqu'*à la page 81.*
33. Les critiques se sont moqués du film *qu'il avait tourné en 1987.*
34. Il est *beau, mais il n'est pas très doué.*
35. Je l'ai trouvé *dans un tiroir.*
36. Il fume la pipe depuis *trois ans.*
37. *Celui-ci* est le mien.
38. Son numéro de téléphone est *le 27-36-99-72.*
39. Il est parti *parce qu'il était en retard pour son rendez-vous.*
40. Nous avons pris *du bifteck, des frites et de la salade.*
41. Elle aime *se promener le long des quais.*
42. Il habite *tout près d'ici.*
43. Elle est née *en 1976.*
44. Il n'y a *personne* à la porte.
45. Je n'ai *rien* appris.
46. Il revient de *Paris.*
47. Il a tiré ce passage *d'une pièce de Molière.*
48. *Je ne sais pas* la réponse à cette question.
49. Il faut manger *pour vivre.*
50. Il ne nous reste que *six jours* avant les vacances.

| Exercices de récapitulation |

1. Posez la question qui convient à chaque réponse. Employez la forme familière où c'est possible.
   1. Nous avons trois cours par jour.
   2. Elle va à la gare.
   3. Cette peinture-ci est meilleure que celle-là.
   4. J'ai besoin d'un coupe-papier.
   5. Jean-Pierre et Michel ont fini la leçon.

6. Le bureau de poste? Il se trouve à deux rues d'ici.
7. Il neige.
8. Personne n'est là.
9. Il ne travaille qu'avec peine.
10. Je crois que j'assisterai à la pièce ce soir.
11. Elle est malade.
12. Je trouve cela difficile.
13. Cela coûte dix francs.
14. Je sors avec Françoise ce soir.
15. Un feutre est une espèce de stylo.

2. Demandez-moi:
1. ce que je fais.
2. à quoi je m'intéresse.
3. comment je m'appelle.
4. ce qui est arrivé ce matin.
5. une définition de la philologie.
6. l'heure qu'il est.
7. les titres de ces livres.
8. ce que j'ai pensé du film.
9. lequel de ces deux romans je préfère.
10. ce qui est derrière la porte.

3. Complétez les phrases suivantes avec l'adjectif, l'adverbe ou le pronom qui convient (interrogatif, démonstratif, possessif, complément ou accentué).
1. _____ est la plus haute? La tour Eiffel ou la tour Montparnasse?
2. _____ se trouve la cathédrale?
3. De _____ parlez-vous? Nous parlons de nos cours.
4. Comment? Vous avez deux calculatrices chez vous? Oui, mais _____ de mon père est moins compliquée que _____ que j'ai achetée.
5. Quand je _____ ai parlé de mon projet, Alain m'a proposé _____.
6. Ces légumes sont vraiment lamentables. _____-ci ne sont pas encore mûrs, tandis que _____-là sont déjà pourris.
7. _____ as-tu mis mes clefs?
8. _____, j'aime ceci tandis que, _____, il aime _____.
9. Avec _____ veux-tu sortir? Avec _____ ou avec moi?
10. De _____ de ces aventures se souvient-il? C'est _____ de la semaine passée qui m'a le plus amusé.
11. _____ vous intéresse?
12. Ma voiture est plus jolie que _____ de Robert, mais _____ est plus confortable.
13. _____ est l'heure de notre rendez-vous?
14. Je viens de parler à tes parents. Quand _____ parleras-tu toi-même?

15. _____ pourrait _____ montrer que je l'aime beaucoup?

16. _____ est l'âge de raison? _____ arrivera-t-il?

17. _____ un troubadour? _____ un homme qui chante des ballades.

18. Avec _____ fait-on les crêpes "suzette"?

19. A _____ a-t-il prêté son parapluie?

20. Si vous avez reçu sa lettre, donnez-_____-_____, parce que je dois _____ envoyer une réponse.

4. Mettez le verbe entre parenthèses à la forme qui convient.

1. S'il (savoir) _____ la réponse à cette question, il (ne pas échouer) _____ à l'examen qu'il (passer) _____ hier.

2. Ma mère a peur que je ne (se perdre) _____ en route.

3. Quand vous (aller) _____ au Mexique, je voudrais vous accompagner.

4. Hier, je (faire) _____ la connaissance d'un monsieur qui (tenir) _____ à m'inviter à diner. Je (bien vouloir) _____ accepter son invitation mais je (ne pas se sentir) _____ très bien; par conséquent je (devoir) _____ refuser.

5. Il est possible que je (ne pas venir) _____ vous voir ce soir.

Situations actives

Il va sans dire qu'il faut mettre à l'œuvre autant des structures de cette leçon que possible.

1. Si vous étiez journaliste, quel personnage célèbre aimeriez-vous interviewer? Faites une liste de dix questions que vous lui poseriez.

2. (sketch) On a commis un crime et vous êtes l'inspecteur (inspectrice) censé(e) trouver le coupable.

3. (sketch) Jouez le rôle du professeur dans une classe de français.

4. (sketch) Recréez votre première conversation avec un(e) nouvel(le) ami(e).

5. Choisissez un partenaire et posez-vous réciproquement des questions biographiques. Prenez des notes. Après avoir ainsi trouvé des renseignements suffisants, écrivez comme devoir une biographie de la personne.

HUITIÈME LEÇON

LES PRONOMS RELATIFS

Un pronom relatif remplace un nom et introduit une proposition relative. Toute la proposition relative s'emploie comme un adjectif qui modifie ce nom.

Modèles

La dame qui travaille dans cette boutique est très sympathique.
Donnez-moi le livre qui est sur la table.
Comment s'appelle cette jeune fille que nous avons vue hier?
La parure que vous avez empruntée n'a pas de valeur.
L'agent à qui j'ai posé la question ne m'a pas répondu.
La raison pour laquelle je vous ai dit cela est très simple.
Prends les livres dont tu as besoin.
Monsieur Richard, dont le fils est professeur de droit, est un ancien collègue de mon père.
La ville où j'habite n'a pas d'industrie importante.
Montrez-moi celui qui est arrivé en retard.
Quelle auto voulez-vous maintenant? Celle dont vous aviez envie a été vendue.
Faites ce que vous voudrez.
Ce qui m'intéresse le plus c'est la politique.

Exercices de réflexion

1. Complétez les phrases suivantes avec les pronoms relatifs qui conviennent.
    1. Voici une voiture _____ j'aime.
    2. C'est le garçon _____ je vous parlais.
    3. Montrez-moi le stylo avec _____ vous avez écrit la lettre.
    4. C'est un musicien _____ a composé des opéras.
    5. Avez-vous vu le chapeau _____ elle a acheté?
    6. Mes voisins, _____ j'ai déjà fait la connaissance, sont très sympathiques.
    7. Elle m'a souvent parlé du fermier chez _____ tu as passé quelques jours.
    8. Faites _____ vous voudrez, mais je ne vous aiderai pas.
    9. La ville _____ je suis né n'est pas loin d'ici.
   10. Réfléchissez à _____ pourrait résoudre nos difficultés.
   11. Je vous poserai des questions parmi _____ il y en aura de très difficiles.
   12. Les affiches _____ nous avons orné les murs de notre chambre sont maintenant déchirées.
   13. Je ne connais pas le garçon _____ t'a accompagnée au cinéma.
   14. La cousine _____ je connais est celle _____ habite tout près.
   15. C'est moi _____ ai raison.
   16. Les lettres _____ je dois répondre sont entassées sur mon bureau.
   17. Les pièces _____ m'intéressent le plus sont celles _____ Molière a écrites.
   18. Je ne sais pas de _____ vous parlez.
   19. _____ est important, c'est d'être en bonne santé.
   20. Le cours à_____ je voulais m'inscrire est complet. Il n'y a plus de place.

2. Joignez les deux phrases suivantes en employant un pronom relatif. La première phrase doit rester la proposition principale.
1. Mes amis vont toujours au cinéma. Ils n'ont pas beaucoup de travail.
2. Mon frère a lu beaucoup de livres. Moi, je ne les ai pas encore lus.
3. L'argent est dans mon portefeuille. J'ai besoin de cet argent.
4. Les candidats sont tous les deux bien connus. Les électeurs doivent choisir entre ces candidats.
5. Le directeur est très puissant. Vous connaissez les objectifs de ce directeur.
6. Les repas sont excellents. Ils sont servis au réfectoire.
7. Son beau-frère vient de nous rendre visite. Vous avez entendu parler de son beau-frère.
8. Les animaux sont dans le jardin zoologique. Pierre adore les animaux.
9. Nos enfants n'aiment pas ces voisins. Leur chien est très méchant.
10. La serveuse n'a pas eu de pourboire. Nous nous sommes disputés avec elle.

<hr>

| Explication |

I. Les Pronoms relatifs simples

	Sujet	Objet direct	Complément de préposition
Personnes	qui	que	qui
Choses	qui	que	lequel, laquelle lesquels, lesquelles

Comparez:

Le garçon *intelligent* a fini son travail.

Le garçon
{
qui est intelligent
qui étudie le latin
que j'admire
à qui j'ai posé la question
}
a fini son travail.

Observez:

1. Dans la phrase ci-dessus, *qui* est le pronom relatif. Il introduit la proposition relative *qui est intelligent*. Cette proposition modifie *garçon*.

2. La proposition relative *qui est intelligent* se place directement après son antécédent *le garçon*.

3. Dans la proposition relative, le pronom relatif est toujours le premier mot et la phrase le suit dans l'ordre normal. N'oubliez pas que le sujet ou l'objet direct de la proposition est souvent le pronom relatif lui-même.

Pronom relatif	Sujet	Verbe	Complément
qui	———	est	intelligent
qui	———	étudie	le latin
que	j'	admire	———
à qui	j'	ai posé	la question

4. On détermine si le pronom relatif est sujet, object direct ou complément de préposition par son emploi dans la proposition relative.

Donnez-moi le livre qui est sur la table.   (*qui* est le sujet du verbe subordonné *est*)

Le livre que vous cherchez n'est plus là.   (*que* est l'objet direct du verbe subordonné *cherchez*)

La raison pour laquelle je vous ai dit cela n'est pas très simple.   (*laquelle* est l'objet de la préposition *pour* dans la proposition relative *pour laquelle je vous ai dit cela*)

5. Après un pronom relatif *sujet*, le nombre et la personne du verbe dépendent du nombre et de la personne de l'antécédent. (Voir pp. 73–74.)

Je n'aime pas les journaux qui font appel aux masses.   (*journaux* exige un verbe à la 3e personne du pluriel)

C'est vous qui avez tort.   (*vous* exige un verbe à la 2e personne du pluriel)

C'est moi qui suis en retard.   (*moi* exige un verbe à la 1re personne du singulier)

6. Le participe passé du verbe subordonné s'accorde avec l'antécédent d'un pronom relatif objet direct. (Voir p. 26.)

Comment s'appelle cette jeune fille que j'ai vu*e* hier?

La parure que vous avez emprunté*e* n'a pas de valeur.

SUJETS

PERSONNES

La dame *qui* travaille dans cette boutique est très sympathique.

Le garçon *qui* est intelligent a fini son travail.

J'ai rencontré un monsieur *qui* n'a jamais quitté son village natal.

Je cherche quelqu'un *qui* puisse m'aider.

Au contraire, c'est nous *qui* sommes les derniers.

CHOSES

Donnez-moi le livre *qui* est sur la table.

Voici les romans *qui* m'intéressent le plus.

L'arbre *qui* est devant moi est plus vert que celui-là.

Avez-vous jamais trouvé une voiture *qui* n'ait pas de défauts?

OBJETS DIRECTS

PERSONNES

Comment s'appelle cette jeune fille *que* nous avons vue hier?

Le garçon *que* j'admire a fini son travail.

Le professeur *que* vous n'aimez pas a quitté l'école.

René est un garçon *que* je trouve insupportable.

Les scouts *qu'*il a accompagnés jusqu'ici ont continué leur chemin tout seuls.

CHOSES

La parure *que* vous avez empruntée n'a pas de valeur.

Le magasin *que* vous cherchez est à deux rues d'ici.

Les boules de neige *qu'*il a jetées ont cassé les vitres de cette fenêtre.

Jean a trouvé les clefs *que* j'avais perdues.

Remarquez bien: L'élision ne se fait jamais avec *qui,* mais on la fait toujours avec *que.*

>   Le livre qu*i* est sur la table est à moi.
>   Le stylo qu*'il* a perdu est d'une marque peu connue.

COMPLÉMENTS DE PRÉPOSITION

P
E
R
S
O
N
N
E
S

C
H
O
S
E
S

L'agent *à qui* j'ai posé la question ne m'a pas répondu.
Le garçon *à qui* j'avais parlé a fini son travail.
La dame *à qui* nous avons rendu tant de services nous a fait un cadeau.
Le garçon *avec qui* elle dansait est très beau.

La raison *pour laquelle* je vous ai dit cela n'est pas très simple.
Le tiroir *dans lequel* j'ai voulu mettre les enveloppes est déjà plein.
Les cours *auxquels* il s'intéresse le plus sont les cours de mathématiques.
Le musée vient d'acheter quelques peintures parmi lesquelles il y en a une de Picasso.

Remarquez bien:

• *Lequel* et *lesquels* prennent des formes composées après les prépositions *à* ou *de.*

à + lequel	→ auquel	à + lesquel(le)s	→ auxquel(le)s
de + lequel	→ duquel	de + lesquel(le)s	→ desquel(le)s

• Dans l'emploi des pronoms relatifs, en général, les animaux sont considérés comme des choses.

>   Le chien *auquel* votre enfant s'intéressait a été vendu.
>   Voilà les éléphants *auxquels* vous avez donné des cacahuètes.

II. Les Pronoms relatifs *où, dont, quoi,* et l'emploi exceptionnel de *lequel*

1. *Où* s'emploie souvent pour remplacer une indication de lieu (*dans lequel, sous laquelle, derrière lesquels,* etc.) où la précision n'est pas importante.

>   La chambre (dans laquelle) *où* il travaille est au troisième étage.
>   Le bureau (sur lequel) *où* il a étalé ses papiers n'est pas assez grand.
>   Je ne sais pas *où* je suis.
>   La ville *où* j'habite n'a pas d'industrie importante.

Remarquez bien les expressions suivantes:

• Au moment ⎫
  A l'époque ⎬ *où* le chat n'était pas là, les souris jouaient tranquillement.
  Au temps ⎪
  Le jour ⎭

Dans ces phrases, *où* a le sens de *pendant lequel.* On ne dit pas *quand.*

- Le pays *d'où* (duquel) je viens est très petit.
  La poche *d'où* (de laquelle) j'ai tiré mon porte-monnaie a un trou.

  Dans ces phrases *d'où* a le sens de *de quel endroit*.

2. Dont remplace les pronoms relatifs *de qui* ou *de* + une forme de *lequel* (*duquel, de laquelle, desquels, desquelles*). Il s'emploie donc pour remplacer des personnes et des choses.

Dont s'emploie:

a. *pour indiquer la possession.* Dans ce cas, l'adjectif possessif (*son, sa, notre*, etc.) est remplacé par l'article défini (*le, la, les*).

Comparez:

Deux phrases	Une seule phrase	
	NE DITES PAS	DITES
Le garçon a fini son travail. Je connais *son père*.	Le garçon de qui je connais le père a fini son travail.	Le garçon *dont* je connais *le père* a fini son travail.
Cette femme est obligée de travailler. *Son mari* est malade.	Cette femme de qui le mari est malade est obligée de travailler.	Cette femme *dont le mari* est malade est obligée de travailler.
Dans ce texte il y a plusieurs mots. Je ne connais pas *leur définition*.	Dans ce texte il y a plusieurs mots desquels je ne connais pas la définition.	Dans ce texte il y a plusieurs mots *dont* je ne connais pas *la définition*.
C'est une robe. *Sa couleur* laisse à désirer.	C'est une robe de laquelle la couleur laisse à désirer.	C'est une robe *dont la couleur* laisse à désirer.
Chartres a une cathédrale. *Ses vitraux* sont magnifiques.	Chartres a une cathédrale de laquelle les vitraux sont magnifiques.	Chartres a une cathédrale *dont les vitraux* sont magnifiques.

b. avec les expressions telles que *avoir besoin de, être content de, parler de, se souvenir de.*

Comparez:

Deux phrases	Une seule phrase	
	NE DITES PAS	DITES
Prends les livres. Tu as besoin *des livres*.	Prends les livres desquels tu as besoin.	Prends les livres *dont* tu as besoin.
Je suis des cours intéressants. Je suis content *de ces cours*.	Je suis des cours desquels je suis content.	Je suis des cours *dont* je suis content.
Les vacances commenceront bientôt. Nous *en* parlons souvent.	Les vacances desquelles nous parlons souvent commenceront bientôt.	Les vacances *dont* nous parlons souvent commenceront bientôt.
Camus est un écrivain. J'ai entendu parler *de lui*.	Camus est un écrivain de qui j'ai entendu parler.	Camus est un écrivain *dont* j'ai entendu parler.
La neige n'est plus blanche. La terre est couverte *de neige*.	La neige de laquelle la terre est couverte n'est plus blanche.	La neige *dont* la terre est couverte n'est plus blanche.

Remarquez bien:
- *Dont* est un pronom *relatif*. Alors, il introduit une proposition relative et l'ordre normal le suit toujours. (Voir p. 99.)

  Le garçon *dont je connais le père* a fini son travail.
  La boîte *dont j'ai enlevé le couvercle* vient de se casser.

- *Dont* se place toujours directement après son antécédent. Si l'antécédent est séparé du pronom relatif *dont* ne s'emploie pas. Dans ce cas, *de qui, duquel*, etc., sont les formes exigées. Ces formes s'emploient donc surtout pour les choses, après les prépositions composées telles que *au milieu de, à côté de, au centre de, au-dessus de,* etc.

Voilà le lac au milieu *duquel* nous avons attrapé plusieurs poissons.	(L'antécédent de *duquel* est *le lac*.)
La jeune fille avec l'ami *de laquelle* nous parlions n'habite pas ici.	(L'antécédent de *de laquelle* est *la jeune fille*.)

3. *Lequel* (*laquelle, lesquels, lesquelles*) peut s'employer pour remplacer une personne dans tous les cas où l'on veut éviter une ambiguïté ou insister sur la particularité de la personne. *Lequel*, etc., s'emploie toujours après les prépositions *entre, parmi* et *sans*.

Comparez:

La direction se méfie du président de la classe qui a des idées réactionnaires. (Dans cette phrase on ne sait pas qui a des idées réactionnaires; le président ou la classe.)	La direction se méfie du *président* de la classe, *lequel* a des idées réactionnaires. La direction se méfie du président de la *classe, laquelle* a des idées réactionnaires.
L'agent à qui j'ai posé la question ne m'a pas répondu. (Dans cette phrase il n'y a pas d'ambiguïté, et on ne veut pas insister sur la particularité de l'agent.)	L'agent *auquel* j'ai posé la question ne m'a pas répondu. (Cette phrase implique une insistance sur *cet* agent, pas un autre agent.)

Les assistants, *parmi lesquels* se trouvait le président, écoutaient attentivement le concert.
Voilà notre co-équipier, *sans lequel* nous n'aurions pas gagné le match.

4. *Quoi* s'emploie pour remplacer une chose après une préposition quand l'antécédent est vague, imprécis ou une proposition entière. Dans ce cas, *lequel* (*laquelle, lesquels, lesquelles*) ne s'emploie pas.

Comparez:

Elle va préparer le dîner, après *quoi* nous prendrons l'apéritif. (L'antécédent est toute la proposition; on prend l'apéritif après la préparation mais avant le dîner.)	Elle va préparer le dîner après *lequel* nous prendrons un digestif. (L'antécédent est le *dîner*; on prend le digestif après le dîner.)

Nous allons faire des exercices, après *quoi* nous nous présenterons à l'examen.
Je ne sais pas de *quoi* vous parlez.
Nous ne sommes pas riches, mais nous avons de *quoi* vivre.
Il nous a demandé à *quoi* nous nous intéressons.

III. L'Emploi des pronoms démonstratifs avec les pronoms relatifs

S'il n'existe pas d'antécédent pour le pronom relatif dans la même phrase, on ajoute comme antécédent une forme du pronom démonstratif (*celui, celle, ceux, celles*) ou *ce* (voir 3 ci-dessous).

1. *Pour les personnes:* **celui** _____, **celle** _____, **ceux** _____, **celles** _____.

   Des deux filles de Monsieur DuPont, la blonde est *celle dont* il est le plus fier.
   Beaucoup des jeunes filles sont déjà parties. *Celles que* je connais ne sont plus là.
   Celle avec qui il s'entend si bien sera bientôt sa fiancée.
   Montrez-moi *celui qui* est arrivé en retard.
   Ces touristes, sont-ils *ceux que* nous avons vus au musée ce matin?

2. *Pour les choses:* **celui** _____, **celle** _____, **ceux** _____, **celles** _____.

   Quelle auto voulez-vous maintenant? *Celle dont* vous aviez envie a été vendue.
   De toutes ces tartes je préfère *celles qui* ne sont pas trop sucrées.
   Lequel voulez-vous? Celui-ci ou *celui que* j'ai dans la main?
   Ces livres m'intéressent beaucoup, mais *ceux dont* j'ai surtout envie ne sont pas à vendre.
   Avez-vous un autre stylo? *Celui avec lequel* j'écrivais cette lettre n'a plus d'encre.
   Ceux que vous avez choisis sont les melons les plus mûrs.

3. *Pour les choses* où il n'y a aucun antécédent et, par conséquent, le genre en est inconnu, ou quand l'antécédent est une idée ou une proposition entière: *ce.*

   Faites *ce que* vous voudrez.
   Nous n'avons plus *ce dont* vous avez besoin.
   Ils n'ont pas encore répondu à mon invitation, *ce qui* m'ennuie beaucoup.
   *Ce qu'*il vient de me dire n'a pas de sens.
   Il faut se débarasser de tout *ce qu'*il y a de sale.

   Remarquez bien:

   • Quand une proposition qui commence par *ce qui, ce que,* etc., est suivie de la troisième personne du singulier du verbe *être,* on résume souvent cette proposition en mettant *ce* ou *c'.*

     Ce qui m'intéresse le plus, c'est la politique.
     Ce qu'il aimait surtout, c'était faire du ski.
     Ce que vous faites, c'est la pire des choses.

   • En général, dans les locutions *tout ce qui, tout ce que* et *tout ce dont,* le *t* final dans *tout* et le *e* dans *ce* ne se prononcent pas.

     Vous avez tou̸t c̸e que vous voulez.
     Tou̸t c̸e qui est dangereux sera rejeté.
     Tou̸t c̸e dont vous avez besoin est à la bibliothèque.

Exercices de vérification

1. Complétez les phrases suivantes avec les pronoms relatifs qui conviennent.
   1. Le garçon _____ court si vite est mon frère.
   2. L'équipe _____ joue le mieux est généralement celle _____ gagne.

3. La lampe _____ n'a pas d'abat-jour donne une lumière trop intense.

4. J'aime bien ce gosse _____ me suit partout.

5. La pièce _____ j'ai vue hier soir ne m'a pas plu du tout.

6. Voilà une sorte de gâteau _____ j'adore.

7. Un élève _____ échoue aura encore une occasion de subir l'interrogation.

8. Où sont ces amis _____ vous avez invités au restaurant?

9. La jupe _____ je préfère est la rouge.

10. Les difficultés _____ il aura à surmonter sont grandes.

11. Jeanne est une jeune fille avec _____ je m'entends très bien.

12. Nous verrons bientôt les Clozier chez _____ nous passerons quelques jours.

13. Le monsieur à _____ nous avons parlé n'est plus là.

14. J'ai mis dans mon bureau la bande sur _____ tu avais enregistré le poème.

15. Les sports pour _____ il se passionne sont ceux _____ m'intéressent le moins.

16. Je n'ai pas pu retrouver l'agent à _____ j'avais posé la question.

17. La boîte dans _____ vous avez mis les pommes n'est pas assez grande.

18. La dame cherche une bonne _____ sache faire la cuisine.

19. Nous venons de quitter la ville au centre _____ je me suis perdu.

20. Le garçon à _____ vous vous êtes adressé est un très bon élève.

21. Mon oncle et ma tante, _____ aiment voyager, partent pour Katmandou.

22. C'est une idée _____ me plaît beaucoup.

23. C'est un événement _____ tout le monde parle.

24. Cette dame _____ je viens de faire la connaissance est charmante.

25. Je n'ai jamais entendu parler d'une situation _____ j'aurais plus envie.

26. Les livres _____ vous avez besoin ne coûtent pas très cher.

27. La maison _____ je n'aime pas la couleur a été vendue.

28. C'est une situation _____ il faut se méfier.

29. L'élève a des problèmes _____ le professeur ne se rend pas compte.

30. Le Louvre est un musée _____ l'on trouve quelques-uns des plus beaux tableaux du monde.

2. Remplacez les mots en italique par le pronom démonstratif qui convient et ajoutez le pronom relatif qui convient.

1. Je n'ai jamais aimé *des gens* _____ ne disent pas la vérité.

2. Où as-tu mis *la bobine* _____ est vide?

3. Elle ne connaît pas *les jeunes filles* _____ habitent à côté.

4. Toutes ces longues journées où rien ne s'est passé sont *les journées* _____ je me souviens.

5. Les tableaux _____ j'adore sont *les tableaux* _____ vous avez envie.

3. Répondez à chaque question en commençant la réponse par *Je ne sais pas.*

1. Qu'est-ce que c'est?

2. Qu'est-ce qu'il fait?

3. Qu'est-ce qui fait ce bruit?

4. Qu'est-ce que vous feriez?

5. Qu'est-ce qui pourrait les amuser?

6. De quoi a-t-il besoin?

7. Avec quoi jouaient-ils?

8. Où se trouve Madagascar?

9. De quoi s'agit-il?

10. Qu'est-ce que c'est qu'un hanneton?

4. Joignez les deux phrases suivantes en employant un pronom relatif. La première phrase doit être la proposition principale.

1. L'immeuble est en brique. J'ai loué un appartement dans l'immeuble.

2. Les députés ont tous voté contre la majorité. Il y a des communistes parmi les députés.

3. Nicolas a pris une photo des statues. Il avait sculpté les statues.

4. Cette dame doit travailler. Son mari est malade.

5. Son expérience nous aidera beaucoup dans ce projet. Nous nous rendons compte de son expérience.

6. Les fruits sont mauvais. Pierre a acheté les fruits.

7. C'est une bicyclette. Je n'aime pas sa couleur.

8. La cathédrale n'a qu'une flèche. Le professeur nous a montré une photo de la cathédrale.

9. Je n'aime pas le livre. Nous l'étudions.

10. Il est difficile de choisir entre ces deux candidats. L'un des candidats est socialiste et l'autre est réformateur.

| Exercices de récapitulation |

1. Complétez les phrases suivantes avec les pronoms relatifs qui conviennent.

1. Jean, _____ le père est professeur, est le garçon _____ nous parlons.

2. _____ m'inquiète, c'est que je n'ai pas reçu de nouvelles de ma famille.

3. Faites _____ vos parents vous demandent. C'est une chose _____ vous serez content quand vous serez plus âgé.

4. La voiture dans _____ ils sont venus avait été accidentée, du moins c'est _____ ils m'ont dit. Voilà la raison pour _____ ils devaient rouler si lentement.

5. Beaucoup de repos est _____ les élèves auront surtout besoin après les examens.

6. Dites-moi exactement _____ il vous a raconté. C'est une histoire _____ est difficile à croire.

7. Flûte! J'ai oublié _____ j'avais mis mon sac. C'est une sottise _____ je fais souvent, mais cela m'ennuie toujours.

8. Décembre est toujours le mois au cours _____ nous avons le plus à faire. C'est un mois _____ passe toujours trop vite.

9. La ville _____ il est né est près de Strasbourg.

10. Voici les nouveaux skis _____ mes parents m'ont offerts pour Noël; c'est exactement _____ j'avais besoin.

11. Elle va acheter la robe _____ elle a envie, _____ ennuie sa mère parce qu'elle a déjà beaucoup de vêtements _____ elle ne porte jamais.

12. Vous savez, c'est un garçon _____ fait exactement _____ il veut faire, et il n'écoute jamais _____ disent les autres!

13. L'élève à côté de _____ je suis assis n'écoute jamais _____ dit le professeur. Voilà la raison pour _____ il a échoué à l'examen _____ le professeur nous a donné la semaine passée.

14. Je ne sais pas _____ il vient. Quelqu'un m'a dit qu'il est parisien, mais c'est un fait _____ je ne suis point certain.

15. Voilà la boutique _____ elle nous a tant parlé. La robe _____ vous voyez dans la vitrine à gauche est celle _____ me plaît le plus. Mais je crois qu'elle a acheté la robe à droite _____ coûte 500 F. Elle coûte cher, mais c'est un bon tissu _____ vaut sûrement le prix.

16. La pièce à _____ nous avons assisté est celle _____ a reçu le meilleur accueil de l'année, _____ ne m'étonne pas, car c'était un spectacle excellent.

17. Du Bellay est un poète _____ j'aime lire les poèmes; il a dit que le pays _____ l'on est né est toujours celui _____ l'on préfère, et je crois que _____ il dit est vrai.

18. Voilà la maison de l'homme _____ je vous parlais tout à l'heure. C'est un homme très gentil _____ est aimé de tout le monde. Il a trois enfants _____ il est très fier, et une jeune femme avec _____ il est très heureux. Il est architecte et c'est la troisième maison _____ il a fait construire pour sa famille. A l'intérieur il y a un grand salon au centre <u>de</u>_____ il y a un jardin tropical. Il doit être très content de tout _____ il a fait.

19. La littérature est un sujet _____ je m'intéresse beaucoup. Camus, _____ j'ai lu tous les romans, est l'auteur _____ je préfère. Sartre est un autre écrivain _____ m'intéresse parce que ses pièces sont pleines d'idées _____ me font réfléchir. Le seul poète contemporain _____ me plaise est Saint-John Perse; il écrit des poèmes _____ sont faciles à lire et à comprendre.

20. Voulez-vous savoir _____ m'est arrivé? Il n'y avait pas dans notre bibliothèque le livre _____ j'avais besoin. Alors, j'ai pris l'autobus _____ va à l'autre bout de la ville pour aller à la bibliothèque _____ se trouve près de la place Clémenceau. La bibliothécaire à _____ j'ai parlé m'a dit que le livre _____ je cherchais n'existait plus dans cette ville. Le seul exemplaire qui en restait a été volé il y a deux ans. Voilà le genre de catastrophe _____ m'arrive toujours. Il faudra que je demande au professeur _____ il veut que je fasse maintenant.

2. Complétez les phrases suivantes avec le pronom interrogatif ou le pronom relatif qui convient.

1. _____ voulez-vous manger?
2. Voilà la femme à _____ j'ai donné mon livre.
3. _____ de ces journaux est le meilleur?
4. _____ vous voulez dire?
5. Je ne sais pas _____ l'intéresse.
6. _____ roule plus vite qu'une voiture?
7. _____ vous faites ne me regarde pas.
8. A _____ parlez-vous?
9. _____ avez-vous besoin?
10. La neige _____ la terre est couverte est très sale.

3. Mettez le verbe entre parenthèses à la forme qui convient.
    1. C'est nous qui (avoir) _____ tort.
    2. Elle cherche un agent qui (pouvoir) _____ la renseigner.
    3. Qui (vaincre) _____ les Gaulois en 54 avant Jésus-Christ?
    4. Aussitôt qu'il (finir) _____, nous partirons.
    5. Quoi que vous (faire) _____, vous (ne jamais savoir) _____ jouer aussi bien du piano que Micheline.
    6. Que Dieu vous (bénir) _____!
    7. Je ne crois pas que nous (avoir) _____ la possibilité de réussir.
    8. Ceux qui (préparer) _____ cette interrogation y ont réussi.
    9. Je crois que c'est moi qui (faire) _____ cela hier soir.
    10. Si c'est vous qui (être) _____ ennuyé, c'est toutefois moi qui (être) _____ obligé de leur parler.

| Situations actives |

Il va sans dire qu'il faut mettre à l'œuvre autant des structures de cette leçon que possible.

1. Vous avez vu un(e) ami(e) parler avec un jeune homme (une jeune fille) que vous trouvez intéressant(e). Ecrivez une lettre à votre ami(e) dans laquelle vous lui demandez de vous présenter à ce jeune homme (cette jeune fille). Employez des propositions relatives.

2. (*sketch*) On dit que si l'on reste assis longtemps à la terrasse du Café de la Paix à Paris on verra tous les habitants du monde. Imaginez que vous êtes à la terrasse et que vous faites remarquer à votre compagnon les caractéristiques variées de tous les gens qui passent dans la rue. Employez des propositions relatives.

3. Imaginez que vous êtes le guide d'un groupe de touristes dans votre municipalité. Expliquez à ce groupe ce qu'ils sont en train de voir pendant leur tour. N'oubliez pas d'employer des propositions relatives.

4. (*sketch*) Vous êtes vendeur (vendeuse) dans une boutique et vous avez un(e) client(e) exigeant(e). Le client (la cliente) veut essayer un grand nombre de vêtements et vous voulez le (la) convaincre d'acheter certains vêtements. Créez la conversation en employant des pronoms relatifs.

NEUVIÈME LEÇON

LES NÉGATIONS ET QUELQUES EXPRESSIONS INDÉFINIES

Modèles

N'invitez pas Alphonse à venir parce que je ne l'aime pas.

Je ne regarde jamais la télévision pendant la semaine.

Après avoir dormi un peu, nous ne serons plus fatigués.

Ils ne sont pas encore arrivés.

Nous avons cherché ton portefeuille partout, mais il n'est nulle part.

Il ne veut pas y aller; moi non plus.

Je lui reproche de ne jamais venir me voir.

Personne n'est venu le voir quand il était malade, et il n'a téléphoné à personne.

Je ne veux rien manger.

Je le regrette mais je n'ai trouvé aucune place libre.

Je ne prends ni sucre ni crème avec mon café.

Il n'a plus rien dit à personne.

Qu'avez-vous acheté? Rien.

Je n'ai que vingt francs sur moi.

Cet élève ne travaille guère.

Ce garçon mange n'importe quoi.

Exercices de réflexion

1. Ecrivez les phrases suivantes à la forme négative.
    1. Nous avons encore du travail.
    2. Il est doué pour les mathématiques et pour les sciences.
    3. Vous êtes toujours de bonne humeur.
    4. J'ai déjà vu cette pièce.
    5. Nous irons quelque part pour les vacances.
    6. Tout le monde a apporté un cadeau.
    7. Quelques articles de cette revue étaient intéressants.
    8. J'ai entendu quelque chose d'étrange.
    9. Nous avons goûté quelques-uns de vos gâteaux.
    10. Il a toujours quelque chose à dire à quelqu'un.

2. Ecrivez les phrases suivantes d'une autre façon sans en changer le sens.
    1. Il a très peu d'enthousiasme.
    2. Ce magasin vend seulement des vêtements.
    3. Il fera tout pour réussir; peu lui importe quoi.

Explication

Forme Affirmative			Forme Négative
toujours		quelquefois souvent de temps en temps	ne... jamais
	déjà		ne... pas encore
	encore		ne... plus
partout		quelque part	ne... nulle part
	et... et ou... ou		ne... ni... ni
tout le monde		quelqu'un(e) quelques-un(e)s	ne... personne (objet) personne... ne (sujet)
tout		quelque chose	ne... rien (objet) rien... ne (sujet)
tou(te)s les chaque chacun		quelques	ne... aucun(e) aucun(e)... ne

On exprime une négation en mettant *ne* avant le verbe. L'adverbe ou le pronom de négation se place après le verbe. Aux temps composés on suit le schéma ci-dessous.

ne	verbe	*pas* *point* *jamais* *plus* *pas encore* *rien*	participe passé	*aucun* *personne* *ni... ni*

I. Les Adverbes négatifs

1. *Ne... pas* est la négation la plus simple. *Ne... point, ne... pas du tout* sont des synonymes plus insistants.

Comparez:

Forme Affirmative   *Forme Négative*

Ce film lui plaît.   Ce film ne lui plaît $\begin{cases} \text{pas.} \\ \text{point.} \\ \text{pas du tout.} \end{cases}$

2. *ne... jamais* est la négation de *toujours, souvent, quelquefois,* etc.

$$
\text{J'y vais} \begin{cases} \text{toujours.} \\ \text{souvent.} \\ \text{quelquefois.} \\ \text{de temps en temps.} \end{cases}
$$
Je n'y vais jamais.

Il a souvent visité cette ville.　　　Il n'a jamais visité cette ville.

3. *ne... plus* est la négation d'*encore.*

J'ai encore faim.　　　　　　　Je n'ai plus faim.
Il a encore de l'argent.　　　　Il n'a plus d'argent.
Il y a encore de la neige.　　　Il n'y a plus de neige.

4. *ne... pas encore* est la négation de *déjà.*

Il a déjà dix-huit ans.　　　　　　Il n'a pas encore dix-huit ans.
Elle est déjà partie.　　　　　　　Elle n'est pas encore partie.
Nous avons déjà fini la leçon.　　Nous n'avons pas encore fini la leçon.

5. *ne... nulle part* est la négation de *partout* ou de *quelque part.*

On voit cette réclame partout.　　On ne voit cette réclame nulle part.
Je l'ai vu quelque part.　　　　　Je ne l'ai vu nulle part.

6. *ne... pas... non plus* (ou *ne... pas non plus*) est la négation d'*aussi.*

Marc vient; Cécile vient aussi.　　Marc ne vient pas; Cécile (ne vient pas) non plus.
Anne est intelligente; Marie est　　Anne n'est pas intelligente; Marie (n'est pas intelligente)
　intelligente aussi.　　　　　　　　non plus.

Remarquez bien:

- Aux temps composés, *pas, point, plus, jamais,* et *pas encore* se placent entre l'auxiliaire et le participe passé. *Non plus* et *nulle part* se placent après le participe passé.

　Il n'a jamais visité cette ville.
　Le bébé ne s'est pas encore réveillé.
　Il n'a pas aimé ce film; elle ne l'a pas aimé non plus.

- Pour mettre un infinitif à la forme négative, on le fait précéder de *ne pas, ne jamais, ne plus,* etc.

　Je lui ai dit de ne pas faire de bruit.
　Il vaudrait mieux ne pas y penser.
　Il m'a promis de ne plus mentir.
　Vous ferez bien de ne jamais fumer.

- *Ne... jamais* est une forme négative absolue. *Jamais... ne* est une forme encore plus insistante.

　Je ne mange pas toujours au restaurant. (mais quelquefois j'y mange)
　Je ne mange jamais au restaurant. (à aucun moment)
　Jamais je ne mangerai à ce restaurant abominable! (exclamation insistante)

- L'article partitif ou indéfini est remplacé par *de* après une négation, mais l'article défini ne change pas. (Voir p. 6.)

　J'ai pris *du* café.　　　　Je n'ai pas pris *de* café.
　J'aime le café.　　　　　　Je n'aime pas le café.

II. Les Pronoms négatifs: *ne... personne, ne... rien*

1. *Ne... personne* est la négation de *quelqu'un* ou de *tout le monde. Ne... rien* est la négation de *quelque chose* ou de *tout*.

   Aux temps composés, *personne* se place après le participe passé; *rien* se place entre l'auxiliaire et le participe passé.

Comparez:	
Forme Affirmative	*Forme Négative*
Elle a vu quelqu'un à la fenêtre.	Elle n'a vu personne à la fenêtre.
Il connaît quelqu'un d'intéressant.	Il ne connaît personne d'intéressant.
Nous avons parlé à quelqu'un.	Nous n'avons parlé à personne.
Il a appris quelque chose pendant l'année.	Il n'a rien appris pendant l'année.
Nous avons trouvé quelque chose à manger dans la cuisine.	Nous n'avons rien trouvé à manger dans la cuisine.
J'ai vu quelque chose d'intéressant.	Je n'ai rien vu d'intéressant.

2. *Personne... ne* et *rien... ne* s'emploient comme sujets.

Quelqu'un est venu.	Personne n'est venu.
Tout était gratuit.	Rien n'était gratuit.

III. L'Adjectif négatif: *aucun, aucune*

1. *Aucun(e)* est la négation des adjectifs suivants: *un(e), quelques, tou(te)s, chaque, plusieurs*. Il s'accorde en genre avec le nom qu'il modifie, mais il est toujours au singulier.

Comparez:	
Forme Affirmative	*Forme Négative*
Elle a plusieurs amis.	Elle n'a aucun ami.
Il a pris quelques photos.	Il n'a pris aucune photo.
Ils ont visité tous les musées.	Ils n'ont visité aucun musée.
J'ai une idée.	Je n'ai aucune idée.

2. Quelquefois *aucun(e)* s'emploie comme pronom. Contrairement à *personne* ou *rien*, les noms qu'il remplace sont toujours précis.

Elle connaît chacun de ces auteurs.	Elle ne connaît aucun de ces auteurs. (Elle n'en connaît aucun.)
Nous avons répondu à plusieurs questions.	Nous n'avons répondu à aucune des questions.
Il a lu tous les livres.	Il n'a lu aucun de ces livres.

3. *Aucun(e)... ne* s'emploie comme pronom sujet ou comme adjectif qui modifie un sujet. Le verbe est toujours au singulier.

Beaucoup de ces filles sont jolies.	Aucune de ces filles n'est jolie.
Toutes ces réponses sont correctes.	Aucune n'est correcte.
Chaque élève a fait ses devoirs.	Aucun n'a fait ses devoirs.
Plusieurs garçons étaient beaux.	Aucun garçon n'était beau.
Quelques tableaux étaient fameux.	Aucun tableau n'était fameux.

IV. La Conjonction négative: *Ne... ni... ni* est la négation de *et... et*, de *ou... ou*, et de *soit... soit*.

1. Elle s'emploie pour la négation de plusieurs compléments ou de plusieurs verbes de suite.

> Comparez:
>
> | *Forme Affirmative* | *Forme Négative* |
> |---|---|
> | Elle aime les asperges, les épinards et les choux de Bruxelles. | Elle n'aime ni les asperges, ni les épinards, ni les choux de Bruxelles. |
> | Il a une grand-mère et un grand-père. | Il n'a ni grand-mère ni grand-père. |
> | Elle veut aller avec Paul ou avec Michel. | Elle ne veut aller ni avec Paul ni avec Michel. |
> | Ils aiment chanter, danser et manger. | Ils n'aiment ni chanter, ni danser, ni manger. |
> | Elle parle, et lit, et écrit aussi bien que sa sœur aînée. | Elle ne parle, ni ne lit, ni n'écrit aussi bien que sa sœur aînée. |
> | Mon père me permet de sortir ou de regarder la télévision pendant la semaine. | Mon père ne me permet ni de sortir ni de regarder la télévision pendant la semaine. |

2. *Ni... ni... ne* s'emploie quand le verbe a plusieurs sujets. Par conséquent le verbe est toujours au pluriel. On emploie souvent des pronoms accentués avec *ni... ni... ne*. (Voir p. 75.)

Agnès, Hélène, Jules, et Thomas sont venus.　　Ni Agnès, ni Jules, ni Thomas ne sont venus.
Toi et moi, nous travaillons beaucoup.　　Ni toi ni moi ne travaillons beaucoup.

Remarquez bien:

- l'emploi des articles avec *ne... ni... ni*. (Voir p. 7.)

- Avant chaque élément on répète le *ni* et avant chaque verbe principal dans une série on répète aussi le *ne*.

V. Les Négations multiples: On peut avoir plusieurs négations dans une seule phrase, pourvu qu'on n'emploie pas l'adverbe *pas*.

Remarquez ces combinaisons possibles et leur position dans une phrase:

ne	verbe auxiliaire	*plus rien* *plus jamais* *encore rien* *encore jamais* *jamais rien*	participe passé	*personne* *aucun(e)* *nulle part*

Je n'ai encore rien dit à personne.
Il n'invite plus personne chez lui.
Personne ne l'a vu nulle part.
Je ne demanderai plus rien à personne.
Tu ne fais jamais rien.
Il n'a plus rien dit à personne.
Personne n'a encore fait d'effort.

VI. **Les Négations indépendantes:** Le *ne* d'une négation est supprimé dans une réponse ou une exclamation qui n'a pas de verbe.

<table>
<tr><td>Je n'ai pas faim.</td><td>Moi non plus.</td></tr>
<tr><td>Qui veut du café?</td><td>Pas moi.</td></tr>
<tr><td>Etes-vous prêt?</td><td>Pas encore.</td></tr>
<tr><td>Cette pièce vous plaît-elle?</td><td>Pas du tout.</td></tr>
<tr><td>Qui a téléphoné?</td><td>Personne.</td></tr>
<tr><td>Qu'avez-vous fait?</td><td>Rien d'extraordinaire.</td></tr>
<tr><td>Tu le feras encore?</td><td>{ Plus jamais!
Non, jamais!</td></tr>
</table>

VII. **Les Expressions restrictives:** *Ne... que, ne... guère* sont des expressions qui indiquent une restriction ou une exception.

1. *Ne... que* s'emploie généralement au lieu de *seulement* et le *que* se place directement avant le complement qu'il qualifie. On ne supprime pas l'article partitif après *ne... que* parce que ce n'est pas une négation absolue.

NE DITES PAS:	DITES:
~~Ce garçon a seulement quinze ans.~~	Ce garçon n'a que quinze ans.
~~Il regarde seulement les actualités à la télévision.~~	Il ne regarde que les actualités à la télévision.
~~Elle boit seulement de l'eau.~~	Elle ne boit que de l'eau.
~~J'ai fait seulement deux exercices.~~	Je n'ai fait que deux exercices.

2. *Ne... guère* veut dire *pas très, très peu, presque pas, à peine, rarement.*

Ce monsieur n'est pas très raisonnable.	Ce monsieur n'est guère raisonnable.
C'est à peine possible.	Ce n'est guère possible.
Nous nous voyons rarement.	Nous ne nous voyons guère.
Nous n'avons presque pas d'amis.	Nous n'avons guère d'amis.

VIII. **Les Expressions non restrictives:** *N'importe qui, n'importe quoi, n'importe où, n'importe comment, n'importe quand, n'importe quel, n'importe lequel* sont des expressions non restrictives. Elles insistent sur l'insignifiance d'un choix ou sur l'indifférence de celui qui choisit.

1. *N'importe qui* veut dire "une *personne* indéterminée."

C'est un jeu facile; n'importe qui pourrait y jouer.
Demandez à n'importe qui; tout le monde vous dira la même chose.

2. *N'importe quoi* veut dire "une *chose* indéterminée."

Il fera n'importe quoi pour réussir.
Cette femme bavarde dit n'importe quoi.

3. *N'importe où* veut dire "en un *endroit* indéterminé."

> Il aime tellement voyager qu'il irait n'importe où.
> Allons n'importe où en dehors de cette ville étouffante.

4. *N'importe comment* veut dire "d'une *manière* indéterminée."

> Ma mère se plaint de mon frère, qui s'habille n'importe comment.
> Ses devoirs sont toujours écrits n'importe comment.

5. *N'importe quand* veut dire "à un *moment* indéterminé."

> Passez me voir n'importe quand.
> Elle peut s'endormir n'importe quand.

6. *N'importe quel* est un adjectif qui indique un choix au hasard et s'accorde en genre et en nombre avec le nom qu'il modifie.

> Venez à n'importe quelle heure.
> Achetez n'importe quel journal.
> Ils achèteront cette maison à n'importe quel prix.

7. *N'importe lequel* est un pronom qui indique un choix au hasard et s'accorde en genre et en nombre avec le nom qu'il remplace.

> Donnez-lui un de ces sandwiches, n'importe lequel.
> Je pourrai vous prêter n'importe laquelle de ces robes car toutes vous vont à merveille.

| Exercices de vérification |

1. Mettez les phrases suivantes à la forme négative.
   1. J'ai un chien.
   2. Il s'est senti nerveux.
   3. Elle mange toujours de la salade.
   4. Tu as quelquefois beaucoup d'énergie.
   5. Nous sommes souvent allés au cinéma.
   6. Ils se sont vus de temps en temps.
   7. Monsieur Duculot est encore jeune.
   8. Il y a encore du ragoût dans la casserole.
   9. Après avoir acheté des provisions, elle avait encore de l'argent.
   10. Ils se sont déjà habitués à cette façon de vivre.
   11. Le dîner est déjà prêt.
   12. J'ai déjà lu ce roman.
   13. J'ai vu les lunettes quelque part dans la maison.
   14. Cette marque de skis se vend partout en Europe.
   15. Tout le monde aime cette boisson; moi aussi.
   16. Ma famille est abonnée à cette revue; nos voisins l'aiment aussi.
   17. Il vaut mieux déranger ton père à son bureau.
   18. Quelqu'un est absent aujourd'hui.
   19. Il y a quelqu'un à la maison.
   20. Elle a besoin de quelqu'un pour l'aider dans la cuisine.
   21. Tout le monde a accepté notre invitation.
   22. Il m'a dit quelque chose d'intéressant.
   23. Il y a quelque chose dans cette boîte.
   24. Tout dans ce livre m'a passionné.
   25. Nous avons vu quelques ours dans la forêt.

26. Ils ont posé plusieurs questions.
27. Toutes les jeunes filles portaient des robes blanches.
28. Il y a plusieurs photos floues.
29. Quelques-unes de ses idées sont bonnes.
30. Elle est fâchée contre toi et contre lui.
31. Nous allons acheter du vin et de la bière.
32. Le trimestre prochain j'étuderai soit la biologie soit la chimie.
33. J'ai envie d'aller à la plage ou à la piscine.
34. J'ai aimé le roman et le film qu'on en a tiré.
35. Il écrit et téléphone à ses parents.
36. Lui et elle me comprennent.
37. Le médecin permet au malade de se lever et de recevoir des amis.
38. J'ai encore de l'argent.
39. Nous avons souvent vu quelqu'un dans ce parc.
40. Il va encore souvent à ce café. Elle aussi.
41. Il a déjà dit quelque chose à Jeanne et à Maurice.
42. Quelques élèves sont toujours en retard.
43. Il a déjà fait quelque chose pour quelqu'un.

2. Ecrivez les phrases suivantes d'une meilleure façon, sans en changer le sens.

Exemples: La marque de pâte dentrifice   Il emploie n'importe quelle marque de pâte dentrifice.
qu'il emploie lui est égale.
Il a seulement deux amis.   Il n'a que deux amis.

1. Elle n'est pas inquiète.
2. Il y a seulement une bouteille pour tout le monde.
3. Nous avons eu seulement un jour de congé pendant l'année.
4. J'ai reconnu seulement une de ces symphonies.
5. Il a très peu de talent.
6. Elle n'est pas très intelligente.
7. Cet élève parle très peu en classe.
8. Il est indifférent à ce qu'il mange.
9. Venez quand vous voudrez.
10. Presque tout le monde pourrait vous renseigner.
11. Amenez un ami, peu importe lequel.
12. Nous irons quelque part, peu importe où.
13. Sa façon de s'habiller lui est égale.

Exercices de récapitulation

1. Mettez les phrases suivantes à la forme négative.
   1. Mon père m'a déjà envoyé de l'argent.
   2. Il pense souvent à sa mère et à sa sœur.
   3. Expliquez-moi votre idée.
   4. Il écoute et il cherche à comprendre.
   5. J'ai encore peur de ce chien.
   6. Il lui apporte toujours quelque chose de cher.
   7. Quelques-unes de ces bouteilles sont vides.
   8. Béatrice a déjà fini sa leçon; André aussi.
   9. Toutes ces bananes sont déjà mûres.
   10. Toi et lui pouvez venir parce que vous avez déjà dix-huit ans.

11. Elle est contente de son travail et de sa famille.
12. Il a souvent cassé plusieurs disques.
13. Il a déjà trouvé le moyen de le faire.
14. Nous téléphonerons encore à Emilie et à Alfred.
15. Quelques-unes de ces fleurs sont fanées.

2. Répondez aux questions, à la forme négative.
   1. Est-il encore fâché contre moi?
   2. Avez-vous quelques amis à inviter?
   3. Y a-t-il quelque chose qui vous passionne particulièrement?
   4. Irez-vous quelque part pour les vacances?
   5. Est-ce qu'il a emmené quelqu'un?
   6. Est-ce qu'il a apporté quelque chose à la soirée?
   7. A-t-il du courage et de l'ambition?
   8. Est-ce qu'il y a encore quelqu'un à la maison?
   9. Avez-vous vu mes lunettes de soleil quelque part?
   10. Avez-vous dit quelque chose à quelqu'un?
   11. Avez-vous encore quelque chose à faire?
   12. Est-ce qu'il y a encore des vestiges de l'ancienne ville?
   13. Est-ce que quelqu'un vous a donné quelques idées neuves?
   14. Est-ce qu'il y a du pain, du beurre et du lait?
   15. Ont-ils découvert quelque chose de nouveau au cours d'une de leurs expériences?

3. Ecrivez les phrases suivantes d'une meilleure façon, sans en changer le sens.
   1. Nous n'avons presque pas d'argent.
   2. Elle achète seulement des légumes frais.
   3. La façon dont il écrit ses devoirs lui est égal.
   4. Venez me voir quand vous voudrez.
   5. Elle voulait seulement vous plaire.
   6. Cette expression s'emploie très peu.
   7. Hier j'ai assisté seulement à un cours.
   8. Apprenez par cœur un de ces poèmes, celui que vous voudrez.
   9. Je lui parle très rarement quoiqu'il habite seulement à deux kilomètres d'ici.
   10. Il parlait si doucement que je n'ai pas très bien compris ce qu'il disait.
   11. Demandez à qui vous voudrez.

| Situations actives |

Il va sans dire qu'il faut mettre à l'œuvre autant des structures de cette leçon que possible.

1. (sketch) On vous accuse d'avoir fait une mauvaise action et, tout en protestant votre innocence, vous niez ces accusations.

2. Faites le portrait d'un vieillard désespéré et déprimé qui se plaint d'une longue vie où aucun de ses rêves ne s'est réalisé.

3. (sketch) Vous travaillez au bureau des réclamations d'un grand magasin et vous écoutez avec patience les plaintes des clients malheureux.

4. Un(e) pessimiste regarde le monde actuel et se désespère. Il (elle) se plaint de la civilisation moderne. Il (elle) aurait préféré vivre dans un autre lieu et à une autre époque. Créez son monologue.

DIXIÈME LEÇON

LES ADJECTIFS, LES ADVERBES, LES COMPARATIFS ET LES SUPERLATIFS

I. Les Adjectifs

Modèles

un homme intelligent	un bon travailleur sérieux
des hommes intelligents	un bel homme intelligent
une femme intelligente	une petite fille endormie
des femmes intelligentes	une bonne solution simple et convenable
un bon travail	de belles actrices charmantes et douées
une grosse voiture américaine neuve	

Exercices de réflexion

1. Mettez les adjectifs entre parenthèses à la forme correcte et placez-les correctement.
   1. (long, intéressant) une histoire _____
   2. (beau, natal) mon pays _____
   3. (nouveau, noir) une voiture _____
   4. (nouveau) un appartement _____
   5. (jeune, charmant) la dame _____
   6. (frais) de l'eau _____
   7. (coloré, cher) les pierres _____
   8. (vieux, parisien) un hôtel _____
   9. (bénin) une maladie _____
   10. (public) les affaires et l'intérêt _____

2. Mettez les adjectifs entre parenthèses à la forme et à la place qui conviennent.
   1. La maison (beau, blanc) au coin de la rue est à vendre.
   2. Le clochard (vieux, aveugle) joue de la flûte.
   3. J'ai reçu plusieurs cartes (amical) de mon oncle pendant son voyage.
   4. Athènes est une ville (ancien).
   5. Les examens (oral) auront lieu à la fin du trimestre.

Formation

Un adjectif s'accorde en genre et en nombre avec le nom qu'il qualifie.

1. *Le féminin d'un adjectif* se forme généralement en ajoutant un *e* au masculin. Il prend ainsi une forme distincte; si le masculin de l'adjectif se termine en *e*, il n'y a pas de changement pour former le féminin.

Masculin	*Féminin*	
grand	grande	*MAIS:*
noir	noire	grand-mère
facile	facile	pas grand-chose
riche	riche	

   Remarquez bien: Les participes, passé et présent, sont souvent employés comme adjectifs.

Masculin	*Féminin*
assis	assise
fatigué	fatiguée
charmant	charmante

2. Certains adjectifs changent d'orthographe au féminin.

   a. *-er* devient *-ère*.

Masculin	Féminin
dernier	dernière
fier	fière
cher	chère

   b. *-eur* ou *-eux* devient *-euse*.

Masculin	Féminin
trompeur	trompeuse
travailleur	travailleuse
heureux	heureuse
joyeux	joyeuse
affreux	affreuse
amoureux	amoureuse
menteur	menteuse

   Remarquez bien:

   • Certains adjectifs qui se terminent en *-teur* deviennent *-trice* au féminin.

Masculin	Féminin
protecteur	protectrice
révélateur	révélatrice
consolateur	consolatrice
créateur	créatrice
conducteur	conductrice

   • Certains adjectifs d'origine latine qui se terminent en *-eur* (tels que *antérieur, postérieur, supérieur, inférieur, intérieur, extérieur, majeur, mineur* et *meilleur*) ajoutent un *e* au féminin.

   c. *-f* devient *-ve* au féminin.

Masculin	Féminin
vif	vive
naïf	naïve
neuf	neuve
destructif	destructive
facultatif	facultative

   d. *-el, -il, -en, -et, -on, -as, -os, -sot* doublent généralement la consonne et ajoutent *e*.

Masculin	Féminin
cruel	cruelle
gentil	gentille
vermeil	vermeille
ancien	ancienne
muet	muette
bon	bonne

Masculin	Féminin
bas	basse
gros	grosse
nul	nulle
sot	sotte
las	lasse

Remarquez bien:

- Certains adjectifs qui se terminent en -et deviennent -ète.

Masculin	Féminin
discret	discrète
complet	complète

- La consonne finale ne se double pas toujours.

Masculin	Féminin
petit	petite
gris	grise

e. -g devient -gue (pour garder la valeur phonétique du g).

Masculin	Féminin
long	longue
oblong	oblongue

f. Des adjectifs qui ne suivent aucune règle:

Masculin	Féminin
blanc	blanche
sec	sèche
frais	fraîche
franc	franche
faux	fausse
roux	rousse
fou	folle
beau, bel	belle
nouveau, nouvel	nouvelle
vieux, vieil	vieille
grec	grecque
public	publique
bénin	bénigne
malin	maligne

3. *Le pluriel d'un adjectif* se forme généralement en ajoutant un *s* au singulier.

Masculin Singulier	Masculin Pluriel	Féminin Singulier	Féminin Pluriel
intelligent	intelligents	intelligente	intelligentes
grand	grands	grande	grandes

a. Si le singulier se termine en *s* ou *x*, il n'y a aucun changement.

Singulier	*Pluriel*
heureux (m.)	heureux
gros (m.)	gros

b. Les adjectifs en *-au*, *-al* deviennent *-aux*.

Singulier	*Pluriel*
nouveau	nouveaux
beau	beaux
oral	oraux
amical	amicaux

Remarquez bien:

• Notez les exceptions suivantes:

Singulier	*Pluriel*
fatal	fatals
final	finals
naval	navals

• Si un adjectif modifie des noms de genres différents, on met le nom masculin en dernière position et l'adjectif est au masculin pluriel.

une jeune fille et un garçon gentils

Place des adjectifs

1. En général, les adjectifs se placent *après* les noms.

une musique harmonieuse	le réalisme balzacien
un coeur heureux	une chanson émouvante
une robe bleue	un chien endormi
un visage carré	un vieillard gravement malade
un poème italien	une rue large de douze mètres

2. Certains adjectifs courts et fréquents se placent *avant* le nom.

bon	petit	vaste	joli
mauvais	grand	haut	beau
jeune	gros	large	long
vieux			

un grand trou	une jolie peinture
une jeune fille	une grosse somme
un bon repas	une mauvaise élève

Remarquez bien:

- Quand les adjectifs *beau, nouveau* et *vieux* précèdent directement un nom masculin commençant par une voyelle ou un *h* muet, ils ont des formes spéciales.

  un bel homme
  un nouvel appartement
  un vieil ami

- Tous les adjectifs qui modifient les noms propres précèdent le nom.

  l'orgueilleux Louis XIV
  la charmante Elisabeth

- Tous les adjectifs ordinaux précèdent le nom.

  le vingtième siècle
  la première leçon

3. Le sens de certains adjectifs change selon leur place dans la phrase.

<table>
<tr><td colspan="2">Comparez:</td></tr>
<tr><td>Sens abstrait</td><td>Sens concret</td></tr>
<tr><td>un ancien professeur (Il n'est plus professeur.)</td><td>un meuble ancien (Il est vieux.)</td></tr>
<tr><td>un brave garçon (Il est bon.)</td><td>un garçon brave (Il a du courage.)</td></tr>
<tr><td>un grand homme (un homme supérieur)</td><td>un homme grand (Il est de haute taille.)</td></tr>
<tr><td>son propre pull-over (C'est son pull-over.)</td><td>son pull-over propre (Le pull-over n'est pas sale.)</td></tr>
<tr><td>un pauvre homme (Il est pitoyable.)</td><td>un homme pauvre (Il n'a pas d'argent.)</td></tr>
<tr><td>les différentes idées (Il y a plusieurs idées.)</td><td>les idées différentes (Les idées sont contraires aux autres idées.)</td></tr>
<tr><td>un cher ami (un ami qu'on aime beaucoup)</td><td>un voyage cher (un voyage qui coûte beaucoup)</td></tr>
<tr><td>un méchant garçon (Il n'est pas sage.)</td><td>un chien méchant (Il est sauvage.)</td></tr>
<tr><td>certains résultats (quelques résultats)</td><td>les résultats certains (résultats sûrs)</td></tr>
<tr><td>une nouvelle voiture (une voiture qui en remplace une autre)</td><td>une voiture nouvelle (une voiture récente qui apparaît pour la première fois)</td></tr>
<tr><td></td><td>une voiture neuve (qui vient d'être fabriquée)</td></tr>
<tr><td>la dernière semaine (la semaine du 26 déc.)</td><td>la semaine dernière (la semaine la plus récente)</td></tr>
</table>

Remarquez bien: Certains adjectifs normalement placés *après* le nom (tels que *merveilleux, magnifique, brillant, triste, lourd,* etc.) ont un sens abstrait *avant* le nom.

Comparez:

un noir chagrin   une robe noire
une folle passion   un homme fou
une lourde atmosphère   un paquet lourd
une triste maison   une personne triste

4. Plusieurs adjectifs peuvent modifier le même nom.

   a. Ils se mettent à leur place habituelle.

      une jolie robe rouge
      un bon vin blanc
      la gracieuse musique italienne

   b. Quand plusieurs adjectifs se placent *après* le nom, le dernier et l'avant-dernier sont séparés par la conjonction *et*.

      un professeur intelligent et amusant
      un drapeau bleu, blanc et rouge

   c. Quand plusieurs adjectifs se placent *avant* le nom il n'y a pas de séparation.

      une longue triste journée
      une jolie petite maison

   Remarquez bien: Certains adjectifs peuvent avoir un sens spécial dans le langage courant.

une somme importante	=	une grosse somme
un prix intéressant	=	bon marché
un vin fameux	=	un vin excellent

5. Un adjectif qui modifie *quelque chose, quelqu'un, rien* ou *personne* est séparé du mot par la préposition *de*. Cet adjectif est au masculin. (Voir p. 7.)

      Je cherche quelque chose de joli à lui offrir.
      Le club veut avoir quelqu'un d'intéressant comme conférencier.
      Il n'y a rien de joli dans cette boutique.
      Il n'y avait personne d'intéressant à la soirée.

Adjectifs indéfinis

1. Certains adjectifs indéfinis expriment des quantités.

      Chaque élève a son crayon. (On parle de l'élève en particulier.)
      Quelques élèves ont des crayons. (3/12 élèves)
      Plusieurs élèves ont des crayons. (8/12 élèves)
      Tous les élèves ont des crayons. (12/12 élèves)
      Toute la classe a des crayons. (la classe entière)

2. *Tout* et *tous* expriment la totalité.

   a. *Tout, toute, tous, toutes* comme adjectifs suivis d'un article expriment la totalité.

      Tout le monde aime le beau temps.
      Toute l'assistance s'est mise debout.
      Tous les enfants jouent dans le sable.
      Toutes les assiettes sur la table sont sales.

MAIS: Tout, toute sans article veulent dire *chaque* dans un sens plus général.

> Tout enfant joue dans le sable.
> Tout homme a besoin de dormir.

b. *Tous les, toutes les* comme adjectifs indiquent la *pluralité* tandis que *tout le, toute la* indiquent la *durée* ou la *totalité.*

Pluralité	*Totalité*
tous les ans (chaque année)	toute l'année (une année entière)
tous les jours (chaque jour)	toute la journée (une journée entière)
tous les soirs (chaque soir)	toute la soirée (une soirée entière)
tous les mois (chaque mois)	tout le mois (un mois entier)
tous les gâteaux (chaque gâteau)	tout le gâteau (le gâteau entier)

c. *Tous* comme pronom veut dire *tout le monde.* On prononce le *s* final. (Ne confondez pas *tous* avec *tout ce que, tout ce qui.*) (Voir p. 104.)

> Tous m'ont prévenu.
> Ils sont tous ensemble.
> Hier, nous sommes tous allés à la plage.

d. *Tout* comme adverbe veut dire *très.* Comme tous les adverbes, il est invariable.

> Georges parle tout naïvement.
> Ce sont de tout petits enfants.
> Jeanne est tout heureuse.
> Il est venu tout seul.

MAIS: Quand l'adjectif *féminin* commence par une consonne ou par un *h* aspiré, *tout* devient *toute.*

> Elle est toute petite.
> Elle arrive toute haletante.
> Elle est venue toute seule.

Exercices de vérification

1. Mettez les adjectifs entre parenthèses à la forme et à la place qui conviennent.

1. (froid) un jour
2. (facile) les devoirs
3. (rond) la table
4. (exquis) une peinture
5. (aigu) un accent
6. (fatigué) la secrétaire
7. (roux) les cheveux
8. (fier) une actrice
9. (craintif) la bête
10. (gentil) des hôtesses
11. (petit, endormi) le bébé
12. (mauvais) les joueurs
13. (long, sinueux) les routes
14. (vieux, orgueilleux) un artiste
15. (beau, luxueux) des écharpes
16. (doux, chaud) des écharpes
17. (extravagant) Monsieur Dupont

18. (premier, bon) l'idée
19. (grand, imaginatif) un esprit
20. (beau, sportif) une Américaine
21. (plusieurs, gai) enfants
22. (tout) les semaines
23. (propre) le pull-over
24. (frais) de l'eau
25. (lourd) une atmosphère
26. Ce monsieur (spirituel) raconte des histoires (amusant).
27. Jean est resté au lit la nuit (tout).
28. Un nombre (grand) de nos amis ont lu cette pièce (long, célèbre).
29. Hier j'ai vu Alain pour la fois (premier) avec son enfant (beau, roux).
30. Jean-Pierre portait un chapeau (brun) avec son manteau (beige).

2. Mettez la forme correcte de *tout* dans chacune des phrases suivantes.

1. Georges a mangé _____ les pommes.

2. Nous allons _____ vous accompagner à l'aéroport.

3. Il a fait _____ son devoir.

4. Je prends un bain _____ les jours.

5. Nous avons travaillé _____ la journée.

6. Ce bébé est _____ petit.

7. Ils ont _____ accepté l'invitation pour la semaine prochaine.

8. Thomas est _____ content de son travail.

II. Les Adverbes

Modèles

La vieille dame rentre lentement chez elle.
Le soldat fait résolument son devoir.
Jean-Pierre parle couramment l'anglais.
Après avoir joué au tennis, Georges était bien fatigué.
Je l'ai rencontré hier.
L'été dernier nous avons eu assez d'argent pour voyager en Europe.
Vous avez déjà terminé votre devoir?
Nous sommes très heureux d'assister à cette cérémonie.
Il a accepté l'invitation avec plaisir.

Exercices de réflexion

1. Donnez les adverbes qui correspondent aux adjectifs suivants.

1. heureux _____
2. naïf _____
3. sec _____
4. facile _____
5. décidé _____
6. bon _____
7. évident _____
8. lent _____
9. meilleur _____
10. précis _____
11. mauvais _____
12. premier _____

2. Placez correctement les adverbes entre parenthèses dans les phrases suivantes:

1. (immédiatement) Le bon élève répond à la question du professeur.
2. (déjà, fermement) Il avait accepté l'invitation quand sa mère lui a dit qu'il ne pouvait pas y aller.
3. (trop) L'enfant a mangé.
4. (beaucoup, bien) Les ouvriers ont travaillé dans le jardin; par conséquent ils sont fatigués.
5. (presque) Tout le monde joue au tennis.
6. (partout) Nous les avons cherchés.
7. (extrêmement) Jacqueline est contente depuis son retour de France.
8. (peut-être, plus) Votre père veut-il que vous rentriez tôt.
9. (franchement) Les élèves ont discuté de leurs problèmes avec leurs conseillers.
10. (si, facilement) Jacques a bien étudié qu'il a pu répondre à toutes les questions difficiles.

Explication

Un adverbe modifie un verbe, un adjectif ou un autre adverbe. Il y a quatre sortes d'adverbes: (1) les adverbes de manière qui répondent à la question "*Comment?*"; (2) les adverbes de lieu qui répondent à la question "*Où?*"; (3) les adverbes de temps qui répondent à la question "*Quand?*"; et (4) les adverbes de quantité qui répondent à la question "*Combien?*".

1. Les adverbes de *manière* ont quatre formations différentes.

   a. En général ils se forment en ajoutant *-ment* au féminin du singulier de l'adjectif.

Masculin	Féminin	Adverbe
réel	réelle	réellement
calme	calme	calmement
heureux	heureuse	heureusement
franc	franche	franchement

   b. L'adverbe d'un adjectif masculin qui se termine en *i*, *é*, ou *u* se forme en ajoutant directement *-ment*.

Masculin	Adverbe
poli	poliment
gai	gaiment
vrai	vraiment
résolu	résolument
absolu	absolument
aisé	aisément
spontané	spontanément
simultané	simultanément

   c. L'adverbe d'un adjectif masculin qui se termine en *-ant* ou *-ent* se forme en remplaçant ces terminaisons par *-amment* ou *-emment* (qui se prononcent toutes les deux "amment").

Adjectif	Adverbe
puissant	puissamment
courant	couramment
prudent	prudemment
évident	évidemment

   MAIS: lent   lentement

d. Attention à ces adverbes d'une formation irrégulière:

Adjectif	Adverbe
énorme	énormément
précis	précisément
profond	profondément
gentil	gentiment
vite	VITE
bon	bien
meilleur	mieux
mauvais	mal
pire	pis

2. Les adverbes de *lieu* les plus communs sont: *dehors, ici, là, loin, partout, ailleurs.*

Les enfants jouent dehors.
Ici on parle français.
Ta mère n'est pas là.
Georges a cherché ses clefs partout.

3. Les adverbes de *temps* les plus communs sont: *aujourd'hui, demain, autrefois, maintenant, toujours, d'abord, ensuite, puis, bientôt, encore, tard, tôt, auparavant.*

Hier je suis allé au bord de la mer.
Nous allons bientôt partir pour l'Europe.

> *Comparez:*
>
> Je me suis couché tard. (à minuit et demi) Je suis arrivé en retard. (après l'heure)
> Je me suis couché tôt. (à huit heures du soir) Je suis arrivé en avance. (avant l'heure)

4. Les adverbes de *quantité* les plus communs sont: *assez, autant, beaucoup, combien, davantage, guère, moins, peu, un peu, plus, presque, tant, tellement, trop.*

Marie a peu étudié pour ses examens.
Nous avons trop parlé.
Il n'a guère fait attention à l'explication; par conséquent il a échoué à son examen.
Il était tellement fatigué qu'il s'est presque endormi dans son fauteuil.

Remarquez bien les deux emplois de *beaucoup*:

Il a beaucoup étudié.   Il a étudié beaucoup de livres.
    (adverbe)   (expression de quantité)

5. Les adverbes suivants modifient des adjectifs ou d'autres adverbes: *aussi, si, très, fort, bien.* Ces adverbes se placent *avant* le mot qu'ils modifient.

Nous serons très heureux d'assister à cette cérémonie.
Jacques a remporté le prix. Très (fort) bien!
Vous avez si bien travaillé que votre père vous offrira un cadeau.

6. *Au lieu d'un adverbe,* on peut souvent mettre à la fin de la phrase une des expressions suivantes:

    a. *d'un air* + un adjectif
      d'un ton + un adjectif
      d'une façon + un adjectif
      d'une manière + un adjectif

    Il sourit d'un air content.
    Elle m'a parlé d'un ton furieux.
    Ces jeunes gens insouciants conduisent la voiture d'une façon dangereuse.

    b. *avec* + un nom sans article. (Voir p. 7.)

    Il a accepté l'invitation avec plaisir.

Comparez:

Adverbe	*d'un air, etc. + un adjectif*	*avec + un nom*
Il a répondu poliment.	Il a répondu d'un air poli.	Il a répondu avec politesse.
Il a répondu précisément.	Il a répondu d'une façon précise.	Il a répondu avec précision.
Il m'a répondu franchement.	———————————	Il m'a répondu avec franchise.

---

7. L'adverbe *tout* forme quelques locutions qui s'emploient aussi comme adverbes. (Voir pp. 123–124.)

    a. *tout à coup, tout d'un coup* = soudain
      Tout à coup, le chat s'est jeté sur la souris.

    b. *tout à l'heure* = un moment très prochain ou un moment très récent
      Je te verrai tout à l'heure.
      Je l'ai vu tout à l'heure.

    c. *tout d'abord* = insiste sur *premièrement*
      Tout d'abord, le Président prononcera un petit discours.

    d. *tout de même* = quand même
      Il est malade; il sortira tout de même.

    e. *tout de suite* = immédiatement
      Viens ici, tout de suite!

    f. *tout à fait* = entièrement ou complètement
      Oui, c'est ça; je suis tout à fait d'accord.

Place des adverbes

Les adverbes se placent après les verbes qu'ils modifient. Aux temps composés, les adverbes se placent généralement après le participe passé, SAUF quelques adverbes communs: *bien, déjà, tant, trop, assez, peu, encore, vite, vraiment, beaucoup, toujours, tellement, bientôt, souvent, mal.*

    Elle a répondu immédiatement à la question.
    Elle a vite répondu à la question.
    Le jeune pianiste a joué brillamment avec l'orchestre du conservatoire.
    Le jeune pianiste a très bien joué avec l'orchestre du conservatoire.
    Je les ai beaucoup remerciés de leur gentillesse.
    L'élève a mal compris la leçon.
    Sa nouvelle pièce a vraiment eu du succès l'année dernière.

Remarquez bien:

- Pour souligner le sens de l'adverbe, on peut le placer ou au début de la phrase, ou à la fin de la phrase.

  Premièrement le ministre a écouté l'argumentation de ses adversaires.
  Il a gagné le prix facilement.

- Certains adverbes tels que *peut-être, à peine, sans doute, ainsi* et *aussi* exigent l'inversion du sujet et du verbe quand ils commencent une phrase. Pour éviter cette inversion, on peut toujours mettre l'expression à l'intérieur de la phrase.

  Comparez:

Il a peut-être raison.	Peut-être a-t-il raison.
Tu avais à peine commencé ton travail quand Jean t'a interrompu.	A peine avais-tu commencé ton travail que Jean t'a interrompu.

Exercices de vérification

1. Donnez les adverbes qui correspondent aux adjectifs suivants.

   1. amical _____
   2. premier _____
   3. grand _____
   4. sérieux _____
   5. vif _____
   6. suffisant _____
   7. vrai _____
   8. profond _____
   9. résolu _____
   10. personnel _____

2. Placez correctement les adverbes entre parenthèses dans les phrases suivantes.

   1. (clairement) L'agent de police a indiqué la direction du métro.
   2. (sincèrement) Jean-Pierre répond.
   3. (ouvertement) Ce monsieur a exprimé ses sentiments.
   4. (gentiment) L'enfant a caressé le petit chien.
   5. (courageusement) Vous avez défendu votre camarade.
   6. (très bien) Le professeur a expliqué le devoir pour le lendemain.
   7. (mal) Tu as appris la leçon.
   8. (beaucoup) La vieille dame a parlé pendant le concert.
   9. (avec élégance) Cette dame s'habille chaque fois qu'elle va au concert.
   10. (très) En France les voitures roulent vite.
   11. (ailleurs) Puisque cet hôtel-ci est complet, il faut chercher une chambre.
   12. (attentivement) Au cinéma la petite fille n'a pas regardé ce qui se passait sur l'écran.
   13. (tôt) Il a commencé pour terminer son travail avant midi.
   14. (autrefois) Il fallait toute une semaine pour aller en Europe.
   15. (vite) Elle a rendu l'argent qu'elle avait emprunté à son amie.

3. Dans les phrases suivantes remplacez les adverbes par une des locutions suivantes: *d'un air* + adjectif, *d'un ton* + adjectif, *d'une façon* + adjectif, *d'une manière* + adjectif, ou *avec* + nom.

   1. Les élèves nous ont parlé sincèrement.
   2. L'inculpé fumait nerveusement sa cigarette.
   3. Le président de la société préfère parler franchement.
   4. Tu as gagné le prix facilement.

III. Les Comparatifs et les superlatifs

Modèles

> Jeanne est aussi jolie qu'Hélène.
> Georges parle aussi couramment qu'Henri.
> Le bouledogue est plus gros que le pékinois, mais le saint-bernard est le plus gros de tous.
> David court plus rapidement que Stéphane, mais c'est Bernard qui court le plus rapidement.
> Ce roman de Proust est moins intéressant que celui de Balzac, mais c'est ce roman de Maupassant qui est le moins intéressant des trois.

Exercices de réflexion

Formez des phrases comparatives ou superlatives en employant les éléments suivants.

Exemple: (+) Les voitures européennes / être / petit / les voitures américaines.
   Les voitures européennes sont plus petites que les voitures américaines.

1. (=) Les études / être / long / aux Etats-Unis / en France.
2. (+) Voilà / l'émeraude / précieux / la collection.
3. (+) André / être / bon / élève.
4. (+) Les sacs en plastique / être / généralement / pratique / les sacs en papier.
5. (+) Je / aimer / bien / cette robe-ci / cette robe-là.
6. (−) Je / trouver / cette idée-ci / bon / celle-là.
7. (+) Ce / être / le chapitre / intéressant / le livre.
8. (−) J'achète / toujours / le shampooing / cher.
9. (−) Ce matelas-ci / être / beaucoup / confortable / celui-là.
10. (+) Jeannette / répondre / bien / la classe.

Explication

Positif	Comparatif	Superlatif

adjectif
adverbe
	aussi
	       adjectif
	plus + ou + *que*
	       adverbe
	moins
		le plus
		       adjectif
		+ ou + *de*
		       adverbe
		le moins

nom	*autant* *plus* + de + nom + *que* *moins*	

1. *Le comparatif* s'emploie pour comparer deux objets dont l'un est égal (*aussi*), supérieur (*plus*) ou inférieur (*moins*) à l'autre.

   Aussi, plus, moins se placent avant *l'adjectif* ou *l'adverbe* qu'ils modifient et *que* se place avant le deuxième objet comparé.

   > (−) Nous sommes *moins* pressés que lui.
   > (=) Jeanne est *aussi* capable *qu'*Hélène.
   > (+) David court *plus* rapidement *que* Stéphane.

Remarquez bien:

- Dans la comparaison de deux quantités on emploie les expressions *autant de, plus de* et *moins de* avant le premier *nom* et *que* avant le deuxième objet comparé.

  (−) Georges fait moins de fautes que Jacques.
  (=) Elle gagne autant d'argent que moi.
  (+) Il y a plus d'arbres chez vous que chez moi.

- Après les adjectifs suivants, il faut employer la préposition *à*: *antérieur, postérieur, intérieur, extérieur, supérieur, inférieur.*

  Cet événement est antérieur à sa naissance.
  Ce vin ordinaire est inférieur à ce bourgogne.

- Il faut toujours répéter *aussi, plus, moins* avant chaque adjectif ou adverbe comparé.

  Jean-Jacques est plus beau et plus sportif que François.

2. *Le superlatif* a trois formes possibles.

   a. L'article *le, la* ou *les* se place avant la forme comparative de l'adjectif ou de l'adverbe.

   Le saint-bernard est le plus gros chien.
   Les chansons tristes sont les plus émouvantes.
   Le *Concorde* est l'avion le plus rapide.

   Remarquez bien:

   - La place des adjectifs superlatifs correspond à celle des adjectifs qualificatifs. Par conséquent, quand l'adjectif suit le nom, l'article défini est répété.

     Le *Concorde* est l'avion *le* plus rapide.

   - Pour indiquer le groupe d'où est tiré le superlatif on emploie *de* et l'article qui convient.

     La tour Eiffel est le plus haut monument *de* Paris.
     Pierre est l'élève le plus intelligent *de* la classe.

   b. La formule suivante représente une variante.

   $$\begin{matrix} le\ plus \\ le\ moins \end{matrix} \quad + \quad adjectif \quad + \quad des \quad + \quad nom$$

   Le saint-bernard est le plus gros des chiens.
   Le *Concorde* est le plus rapide des avions.

c. *Très* est un superlatif absolu:

$$très \quad + \quad \begin{array}{c} adjectif \\ ou \\ adverbe \end{array}$$

Le *Concorde* est un avion très rapide.
Le saint-bernard est un très gros chien.
Le joueur court très rapidement.

3. *Bon, bien, mauvais, mal, petit* ont des formes irrégulières au comparatif et au superlatif.

		Positif	Comparatif	Superlatif
Adj.		bon	meilleur	le meilleur
Adv.		bien	mieux	le mieux
Adj.		mauvais	plus mauvais (pire)	le plus mauvais (le pire)
Adv.		mal	plus mal (pis)	le plus mal (le pis)
Adj.		petit	plus petit	le plus petit (le moindre)

Voilà trois garçons:
> Jean est un bon élève; Jacques est meilleur élève que Jean mais Charles est le meilleur élève de toute la classe.
> Jean joue bien du piano; Jacques joue mieux que Jean, mais c'est Charles qui joue le mieux.
> Jean est un mauvais élève; Jacques est plus mauvais élève, mais Charles est le plus mauvais élève de toute la classe.

Voilà trois malades:
> Jacqueline se sent mal; Françoise se sent plus mal que Jacqueline, mais c'est Anne qui se sent le plus mal.

Remarquez bien:

• *le moindre, le pire* généralement ne s'emploient que dans une situation abstraite.

Il fait attention au moindre détail.
C'est le moindre de mes soucis.
Le travail est la meilleure et la pire des choses.

• En général on emploie plus couramment *plus mal* au lieu de *pis* et *plus mauvais* au lieu de *pire*, à l'exception de cette expression courante:

tant pis (≠ tant mieux)

Exercices de vérification

Formez des phrases au comparatif ou au superlatif en employant les éléments suivants.

1. (+) L'avion / être / rapide / la voiture.
2. (−) La voiture / être / rapide / l'avion.
3. (+) Nous / venir de / finir / la leçon / difficile / livre.
4. (+) Les journées d'été / être / long / les journées d'hiver.

5. (−) Le vin blanc / coûter / cher / le champagne.
6. (=) Hélène / être / paresseux / Marie.
7. (+) Je / aimer / bien / les vieilles maisons / les maisons modernes.
8. (−) Mon stylo / écrire / bien / le tien.
9. (=) On / trouver / neige / dans les Pyrénées / dans les Alpes.
10. (−) Tant / mal / pour toi! (+) Cette fois-ci / tu / ne pas avoir / bon / place.

Exercices de récapitulation

1. Mettez les adjectifs entre parenthèses à la forme et à la place qui conviennent. Ecrivez toute la phrase.
   1. Ce monsieur (galant) porte une cravate (beau).
   2. Les diplômés (nouveau) de l'École des beaux-arts à Paris ont exécuté une peinture (impressionnant) dans la cour (vaste) de l'école.
   3. Une atmosphère (lourd) règne dans la pièce où travaillent les hommes (politique) pour les élections (présidentiel) du mois (prochain).
   4. Ma Cécile (cher), peux-tu m'accompagner à ce spectacle (nouveau).
   5. J'ai relu cette histoire (charmant) pour la fois (dixième).
   6. Le romancier a perdu son manuscrit (tout) d'une valeur (inestimable).
   7. Il faut que j'achète une voiture (nouveau), mais je n'ai pas assez d'argent pour me payer une voiture (neuf).
   8. Les seigneurs (religieux) du Moyen Age ont combattu au Proche-Orient. Un nombre (grand) d'entre eux ne sont jamais revenus dans leurs villes (natal).
   9. Ma gorge (rouge, sec) me fait mal.
   10. La ville (vieux) a édifices (plusieurs, magnifique).
   11. Cette fille (grand, jeune) est très (sportif).
   12. L'année (dernier) j'ai fait des études à Paris.
   13. Le gris est une couleur (discret); le rouge est une couleur (vif).
   14. Depuis des années (long) ils rêvent de gravir la montagne (haut, rocheux).
   15. Tu as reçu des résultats (certain)? On ne veut pas répandre de nouvelles (faux).

2. Mettez *chaque, quelques, plusieurs* ou la forme correcte de *tout* dans chacune des phrases suivantes.
   1. _____ élève a fait son devoir.
   2. _____ élèves sont déjà partis en vacances. Il n'en reste qu'une quinzaine à l'école.
   3. Il s'est entraîné _____ le mois.
   4. Georges a _____ perdu dans l'incendie.
   5. _____ leçons sont difficiles mais la plupart sont faciles.
   6. Ils sont _____ allés à Barcelone.
   7. _____ les photographies représentent l'architecture gothique.

3. Donnez les adverbes qui correspondent aux adjectifs suivants:
   1. élégant _____
   2. attentif _____
   3. absolu _____
   4. aveugle _____
   5. furtif _____
   6. vite _____
   7. aisé _____
   8. cruel _____
   9. courant _____
   10. diligent _____

4. Placez correctement les adverbes entre parenthèses dans les phrases suivantes.
   1. (encore) Elisabeth n'est pas rentrée.
   2. (puissamment) Jacques a développé ses arguments.
   3. (ailleurs) Il faut chercher une chambre d'hôtel.

    4. (beaucoup) J'apprécie votre gentillesse.
    5. (tôt) Il s'est levé pour acheter du pain frais.
    6. (enfin) Je vous ai retrouvé.
    7. (bien) Le bébé est content de ses cadeaux de Nöel.
    8. (tout à l'heure) Nous la reverrons.
    9. (vite) Il a compris le problème.
    10. (tellement) Il est gentil!

5. Formez des phrases comparatives ou superlatives en employant les éléments suivants.
    1. (−) Nous / discuter / les passages / obscurs / de cet auteur.
    2. (+) La neige à la campagne / être / blanc / la neige en ville.
    3. (+) La Provence / être / la région / ensoleillé / de / France.
    4. (+) Ce / être / nos / bon / amis.
    5. (=) Il / être / riche / vous.
    6. (+) Le TGV / être / vite / train.
    7. (+) Pierre / être / bon / joueur / notre équipe.
    8. (+) La tortue / être / l'animal / lent.
    9. (−) Georges / faire / examen / de la classe / mauvais.
    10. (−) Pour une fois / Jacques / jouer / bien / au tennis / moi.

Situations actives

Il va sans dire qu'il faut mettre à l'œuvre autant des structures de cette leçon que possible.

1. Vous êtes gastronome et vous écrivez des articles pour *Le Figaro*. En employant des adjectifs, des adverbes et des comparatifs et des superlatifs, comparez plusieurs restaurants que vous connaissez.

2. (*sketch*) Vous êtes agent de voyages et des client(e)s veulent des suggestions pour des voyages à l'étranger. Créez la conversation en employant des adjectifs, des adverbes et des comparaisons. N'oubliez pas de discuter le climat, les moyens de transports, les sites touristiques, les hôtels, les restaurants, etc.

3. (*sketch*) Apportez un tableau, une publicité ou une photographie en classe. En employant autant d'adjectifs que possible, faites-en une description.

4. Vous êtes journaliste et vous devez décrire les exploits sportifs d'un grand athlète. En employant autant d'adverbes et d'adjectifs que possible, décrivez son talent.

5. Votre amie vous demande de lui écrire une appréciation pour qu'elle puisse obtenir un poste qu'elle désire. Vous voulez vraiment assurer qu'elle va être nommée au poste. En employant des adjectifs, des adverbes, des comparaisons et surtout des superlatifs, écrivez cette lettre.

6. (*sketch*) Vous êtes journaliste et vous devez faire le reportage d'un crime à la télé. En employant des comparaisons et des superlatifs, décrivez le crime.

ONZIÈME LEÇON

LES PRÉPOSITIONS ET LES CONJONCTIONS

I. Les Prépositions

Modèles

> Je parle à Pierre.
> Cette bicyclette est à moi.
> Nous sommes à Boston dans le Massachusetts, mais demain soir nous partirons d'abord pour le Canada, et ensuite pour l'Europe.
> Nous nous sommes promenés dans les rues de Paris.
> Il rentre chez lui pour les vacances.
> Nous sommes restés à la bibliothèque jusqu'à dix heures, mais depuis minuit nous sommes dans nos chambres.
> La dame aux cheveux blonds crie à haute voix.
> Elle me regarde d'un air fâché.
> Comptez-vous faire le voyage à vélo, en voiture, en avion ou par le train?
> Paris me manque et je me sens bien nostalgique depuis mon retour chez moi.
> Mon petit frère passe tout son temps à regarder la télévision et à écouter la radio.
> Cette salle a dix mètres de long sur sept mètres de large.
> Il est facile de lire ce livre.
> Ce livre est facile à lire.

Exercices de réflexion

Mettez la préposition et les articles qui conviennent.

1. Il m'a invité _____ lui pour le week-end.
2. Je suis né _____ 1978.
3. Il serait plus commode _____ écrire la lettre _____ la machine.
4. Il a fait le voyage _____ une heure.
5. La circulation est intense _____ les rues de Paris.
6. Pourriez-vous m'apporter une tasse _____ thé chaud?
7. Il ne faut pas penser toujours _____ soi-meme. Il faut penser _____ autres.
8. Je viens _____ Etats-Unis.
9. En regardant _____ la fenêtre, on peut voir la grande place.
10. Le bureau de poste est _____ deux rues d'ici.
11. _____ quand habitez-vous Paris?
12. En me promenant _____ les quais, je suis passé _____ plusieurs clochards qui étaient endormis _____ les ponts.
13. Argenteuil est un village très _____ de Paris. On y arrive en dix minutes.
14. Le professeur _____ anglais a appris _____ élèves ce qu'il faut faire _____ rédiger une dissertation.
15. Elisabeth joue très bien _____ piano.
16. Je ne sais pas au juste, mais je crois qu'il viendra _____ le 10 mars.
17. Le professeur se tient debout _____ le tableau noir.
18. Nous sommes arrivés _____ avion.
19. L'échelle est appuyée _____ le mur.

Explication

Une préposition est un mot invariable qui sert à introduire un élément d'une phrase, d'habitude un nom ou un verbe.

1. Les principales prépositions simples

à*	de*	envers	pour
après	depuis	excepté	sans
avant	derrière	jusqu'à	sauf
avec	dès	malgré	selon
chez	devant	par*	sous
contre	en*	parmi	sur
dans	entre	pendant	vers

*Ces prépositions se répètent généralement avant chacun de leurs compléments.

Il a voyagé *en* France, *en* Angleterre, et *en* Allemagne et il a écrit *à* ma mère, *à* mon oncle et *à* mes grands-parents des lettres où il parlait *de* ses aventures, *de* ses expériences et *de* ses impressions.

2. Les principales prépositions complexes

à cause de	au bout de	auprès de	faute de
à côté de	au centre de	autour de	hors de
à l'égard de	au delà de		le long de
à l'exception de	au-dessous de	d'après	loin de
à l'insu de	au-dessus de	de la part de	par rapport à
à moins de	au fond de	de crainte de	près de
à travers	au gré de	de peur de	quant à
à partir de	au lieu de		vis-à-vis de
à propos de	au milieu de	en bas de	
	au pied de	en face de	
	au sommet de	en faveur de	
	au sujet de	en haut de	
		en raison de	

Emploi

Pour un Américain, le choix de la préposition correcte est d'une difficulté toute particulière, car souvent son emploi semble arbitraire ou contraire à la logique. Cependant il est facile de classer les emplois en quelques catégories principales.

1. *L'objet indirect* est toujours introduit par la préposition *à*. (Voir p. 67.)

> Je parle à Pierre.
> Il a donné le cadeau à sa mère.

Remarquez bien:

- Plusieurs verbes au sens de *prendre* (tels que *emprunter*, *saisir*, *voler*, etc.), exigent la préposition *à* devant la personne.

> Le monsieur fâché a arraché son soulier *au* chien.
> Le voleur *lui* a pris son sac.
> J'ai dû *lui* emprunter son crayon.

- Certains verbes exigent toujours la préposition *à* avant un nom:

obéir à	Hélène obéit *à* ses parents.
plaire à	Ce dessert *lui* plaît beaucoup.
renoncer à	Pour maigrir elle a renoncé *au* chocolat.
ressembler à	Le fils ressemble *à* son père.
réussir à	J'espérais réussir *à* tous mes examens,
échouer à	mais j'ai échoué *à* l'examen d'histoire.
assister à	Nous avons l'intention d'assister *à* la pièce ce soir.

D'autres verbes suivis de *à* prennent alors un sens idiomatique:

tenir à (insister sur)	Il tient (insiste) *à* (sur) cela.
apprendre à	Son père *lui* a appris une leçon importante.
manquer à	Paris *me* manque.

2. *La possession* est généralement indiquée par *de.* (Voir p. 78.)

Le père *de* Jean a acheté la maison *du* maire.

Après les verbes *être* et *appartenir*, la possession est indiquée par *à*.

Cette bicyclette est *à* moi.
La grosse voiture devant la porte appartient *à* ses grands-parents.

3. Les principales prépositions de *lieu*

à	≠	de		à côté de	
dans	≠	hors de		au bout de	
sur	≠	sous		au fond de	
au-dessus de	≠	au-dessous de		au milieu de	
devant	≠	derrière		au centre de	
près de	≠	loin de		au delà de	
au sommet de	≠	au pied de		au coin de	
en haut de	≠	en bas de		autour de	
à gauche de	≠	à droite de		contre	
à l'intérieur de	≠	à l'extérieur de		chez	
				en face de	
				jusqu'à	

par	Ce n'est pas par ici, c'est par là. Nous sommes passés par la porte. Il a sauté par la fenêtre. Ne laissez pas vos livres par terre.
parmi	Je me suis trouvé parmi plusieurs personnes.

entre	Je me suis trouvé entre deux personnes.
en	L'enfant jetait le ballon en l'air. Nous allons en ville ce soir.
auprès de	Mettez votre chaise auprès de moi.
le long de	Nous nous sommes promenés le long de la Seine.
à	Le bureau de poste est à deux $\left\{ \begin{array}{l} \text{pas} \\ \text{rues} \\ \text{kilomètres} \end{array} \right\}$ d'ici.
	Nous habitons au premier étage de l'immeuble.
de	Cette salle a dix mètres de long sur sept mètres de large. Il vient de loin. Je l'ai vu de près.

a. Pour indiquer le *lieu* ou la *direction* avec les *noms géographiques*, suivez le tableau ci-dessous:

	Villes	*Pays masculins*	*Pays féminins*	*Pays pluriels*
Je vais Je suis	à Paris à Boston au Havre à La Rochelle	au Canada au Mexique*	en Italie en France*	aux Etats-Unis aux Pays-Bas
Je viens J'arrive	de Paris du Havre	du Canada	de France	des Etats-Unis

*Tous les pays qui se terminent en *e* sont féminins sauf le Mexique, le Cambodge et le Zaïre.

   i. On emploie la préposition *dans* avant un état d'Amérique.

     dans le Massachusetts, dans le Vermont, dans la Caroline du Nord

     Les exceptions sont:

     au Texas, en Floride, en Californie, en Virginie, en Pennsylvanie, en Louisiane, en Georgie.

   ii. On emploie la préposition *dans* avant un pays modifié et avant un département.

     dans toute la France, dans la Haute-Loire, dans les Bouches-du-Rhône

  iii. On emploie la préposition *en* avant une province et avant un pays masculin dont la première lettre est une voyelle.

     en Normandie, en Bourgogne, en Irak, en Iran, en Israël

  iv. On emploie la préposition *en* avant les continents.

     en Europe, en Amérique du Sud, en Asie

   v. Comparez:

Marseille se trouve *dans* le sud de la France.   L'Afrique se trouve *au* sud de la France.
La Normandie se trouve *dans* le nord de la France.   La Belgique se trouve *au* nord de la France.

b. *Dans*

    i. a généralement le sens de *à l'intérieur de*.
       Il a mis le mouchoir *dans* sa poche.
       D'habitude j'étudie *dans* ma chambre.

    ii. prend quelquefois un sens plus large.
       Nous nous sommes promenés *dans* les rues de Paris.
       Il s'est engagé *dans* l'armée.

c. *Chez* a le sens de *à la maison de, au magasin de* ou, au sens figuré, *dans l'œuvre de, dans le pays de, dans le caractère de, parmi. Chez* est toujours suivi d'un nom de personne ou d'un pronom personnel.

    Il rentre chez lui pour les vacances.
    Je suis allé chercher des médicaments chez le pharmacien.
    On trouve l'esprit cartésien chez tous les Français.
    Chez Sartre, les pièces de théâtre servent à illustrer sa philosophie.

d. Attention aux prépositions de lieu employées après ces verbes de mouvement:

Nous montons *dans* la voiture.	≠	Nous descendons *de* la voiture.
Nous entrons *dans* la maison.	≠	Nous sortons *de* la maison.
Nous quittons —— New York.	≠	Nous partons *pour* Paris.
Nous partons *de* New York.	≠	Nous arrivons *à* Paris.

4. Les principales prépositions de *temps*

avant	Mercredi vient avant jeudi.
après	Jeudi vient après mercredi.
au commencement de	Au commencement de la pièce, on nous présente le héros.
au début de	Au début de l'année nous vous rendrons visite.
au moment de	Nous étions là au moment de son élection.
à l'heure de	A l'heure de notre décision nous étions encore optimistes.
à l'époque de	A l'époque des examens j'étais malade.
à la fin de	A la fin de la pièce le héros meurt.
au bout de	Nous sommes enfin partis au bout de trois heures.
à partir de	A partir de demain nous ne serons plus là.
dès	Dès le début il a montré un grand intérêt.
vers	Il viendra nous voir vers le 15 mai.
pour	J'irai bientôt en France pour deux semaines.
pendant	Pendant la nuit, on dort.
jusqu'à	Nous sommes restés chez lui jusqu'a 10 h.
depuis	Nous sommes dans nos chambres depuis 10 h.
par	deux fois par jour, par semaine
en	en mars; en été;
	en automne; en hiver; en 1815
	Nous sommes en vacances.
au	au printemps; au XIXe siècle; au mois de juin

Remarquez bien:

- *En* exprime la durée d'une action.
  Dans exprime le début d'une action.

  Comparez:

  Je ferai les devoirs *en* une heure. (Il faudra une heure pour faire les devoirs.)
  Le voyage se fait toujours *en* deux heures.

  Je ferai les devoirs *dans* une heure. (Il est maintenant 3 h et je commencerai à faire les devoirs à 4 h.)
  Nous arriverons *dans* deux heures.

- Attention aux distinctions entre *depuis* et *pendant*.

  Depuis   indique un point de départ pour un état actuel.
               Mon frère étudie le français depuis septembre.

  Pendant   indique une durée de temps complète.
               Mon père a étudié le français pendant sa jeunesse.

  Pour   ne s'emploie que pour indiquer une période de temps incomplète à partir du moment exprimé par le verbe et donc s'emploie surtout avec les verbes *aller*, *venir* et *partir*.

  Comparez:

  Il est venu pour une semaine.
  Nous sommes partis pour les vacances.

  Mais il est resté pendant un mois.
  Nous avons voyagé pendant deux mois.

5. Les prépositions qui indiquent une *qualité*

   à (description)

   la dame aux cheveux courts et aux yeux bleus
   le menu à prix fixe
   les patins à roulettes
   la glace au chocolat
   une robe à manches longues
   une chambre à deux lits
   un fauteuil à bascule
   un bateau à voiles

   en (insistance sur la matière)

   une robe en soie
   une maison en bois
   un couteau en acier
   une tasse en porcelaine

   de (le 2ᵉ nom modifie le 1ᵉʳ)

   une robe de soie
   une maison de bois
   un cours de français
   un professeur d'histoire
   le jus d'orange
   les souliers de tennis
   un sac de couchage
   un homme d'affaires
   un nom de plume
   un bonhomme de neige

Remarquez bien: Ces expressions indéfinies prennent *de* + un adjectif au masculin. (Voir p. 9, 123.)

quelque chose de bon
rien de nouveau

quelqu'un d'intelligent
personne d'intéressant

6. Les prépositions qui indiquent un *emploi* ou un *but*

à

Ces tasses à thé sont fêlées.
une brosse à dents
un sac à main
un sac à dos
une boîte aux lettres
une machine à écrire
une machine à laver
une salle à manger
une chambre à coucher

pour

Ce cadeau est pour vous.
Ces citoyens sont morts pour la patrie.
Combien de temps faut-il pour aller à Paris?

de

une salle de bains
un cabinet de travail
une salle de séjour

Comparez:

une tasse *à* thé
(une tasse où l'on
peut mettre du thé)

une tasse *de* thé
(une tasse pleine
de thé)

une tasse *en* porcelaine
(une tasse fabriquée en porcelaine)

7. Les prépositions qui indiquent la *manière* dont on fait quelque chose

à (locutions toutes faites)

Le souffleur lui parle à voix basse.
Les enfants ont crié à haute voix.
Elle prépare un repas à la française.
Elle boit à petites gorgées.
Ayant grand peur, ils se sont enfuis à toute
    vitesse.
Il a fait cela à plusieurs reprises.

de

Il meurt de faim et de froid.
Elle a sauté de joie.
C'est une jeune fille que je connais de vue, mais je
    ne lui ai jamais parlé.
Sa mère est accablée de douleur.
Il me regarde d'un air fâché.
Il marche d'une façon bizarre.

en

L'acteur jouera au cirque un rôle qui l'obligera
    à se déguiser en clown.
Les gamins sont en haillons.
Il faut être en tenue de ville pour cette
    cérémonie.
Pour aller au bal il faut s'habiller en smoking.

par

Faut-il lui répondre par écrit?
Il s'est moqué de lui par méchanceté.
Je l'ai rencontré par hasard.
On commence (finit) par le commencement (la fin).
par exemple; par excellence
J'ai appris mon rôle par cœur.

avec (Voir p. 7.)

C'est avec plaisir que nous l'avons reçu.
Elle n'a réussi qu'avec difficulté.

8. Les prépositions employées avec les *moyens de transport:*

à pied	en voiture
à bicyclette	en autobus
à vélo	en car
à cheval	en bateau
	en paquebot
par le train (en train)	en chemin de fer
par avion (lettres)	en avion (personnes)

9. Certains verbes s'emploient souvent avec une préposition avant un nom, tels que:

remercier de	Je vous remercie de votre accueil chaleureux.
changer de	Elle doit changer de robe avant de sortir.
donner sur	Notre chambre donne sur les Tuileries.
appuyer sur	Appuyez sur le bouton pour allumer la lampe.
jouir de	Ce monsieur jouit d'une bonne santé.

s'occuper de	être persuadé de
se marier avec	être déçu de
se fâcher contre	être désolé de
se moquer de	être prêt à

Remarquez bien: Ces verbes ne prennent jamais de préposition avant un nom:

chercher	Je cherche mon portefeuille.
attendre	Il attend sa femme.
regarder	Nous regardons la télévision.
écouter	Il écoute la radio.
demander	Je vous demande un service.
payer	Il m'a payé le cinéma.
se rappeler	Je me rappelle le jour où son fils est né.

10. Après un nom ou un adjectif on met une *préposition avant un infinitif complément.*

a. La préposition *à* s'emploie quand l'infinitif a un sens *passif.* Alors l'infinitif n'a pas de complément et il se trouve en général à la fin de la phrase.

Ce livre est facile à lire.
Ces pommes ne sont pas bonnes à manger.
C'est difficile à faire.
Dans cette rue il y a plusieurs maisons à vendre et beaucoup d'appartements à louer.
J'ai trop de choses à faire: des lettres à écrire, le dîner à préparer, la vaisselle à laver, et des provisions à acheter.

b. La préposition *de* s'emploie quand l'infinitif a un sens *actif.* Alors l'infinitif a un objet direct qui le suit. Le sujet de la phrase est souvent impersonnel.

Il est facile de lire ce livre.
Il est intéressant de voir ses progrès.
Je suis enchanté d'avoir fait votre connaissance.
Il est difficile de le faire.

> Comparez:
>
> | *Sens passif* | *Sens actif* |
> |---|---|
> | Ce livre est facile *à* lire. | Il est facile *de* lire ce livre. |
> | Cette musique est agréable *à* écouter. | Il est agréable *d'*écouter cette musique. |
> | C'est difficile *à* faire. | Il est difficile *de* faire cela. |

11. Des expressions à ne pas confondre

parler à	Le professeur parle aux élèves. (l'interlocuteur)
parler de	Il parle de la poésie française. (le sujet de la conversation)
penser de	Que pensez-vous de Marie? (une opinion)
penser à	Elle passe tout son temps à penser à Marc. (une méditation)
manquer à	Depuis sa mort, elle me manque beaucoup.
manquer	Je suis arrivé en retard parce que j'ai manqué l'autobus.
manquer de	Cet orateur manque de sincérité.
servir à	A quoi sert un couteau? Il sert à couper.
servir	Elle nous a servi un repas délicieux.
servir de	Monsieur Maritain servira de guide pendant votre séjour.
se servir de	Je me suis servi d'un couteau pour couper la viande.
jouer à	Pierre joue aux cartes, au football, au hockey, etc.
jouer de	Alain joue du violon, du piano, de la flûte, etc.
en effet	Il neige. En effet (d'accord).
en fait	La météo a prédit de la pluie, mais en fait (en réalité) il neige.
à fond	Nous avons étudié ce passage à fond (avec grand soin).
au fond (tout compte fait, en fin de compte)	Au fond, je ne trouve pas ce passage très intéressant.
vers	Nous marchons lentement vers la place.
envers	Quelle est l'attitude des parents envers les enfants?

12. Des expressions utiles employant des prépositions

de nouveau	=	encore une fois	vis-à-vis de	=	en face de
à peine	=	ne... guère	à jamais	=	pour toujours

quant à moi = à mon avis (opinion) = selon lui = d'après lui

cinq sur six des questions = 5/6 des questions

de la part de Je vous apporte des fraises de la part de mes parents.
Dites-lui bonjour de ma part.

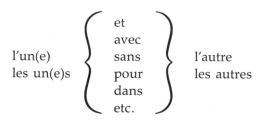

l'un(e) { et / avec / sans / pour / dans / etc. } l'autre
les un(e)s { et / avec / sans / pour / dans / etc. } les autres

Exercices de vérification

1. Donnez ou le synonyme ou l'antonyme de ces expressions.
   1. avant   ≠ _____
   2. ne... guère   = _____
   3. en bas de   ≠ _____
   4. à l'intérieur de   ≠ _____
   5. devant   ≠ _____
   6. jusqu'à   ≠ _____
   7. excepté   = _____
   8. au-dessous de   ≠ _____
   9. échouer à   ≠ _____
   10. à partir de   = _____
   11. tout compte fait   = _____
   12. hors de   ≠ _____
   13. vis-à-vis de   = _____
   14. au milieu de   = _____
   15. quant à moi   = _____

2. Soulignez le mot qui convient.
   1. Je viens de (Canada, Brésil, Paris).
   2. Nous voyageons en (Allemagne, Bordeaux, Vermont).
   3. Venez à (Iran, Marseille, Normandie).
   4. Je ferai un voyage dans le (Boston, Pologne, Missouri).
   5. J'aime l'histoire d' (France, Maroc, Angleterre).
   6. Mon père revient du (Lyon, Canada, Suisse).
   7. Avignon est au sud de (Paris, la France, l'Espagne).
   8. Nous irons d'abord au (Chicago, Israël, Havre).
   9. Ils ont acheté cette peinture en (Japon, Normandie, Londres).
   10. Je voulais faire un voyage dans la (Provence, France, Haute-Savoie).

3. Mettez la préposition de *lieu* qui convient.
   1. Après plusieurs journées d'ascension pénible, les alpinistes sont enfin arrivés _____ mont Blanc.
   2. Les planètes gravitent _____ du soleil.
   3. Vous pouvez en trouver un exemple dans le quatrième paragraphe _____ la page 21.
   4. La Chine est un pays qui est très _____ ici.
   5. Pierre, qui aime beaucoup la compagnie des jeunes filles, s'est assis _____ Marie et Cécile.
   6. Pour bien apprécier la façade de Notre-Dame, il faut s'installer juste _____ cette cathédrale majestueuse.
   7. Les enfants couraient _____ la rue.
   8. Ma maison est _____ dix kilomètres _____ ici.
   9. Nous nous sommes installés _____ deuxième étage _____ un petit appartement qui n'a que treize mètres _____ long sur dix mètres _____ large.
   10. Le ballon rouge flotte _____ ma tête.
   11. Nous ferons bientôt un voyage _____ toute la France.
   12. Quel beau panorama! D'ici, au sommet, on peut voir un joli petit village _____ la montagne. Plus loin, _____ la forêt, il y a des glaciers.
   13. Après être descendu _____ taxi il est monté tout de suite _____ le train _____ Nice qui part _____ 14 h _____ la gare de Lyon, à Paris.
   14. Après avoir longtemps cherché le trésor, on l'a trouvé _____ un trou très profond.

4. Mettez la préposition de *temps* qui convient.
    1. J'ai été malade _____ trois jours, mais _____ jeudi je me sens beaucoup mieux.
    2. _____ hiver il neige, mais _____ printemps il fait du soleil.
    3. Il était évident _____ le début qu'il ne réussirait pas.
    4. Voltaire a vécu _____ XVIIIᵉ siècle. Il est mort _____ 1778 à Paris.
    5. _____ l'âge de dix ans il n'avait jamais quitté le pays, mais maintenant il passe tous les étés en Europe.
    6. Bon! Nous ne sommes pas en retard. Il reste sept minutes _____ l'heure.
    7. Noël est une fête célébrée _____ l'année.
    8. La classe de français a lieu quatre fois _____ semaine.
    9. Je ne sais pas à quelle date précise commencent les examens, mais ce doit être _____ le premier juin.

5. Mettez *à, en, dans* ou *pour*.
    1. _____ deux jours je serai libre.
    2. Mes parents vont arriver _____ dix heures du soir.
    3. _____ décembre nous irons _____ Montréal _____ deux semaines.
    4. Je voudrais vous parler _____ un moment, mais ce ne sera que _____ quelques minutes.
    5. Il a fait sa rédaction _____ un seul après-midi.

6. Mettez *depuis* ou *pendant*. (Attention aux temps de verbe).
    1. Nous sommes en Amérique _____ six ans. _____ les dix années précédentes nous avons habité Paris.
    2. _____ toute mon enfance ma grand-mère a habité chez nous.
    3. _____ la plus grande partie de notre séjour nous étions malades.
    4. _____ combien de temps resterez-vous en France?
    5. _____ que je suis son cours, je crois que je comprends mieux les mathématiques.

7. Complétez ces phrases à l'aide des locutions *d'un air, d'un ton* ou *d'une façon*.
    1. Elle m'a répondu... furieux.
    2. L'agent regardait... méfiant le chauffeur de taxi qui conduisait... bizarre.
    3. Cet élève écrit... intéressante.

8. Mettez une préposition qui indique une *qualité,* un *emploi* ou une *manière*.
    1. Donnez-moi une tasse _____ café, s'il vous plaît.
    2. J'ai acheté de la glace _____ chocolat, du jus _____ orange, des pommes _____ terre, des choux _____ Bruxelles, tous ces articles _____ un prix très intéressant, et je les ai mis dans une boîte _____ carton.
    3. Le professeur _____ histoire, _____ cheveux longs et _____ yeux bleus, porte une chemise _____ manches longues.
    4. Ne parlez pas _____ haute voix, s'il vous plaît.
    5. La voiture roule _____ toute vitesse.
    6. Le soldat mourait _____ faim.
    7. Je le connais _____ vue.
    8. _____ hasard, auriez-vous déjà fini ce livre? J'aimerais bien le lire.

9. Dans un grand magasin j'ai acheté une machine ＿＿＿＿＿ laver, une machine ＿＿＿＿＿ coudre, un sac ＿＿＿＿＿ main et une brosse ＿＿＿＿＿ dents.

10. Il vaut mieux répondre ＿＿＿＿＿ écrit.

11. Elle a acheté une douzaine de tasses ＿＿＿＿＿ café.

12. Voulez-vous faire une promenade ＿＿＿＿＿ pied, ＿＿＿＿＿ vélo, ＿＿＿＿＿ cheval, ＿＿＿＿＿ voiture ou ＿＿＿＿＿ bateau? J'aime surtout voyager ＿＿＿＿＿ train.

9. Mettez *il, ils, ce* ou *c'*, et *à* ou *de* aux endroits qui conviennent.

1. ＿＿＿＿＿ est très difficile ＿＿＿＿＿ faire cela.

2. ＿＿＿＿＿ est un jeu qui est amusant ＿＿＿＿＿ voir.

3. ＿＿＿＿＿ sont des manuscrits ＿＿＿＿＿ étudier.

4. La pièce était très intéressante ＿＿＿＿＿ voir.

10. Remplacez les tirets par les expressions qui conviennent.

1. Je ne sais pas où sont Madeleine et Carole. Tout ce que je sais, c'est que ＿＿＿＿＿ est toujours ＿＿＿＿＿ l'autre.

2. Cette dame est très gentille ＿＿＿＿＿ moi.

3. Deux élèves ＿＿＿＿＿ trois n'ont pas réussi à cette interrogation.

4. Ils sont mariés ＿＿＿＿＿ 1983.

5. On ＿＿＿＿＿ d'un crayon pour écrire.

6. J'ai déjà vu ce film deux fois, mais je vous accompagnerai volontiers au cinéma ＿＿＿＿＿ une fois.

7. Marie est absente et Pierre pense ＿＿＿＿＿ elle. ＿＿＿＿＿ ＿＿＿＿＿ manque.

8. Je ne sais pas jouer ＿＿＿＿＿ piano.

9. Elle m'a remercié ＿＿＿＿＿ mon cadeau.

10. Cette maison a un balcon qui ＿＿＿＿＿ les Champs-Elysées.

11. Dites-lui bonjour ＿＿＿＿＿ part.

12. Ce garçon ressemble beaucoup ＿＿＿＿＿ son père.

13. Etudiez ce poème ＿＿＿＿＿ fond.

14. Ça fait déjà trois fois que je l'ai rencontré ce matin. Je ne veux pas lui parler de ＿＿＿＿＿.

15. J'ai appris mon rôle ＿＿＿＿＿.

⚜ ⚜ ⚜

II. Les Conjonctions

Modèles

Marie et Paul sont allés ensemble au cinéma.

D'abord nous devons remplir ces fiches, puis nous pourrons monter les bagages. Enfin nous nous installerons.

J'ai mangé des épinards. Cependant, je ne les aime pas.

Je pense, donc je suis.

Il écoute des disques pendant qu'il étudie.

Il est parti sans que je le sache.

Je suis content parce que j'ai obtenu une bonne note.

Il se rend compte que cela sera une tâche difficile.

Exercices de réflexion

1. Faites une seule phrase à l'aide d'une conjonction convenable.
   1. Je viendrai vous voir. J'aurai le temps.
   2. Il est parti. Je ne le savais pas.
   3. Lui, il s'amuse. Moi, je m'ennuie.
   4. Je suis fâché. J'ai obtenu une mauvaise note.
   5. Il s'est rendu compte de mon effort. Mon effort était long et pénible.

2. Ajoutez des conjonctions pour rendre le paragraphe plus courant.
   _____ je me suis levé. _____ j'ai regardé par la fenêtre. Le soleil brillait déjà, _____ j'avais froid _____ nous étions en plein hiver. _____ le chauffage ne marchait pas très bien. _____ je voulais me recoucher. _____ je pensais à tout le travail que je devais faire. Enfin, me voici.

Explication

Une conjonction est une expression qui joint deux groupes de mots. Il en existe deux catégories principales: *les conjonctions de coordination* qui joignent des mots, des groupes de mots, des propositions, ou des phrases et *les conjonctions de subordination* qui ne joignent que des propositions.

1. *Les conjonctions de coordination* aident la transition d'une idée à l'autre et servent à unir un texte. Elles expriment:

   a. *l'union.* (Voir p. 113.)

et	Marie et Paul et Jean sont allés ensemble au cinéma.
ou, ou bien	Il fera sa dissertation ou sur le théâtre du XVIIᵉ siècle ou bien sur le roman moderne.

   b. *le temps* (adverbes qui servent de conjonctions)

d'abord, premièrement		D'abord, nous devons remplir ces fiches.
puis ensuite	(liaisons entre deux actions qui se suivent)	Puis, nous pourrons monter les bagages. Ensuite, je prendrai un bain.
d'ailleurs en outre en plus	(ajoute un fait plus général)	D'ailleurs notre chambre est une chambre avec bain. En outre (de plus), il y a un lavabo et aussi un bidet.
aussi		

   c. *l'opposition*

mais	Il se cachait, mais je l'ai vu.
pourtant cependant néanmoins	J'ai mangé des épinards. Cependant (pourtant, néanmoins), je ne les aime pas.
toutefois	Je ne fais plus de français. Toutefois, je continue à l'aimer beaucoup.
par contre au contraire	Mon père veut faire ceci. Par contre, je veux faire cela. Au contraire, je trouve que c'est une très bonne idée.

d. *le résultat* (adverbes qui servent de conjonctions)

alors (à ce moment-là)	Il pleuvait hier soir. Alors, en sortant, j'ai mis mon imperméable.
donc	Je pense, donc je suis.
ainsi aussi (en tête de phrase)	Ainsi sommes-nous arrivés à la fin de l'histoire.
enfin finalement	Nous avons enfin fini les devoirs. Finalement, il a eu raison.
en somme par conséquent en conséquence	En somme, notre équipe n'a pas bien joué. Par conséquent, ils ont perdu. En conséquence, ils sont maintenant en queue du classement.
c'est pourquoi tout compte fait en fin de compte	C'est pourquoi ils n'ont pas beaucoup de supporters. Tout compte fait ils ne sont pas très habiles. En fin de compte ce n'est qu'un jeu.

Remarquez bien:

- *Donc* ne s'emploie jamais au début d'une phrase. A sa place on peut employer *par conséquent* ou *c'est pourquoi*.

- Voir page 129 pour l'inversion du sujet et du verbe après *ainsi, aussi* ou *peut-être*.

2. *Les conjonctions de subordination* sont généralement suivies directement par le sujet de la proposition subordonnée. Certaines de ces conjonctions exigent ou un temps ou un mode particulier. Elles expriment:

a. *le temps*

quand lorsque	Je viendrai vous voir quand (lorsque) j'aurai le temps.
dès que aussitôt que	Dès que (aussitôt que) nous aurons fini les examens, nous pourrons partir.
avant que après que	Avant que vous ne partiez, nous serons très occupés. Après que vous serez partis, nous serons tout seuls.
pendant que. (Voir p. 13.) tandis que. (Voir p. 13.)	Pierre chante pendant que son frère joue du piano. Mon frère aime l'espagnol tandis que moi, je préfère le français.

b. *l'opposition*

bien que quoique malgré que	Bien qu' Quoiqu' } il soit intelligent, Jean a raté son examen. Malgré qu'

c. *la cause*

puisque
parce que
car (jamais en tête de phrase)
comme (généralement en tête de phrase)

Je suis content $\left\{\begin{array}{l}\text{car}\\\text{parce que}\\\text{puisque}\end{array}\right\}$ nous serons bientôt en vacances.

$\left.\begin{array}{l}\text{Comme}\\\text{Parce que}\\\text{Puisque}\end{array}\right\}$ je n'avais plus rien à faire, je me suis couché.

Remarquez bien:

- Les conjonctions qui exigent souvent le futur antérieur sont (voir p. 40): *quand, lorsque, aussitôt que, dès que, après que.*

- Les conjonctions qui exigent le subjonctif sont (voir pp. 57–58): *avant que, bien que, quoique, afin que, pour que, malgré que, sans que, de crainte que, jusqu'à ce que, etc.*

- Beaucoup des conjonctions de subordination sont composées des prépositions + *que.* (Voir p. 61.)

Comparez:	
Préposition (+ un nom)	*Conjonction* (+ une proposition)
avant	avant que
après	après que
dès	dès que
depuis	depuis que
jusqu'à	jusqu'à ce que
pendant	pendant que
pour	pour que
sans	sans que
malgré	malgré que
de crainte *de*	de crainte *que*
de peur *de*	de peur *que*
se rendre compte *de*	se rendre compte *que*
s'inquiéter *de*	s'inquiéter *que*
à cause de	*parce que*

Exercices de vérification

1. Donnez la conjonction qui correspond aux prépositions suivantes.
   1. sans _____ 4. de crainte de _____ 7. pendant _____
   2. avant _____ 5. depuis _____ 8. pour _____
   3. jusqu'à _____ 6. à cause de _____ 9. malgré _____

2. Faites une phrase en employant ou la préposition indiquée ou la conjonction correspondante. Faites les changements nécessaires.
   1. Deux ans / Georges a vécu à Paris / *pendant.*
   2. Il était à Paris / Georges allait souvent au théâtre / *pendant.*
   3. Le début du cours / Michel et Sophie bavardent / *depuis.*

4. Le professeur a commencé le cours / Michel se tait / *depuis.*
5. Le spectacle / nous avons dîné au restaurant / *après.*
6. Le spectacle sera terminé / nous dînerons au restaurant / *après.*
7. Gagner de l'argent / elle travaille dans un bureau / *pour.*
8. Son fils / aller à l'université / elle travaille dans un bureau / *pour.*
9. Billet / je ne peux pas entrer dans la salle / *sans.*
10. Prendre un billet / je ne peux pas entrer dans la salle / *sans.*
11. Mon père / prendre un billet / je ne peux pas entrer dans la salle / *sans.*
12. Partir / il me verra / *avant.*
13. Mon départ / il me verra / *avant.*
14. Je / partir / il me verra / *avant.*
15. Notre arrivée / elle attendra / *jusqu'à.*
16. Nous / arriver / elle attendra / *jusqu'à.*
17. La fin du repas / nous sommes partis / *après.*
18. Finir le repas / nous sommes partis / *après.*
19. Il / finir le repas / nous partirons / *après.*

3. Mettez les conjonctions ou termes de transition logiques.
1. J'ai travaillé tard hier soir. _____ je suis fatigué ce matin. _____ on est toujours fatigué si l'on travaille tard.
2. Les entrepreneurs n'ont plus d'argent. Il serait _____ inutile de poursuivre ce projet.
3. Il ne mange pas beaucoup. _____ il est si maigre.
4. D'habitude c'est vrai; _____ il existe des exceptions.
5. Hélène a _____ ouvert sa serviette. _____ elle a sorti ses livres; _____ a ouvert son cahier; _____ elle a été prête.
6. _____ elle est très intelligente, il est certain qu'elle réussira.

Exercices de récapitulation

1. Mettez la préposition qui convient.
1. Elle n'est pas encore prête _____ partir.
2. Le voyageur perdu dans le désert a fini _____ mourir _____ soif.
3. Nous n'avons rien _____ faire ce soir.
4. J'ai lu ce livre _____ deux heures.
5. L'ambassadeur est _____ Tanger _____ Maroc; il a l'intention d'aller _____ Egypte, et ensuite il ira _____ Israël.
6. Cette robe vous va _____ merveille!
7. Ma grand-mère est montée _____ cinquième étage _____ difficulté.
8. Ses parents sont morts il y a cinq ans; son oncle lui sert _____ père.
9. Cet appartement donne _____ la rue Madame. Il comprend une salle _____ bains, une chambre _____ coucher et une salle _____ séjour. La cuisine est assez grande; elle mesure cinq mètres _____ long sur quatre mètres _____ large et peut servir _____ salle _____ manger. Le loyer est de 600 francs _____ mois. _____ mon avis, c'est très raisonnable.
10. _____ hasard, cette semaine je l'ai vu trois fois: _____ la rue, _____ cinéma, et finalement _____ mes amis les Turlot.

11. Nous partirons _____ une heure pour aller _____ ville. Etant donné qu'il pleut, nous n'avons aucune envie _____ y aller _____ pied; nous irons _____ autobus, car l'arrêt est _____ deux pas d'ici.

12. Elle a fait tous les lits, rangé le linge et balayé le plancher _____ dix minutes.

13. Cette jeune femme _____ cheveux longs qui joue _____ piano plaît beaucoup _____ mon frère.

14. Il a acheté un nouveau pull _____ laine et un sac _____ dos parce qu'il doit aller _____ la montagne pour faire _____ ski _____ hiver.

15. Cet homme _____ affaires est très aimable _____ ses clients.

16. Cette dame est descendue _____ sa voiture, et elle l'a fermée à clef en laissant son sac _____ main _____ le siège avant. Lorsqu'elle s'est rendu compte _____ sa distraction, elle a commencé _____ crier.

17. _____ tous ces gens, il n'y a personne _____ très intéressant.

18. A l'époque _____ examens, les élèves essaient de lire tout ce qu'ils n'ont pas lu _____ le trimestre, et _____ moment des examens ils sont accablés _____ fatigue.

19. Il n'y a rien _____ plus agréable que de s'asseoir _____ soleil avec un bon livre _____ contes et un verre _____ limonade.

20. Elle souffrait tellement _____ sa solitude que son mari a décidé de renoncer _____ reste de son voyage.

21. J'ai dû emprunter cinq francs _____ mon père, car je n'avais plus d'argent.

2. De la liste suivante, choisissez la conjonction qui convient pour compléter les phrases: *en somme, depuis que, puisque, bien que, ainsi, d'ailleurs, ou... ou, par contre, enfin, tandis que.*

1. _____ vous soyez fatigué, faites de votre mieux.

2. Nous travaillons beaucoup _____ lui, il ne fait rien.

3. _____, nous avons passé une bonne journée.

4. Heureusement, son visiteur est _____ parti.

5. _____ il fait si beau, allons à la plage.

6. _____ je suis tombé malade, je reste au lit.

7. Cet après-midi, je compte aller _____ au Louvre _____ au musée d'Orsay.

8. Prenez le billet. Il n'y a pas de place pour deux personnes. _____ je n'ai pas d'argent.

9. Il est grincheux, paresseux et ennuyeux. _____ c'est mon meilleur ami.

10. _____ sommes-nous dans le meilleur de tous les mondes possibles.

Situations actives

Il va sans dire qu'il faut mettre à l'œuvre autant des structures de cette leçon que possible.

1. Donnez les directives pour un jeu de "chasse au trésor" où les divers objets se trouvent dans des endroits différents. Employez librement des prépositions de lieu.

2. Ecrivez une lettre dans laquelle vous décrivez l'itinéraire d'un voyage que vous faites. Employez des conjonctions et des prépositions de temps, de lieu et de manière.

3. Faites le portrait d'un(e) ami(e) en vous servant des expressions telles que *au fond, à peine,* et des prépositions de manière et de qualité.

DOUZIÈME LEÇON

L'INFINITIF, LE PARTICIPE PRÉSENT, LE DISCOURS INDIRECT

I. Les Infinitifs et les propositions infinitives

Modèles

> Ne pas fumer.
> Il aime danser et chanter.
> J'ai oublié de fermer les fenêtres.
> Il va m'apprendre à conduire.
> Il va sans dire que les bons élèves réussiront.
> Louis XIV a fait construire le château de Versailles.
> Ce sont les mêmes acteurs que j'ai vus jouer *L'Avare*.

Exercices de réflexion

1. Mettez les verbes entre parenthèses à la forme qui convient.
   1. Le professeur nous fait (travailler) _____.
   2. (Voir) _____ page 41 pour une explication plus détaillée.
   3. Pierre est parti sans que personne ne le (savoir) _____.
   4. Il n'y aura aucune difficulté. Alors pourquoi (s'inquiéter) _____?
   5. Je n'ai rien dit de peur de (dire) _____ une bêtise.
   6. Après (aller) _____ à la banque, je ferai des courses.
   7. Après qu'elle (vendre) _____ sa maison, nous louerons un appartement ensemble.
   8. Le vieillard passe son temps à regarder les enfants (jouer) _____.

2. Complétez les phrases par la préposition qui convient, si c'est nécessaire.
   1. Essayons _____ arriver à une solution convenable pour tout le monde.
   2. Je n'ose pas _____ lui dire la vérité.
   3. André viendra _____ nous voir demain.
   4. Il apprend _____ faire du ski.
   5. J'aimerais _____ aller avec vous, mais j'ai déjà promis à ma voisine _____ rester avec ses enfants ce soir.

3. Remplacez les mots en italique par un pronom complément.
   1. Ce patron fait travailler *ses employés*.
   2. J'ai entendu *Suzanne* chanter.
   3. J'ai entendu chanter *cette chanson*.
   4. Elle a fait manger *la soupe à son enfant*.

Explication

Il faut noter les généralités suivantes en ce qui concerne l'emploi de l'infinitif:

1. a. Lorsque deux verbes se suivent, le deuxième verbe est à l'infinitif.

   b. Pour mettre un infinitif à la forme négative, il faut le faire précéder de la négation complète. (Voir p. 111.)

$$\text{Il m'a dit de} \left\{ \begin{array}{l} \text{ne pas} \\ \text{ne plus} \\ \text{ne jamais} \end{array} \right\} \text{partir.}$$

c. Un pronom complément se place *directement* avant l'infinitif qui le gouverne. (Voir p. 66.)

> Il m'a dit de le faire.
> Il m'a dit de ne pas le faire.

2. Un infinitif ou une proposition infinitive s'emploie:

a. comme un *impératif* impersonnel et formel.

> Conserver au frais.
> Mettre un jeton et appuyer sur le bouton.
> S'essuyer les pieds avant d'entrer.
> Ne pas fumer.
> Ne pas exposer au feu.
> Agiter fortement la bombe et recueillir la mousse sur le bout des doigts.

b. dans les *interrogations elliptiques* (où il n'y a pas de sujet) qui expriment souvent une hésitation ou une délibération, et dans des *exclamations elliptiques* qui expriment une indignation.

> Que faire?   Pourquoi regretter?
> Que répondre à cela?   Penser qu'il a osé dire une telle chose!
> Où me cacher?   Moi, faire cela? Jamais!

c. comme *complément d'un verbe principal* quand son sujet et celui de l'infinitif sont le même. Quand il y a deux sujets différents, certains verbes exigent une proposition subordonnée au subjonctif. (Voir pp. 55–57, 60–62.) Le complément infinitif peut: (1) suivre directement le verbe principal, (2) être introduit par la préposition *à*, (3) être introduit par la préposition *de*.

Un infinitif suit directement:

les verbes qui expriment la volonté, le jugement, l'opinion ou la possibilité, tels que:

vouloir	oser	croire	devoir
désirer	espérer	penser	falloir
aimer	souhaiter	savoir	valoir mieux
préférer	supposer	pouvoir	

> Ils aiment danser et chanter.
> Elle préfère ne pas aller avec lui.
> Elle pense arriver vers sept heures.
> Ce monsieur sait parler quatre langues étrangères.
> Il faut corriger vos erreurs.
> Il vaudrait mieux ne pas être en retard.

les verbes de mouvement tels que:

aller	sortir	monter
venir	courir	descendre

> Va chercher le journal pour ton père.
> Le médecin est venu le voir.
> Elle est montée chercher son courrier.

2. *Les verbes qui exigent la préposition* **à** *avant l'infinitif* sont souvent ceux qui expriment la tendance, le but ou la direction, tels que:

apprendre à	s'amuser à	aider qqn à
arriver à	s'attendre à	encourager qqn à
aspirer à	se consacrer à	forcer qqn à
commencer à	se décider à	intéresser qqn à
continuer à	s'habituer à	inviter qqn à
entraîner à	s'intéresser à	obliger qqn à
faire attention à	se mettre à	
hésiter à		
persister à		apprendre à qqn à
renoncer à		enseigner à qqn à
réussir à		
servir à		
songer à		
tendre à		

Il a commencé à pleuvoir.
Il persiste à croire que nous l'avons trompé.
Ils m'ont appris à jouer au bridge.
Ils s'amusaient à raconter des histoires fantaisistes.
Après une longue discussion avec le candidat, il s'est décidé à voter pour lui.

3. *Les verbes les plus communs qui exigent la préposition* **de** *avant l'infinitif sont:*

arrêter de	s'arrêter de	conseiller à qqn de
cesser de	se dépêcher de	défendre à qqn de
choisir de	s'occuper de	demander à qqn de
craindre de	se plaindre de	dire à qqn de
décider de	se souvenir de	permettre à qqn de
essayer de		promettre à qqn de
éviter de	accuser qqn de	reprocher à qqn de
finir de	convaincre qqn de	
manquer de	empêcher qqn de	
oublier de	féliciter qqn de	
refuser de	persuader qqn de	
regretter de	prier qqn de	
risquer de	remercier qqn de	
tâcher de	supplier qqn de	

Elle a cessé de fumer.
Ce vieillard ne craint pas de mourir.
Je vous félicite d'avoir été si prudent.
Je regrette d'avoir manqué votre soirée.
Ne vous contentez pas d'être un élève moyen; essayez d'être un bon élève.
Les gardiens empêchent les prisonniers de sortir.
La concierge leur défend de faire du bruit après huit heures.
Elle s'est dépêchée de terminer son travail avant le dîner.

4. *après toute préposition sauf* **en**. (Voir p. 160.)

Il a téléphoné à ses parents au lieu de leur écrire.
Chaque soir j'écoute les informations avant de me coucher.
A chaque cours le professeur commence par rendre les devoirs de la veille.
L'élève naïf a vexé le professeur sans le savoir.
L'enfant refuse de s'endormir de peur d'avoir un autre cauchemar.
Après avoir fini ce roman, je vous le prêterai.

Remarquez bien: On emploie toujours un infinitif passé après la préposition *après* (voir pp. 42–43).

5. *directement après le verbe* **faire** *au sens causatif.* Dans ce cas le verbe *faire* a le sens de causer ou de provoquer l'action exprimée par l'infinitif. C'est le sujet du verbe *faire* qui provoque l'action, mais l'action elle-même est exécutée ou accomplie par un autre agent.

Louis XIV a fait construire le château de Versailles.
J'ai fait réparer ma montre.
Le professeur fait travailler ses élèves.
Elle a fait attendre son ami une demi-heure.
Qu'est-ce qu'il y a dans ce paquet? Fais voir!
Quand vous saurez les résultats, faites-les-moi savoir.

a. Quand il n'y a qu'*un seul complément du verbe,* ce complément est toujours un objet direct.

Comparez:	
Louis XIV a fait construire le château de Versailles.	Il l'a fait construire.
J'ai fait réparer ma montre.	Je l'ai fait réparer.
Elle a fait attendre son ami.	Elle l'a fait attendre.
Je vais faire développer ces photos.	Je vais les faire développer.
Faites venir le médecin tout de suite!	Faites-le venir tout de suite!

Remarquez bien:

• Le pronom complément se place avant le verbe *faire* dans les phrases déclaratives, et entre le verbe *faire* et l'infinitif dans l'emploi de l'impératif affirmatif.

• Aux temps composés, le participe passé de *faire* ne s'accorde pas avec l'objet direct qui le précède.

b. Quand il y a *deux compléments,* l'agent qui accomplit l'action exprimée par l'infinitif est le complément d'objet indirect.

Comparez:	
J'ai fait réparer ma montre par le (au) bijoutier.	Je lui ai fait réparer ma montre. (Je la lui ai fait réparer.)
Ce professeur fait travailler la grammaire à ses élèves.	Ce professeur leur fait travailler la grammaire. (Il la leur fait travailler.)
Nous avons fait manger de la soupe à cet enfant.	Nous lui avons fait manger de la soupe. (Nous lui en avons fait manger.)

Remarquez bien:

- Il est toujours possible d'employer la préposition *par* pour introduire l'agent qui accomplit l'action. Quelquefois pour éviter une ambiguïté, *par* est obligatoire.

Comparez:

Il fait lire cette histoire *à* l'enfant.	Il fait lire cette histoire *par* l'enfant.
(On ne peut pas savoir si c'est l'enfant qui lit, ou bien si c'est une autre personne qui lit à l'enfant.)	(On sait que c'est l'enfant qui lit.)

- Le **faire** *causatif* s'emploie aussi à la forme pronominale.

Nous nous sommes fait obéir.
Je me fais faire un complet.
Je me suis fait couper les cheveux.

6. *après le verbe* **laisser** *et les verbes de perception tels que* **voir, regarder, entendre, écouter.** Dans ce cas le sujet du verbe permet ou perçoit l'action accomplie par un autre agent.

Est-ce qu'il laisse sortir son chien? Oui, il le laisse sortir.
Le corbeau a laissé tomber sa proie.
Je vous écouterai réciter ce poème.
Chaque jour on voit grandir cet enfant.
Est-ce qu'il regarde les enfants jouer? Oui, il les regarde jouer.
J'ai entendu Marie chanter dans la salle voisine.

Remarquez bien: Avec ces verbes aux temps composés, le participe passé du verbe principal s'accorde avec l'objet direct qui le précède. (Cet emploi s'oppose à l'absence d'accord avec *faire*.) Il est important de noter que si le complément est le sujet de l'infinitif, alors ce complément est l'objet direct du verbe principal et on fait l'accord. Ci-dessous dans la colonne de gauche, Marie chante, les acteurs jouent, les élèves récitent.

Comparez:

Objet direct du verbe principal	*Objet direct de l'infinitif*
J'entends Marie chanter.	J'entends chanter la chanson.
J'ai entendu Marie chanter.	J'ai entendu chanter la chanson.
Je l'ai entendu*e* chanter.	Je l'ai entendu__ chanter.
Je regarde les acteurs jouer.	Je regarde jouer la pièce.
J'ai regardé les acteurs jouer.	J'ai regardé jouer la pièce.
Je les ai regardé*s* jouer.	Je l'ai regardé__ jouer.
Le professeur écoute les élèves réciter.	Le professeur écoute réciter la leçon.
Le professeur a écouté les élèves réciter.	Le professeur a écouté réciter la leçon.
Le professeur les a écouté*s* réciter.	Le professeur l'a écouté__ réciter.

Exercices de vérification

1. Remplacez les tirets par la préposition qui convient si c'est nécessaire.

   1. Je n'ose pas _____ lui dire la vérité.

   2. Cet enfant savait _____ lire et pouvait _____ écrire même avant d'aller à l'école. Ce doit _____ être un enfant prodige.

   3. Ils espèrent _____ se marier avant le printemps.

   4. Un tire-bouchon sert _____ ouvrir une bouteille.

   5. Georges m'a encouragé _____ prendre des photos et il m'a appris _____ les développer moi-même.

   6. J'ai continué _____ travailler et j'ai réussi _____ comprendre la leçon.

   7. Après s'être expliqué avec son père, le jeune homme a décidé _____ quitter la maison.

   8. Votre mère vous demande _____ l'aider _____ faire le ménage.

   9. Son père ne lui permet pas _____ sortir le soir.

  10. Je sais qu'il aurait dû _____ mieux apprendre cette leçon, mais il vaut mieux _____ ne plus en parler pour l'instant.

  11. Le professeur nous a reproché _____ ne pas avoir travaillé.

  12. Julien pensait _____ devenir médecin.

  13. Il a accusé son fils _____ ne pas avoir dit la vérité.

  14. C'est Monsieur Laîné qui les a persuadés _____ voter pour ce candidat.

  15. Elle voulait _____ réussir et elle croit _____ avoir fait de son mieux, mais il faut _____ lui dire qu'elle a échoué.

  16. N'oubliez pas _____ apporter votre cahier en classe!

  17. André viendra _____ nous voir ce soir.

  18. Va _____ voir si le courrier est déjà distribué.

  19. Cet homme politique ne renoncera jamais _____ faire des discours. Il aspire _____ être Président.

  20. Le gardien du zoo ne s'occupe pas _____ nourrir ces animaux.

  21. Elle est sortie _____ chercher le journal.

  22. Je me suis fait _____ faire une robe chez Dior.

  23. Alain m'a aidé _____ réparer ma bicyclette.

  24. Cette vieille dame ne sort plus parce qu'elle craint _____ tomber. Elle se contente _____ rester chez elle.

  25. Si vous emportez beaucoup d'argent, vous risquerez _____ le perdre.

  26. Nous avons regardé _____ le soleil se lever.

  27. Les voyous se sont amusés _____ casser des fenêtres.

  28. Sa soirée promet _____ être agréable. Ne manquez pas _____ y venir!

  29. Tâchons _____ arriver à une solution convenable pour tout le monde.

  30. J'aime _____ sentir le bifteck en train de cuire.

  31. Je regrette _____ vous dire qu'il a décidé _____ nous quitter.

  32. Chaque soir je me mets _____ travailler à sept heures.

2. Corrigez ou améliorez les phrases suivantes, dont certaines sont incorrectes, en remplaçant les propositions subordonnées par des propositions infinitives.

1. Elle souhaite qu'elle aille en France l'année prochaine.
2. Nous voulons que nous réussissions.
3. Il vaudrait mieux que nous le fassions tout de suite.
4. J'ai décidé que j'irais avec vous.
5. Nous regrettons que nous ne puissions pas venir.
6. Mon père m'a persuadé que je devrais finir mes études.
7. Il m'a félicité parce que j'avais réussi à mes examens.
8. Avant que je ne me couche, je regarde les informations à la télévision.
9. Est-ce qu'elle quitte son appartement sans qu'elle le ferme à clef?
10. Après que j'aurai reçu de ses nouvelles, je vous le dirai.

3. En employant les éléments donnés, écrivez des phrases avec *faire* au sens causatif: (1) au présent, (2) au passé composé, (3) au passé composé en remplaçant les mots en italique par les pronoms compléments qui conviennent.

1. Monsieur Dubois / construire / *sa maison.*
2. Nous / réparer / *notre machine à laver.*
3. Ce professeur / réciter / *ses élèves.*
4. Elle / chanter / *les enfants.*
5. Monsieur Dubois / construire / sa maison / *cet architecte.*
6. Nous / réparer / notre machine à laver / *le plombier.*
7. Ce professeur / réciter / la leçon / *ses élèves.*
8. Elle / chanter / la chanson / *les enfants.*
9. Je / réparer / *ma voiture* / *le garagiste.*
10. Il / taper / *la lettre* / *son secrétaire.*
11. Elle / boire / *du lait* / *le bébé.*

4. Faites des phrases (1) au présent, (2) au passé composé, (3) au passé composé en remplaçant les mots en italique par les pronoms compléments qui conviennent. Indiquez par une flèche (———➤) l'objet direct de l'infinitif s'il y en a.

Exemples: Je / entendre / chanter / la dame.   Je / entendre / chanter / la chanson.

J'entends la dame chanter.   J'entends chanter la chanson.
J'ai entendu la dame chanter.   J'ai entendu chanter la chanson.
Je l'ai entendue chanter.   Je l'ai entendu chanter.

1. Je / entendre / jouer / *les musiciens.*
2. Je / entendre / jouer / *le disque.*
3. Il / écouter / chanter / *les enfants.*
4. Il / écouter / chanter / *sa chanson préférée.*
5. Nous / regarder / danser / *les danseurs bretons.*
6. Nous / regarder / danser / *les danses folkloriques.*
7. Je / voir / apparaître / *les étoiles* / dans le ciel.

II. Le Participe présent et le gérondif

Donne ces bonbons à cette jeune fille souriante.
Nous avons vu le train sortant de la gare.
N'ayant rien à faire ce soir-là, nous sommes allés au cinéma.
C'est en vendant des encyclopédies qu'il a gagné sa vie.
Il a répondu en faisant des grimaces.
Je l'ai vu en montant l'escalier.
Tout en parlant au téléphone, elle préparait le dîner.
Ayant bien travaillé, il a réussi à tous ses examens.

Exercices de réflexion

Remplacez les mots en italique par un participe présent ou par un gérondif selon le cas.

1. Ce sont des enfants *qui sourient*.
2. *Comme elle voulait* apprendre l'espagnol, elle est allée à Madrid.
3. Elle est sortie de la salle; *elle sanglotait*.
4. *Puisqu'elle avait déjà préparé* son examen, elle est allée au cinéma.
5. Je l'ai rencontré *alors qu'il se promenait* dans la rue.
6. Je l'ai rencontré *alors que je me promenais* dans la rue.

Formation

1. Pour former le *participe présent* d'un verbe, on prend la première personne du pluriel du présent et l'on remplace la terminaison *-ons* par *-ant*.

infinitif	*première personne du pluriel du présent*	*participe présent*
parler	nous parlons	parl*ant*
finir	nous finissons	finiss*ant*
rendre	nous rendons	rend*ant*
manger	nous mangeons	mange*ant*
commencer	nous commençons	commenç*ant*
voir	nous voyons	voy*ant*

Il n'existe que trois participes présents irréguliers.

avoir	—	ayant
être	—	étant
savoir	—	sachant

2. Pour former le *participe présent composé*, on prend le participe présent de l'auxiliaire *avoir* ou *être* et on ajoute le participe passé du verbe.

parler	—	ayant parlé
rentrer	—	étant rentré

Explication

1. En général le participe présent est employé beaucoup moins souvent qu'en anglais. Le *participe présent* peut s'employer:

    a. *comme adjectif.* Dans ce cas, il s'accorde en genre et en nombre avec le nom qu'il modifie. (Voir pp. 118–121.)

        Leurs grands-parents sont encore vivants.
        Donne ces bonbons à cette jeune fille souriante.
        Vous avez de charmants amis.
        Ces nouvelles sont à la fois surprenantes et décourageantes.

    b. *comme locution verbale* qui décrit une action et qui peut être suivie d'un complément. Dans ce cas, le participe présent ne s'accorde pas avec le nom qu'il modifie.

> Comparez:
>
> | | |
> |---|---|
> | Nous avons vu le train au moment où il sortait de la gare. | Nous avons vu le train sortant de la gare. |
> | Comme il voulait faire la connaissance de cette jeune fille, il s'est présenté à elle. | Voulant faire la connaissance de cette jeune fille, il s'est présenté à elle. |
> | Puisque nous n'avions rien à faire ce soir-là, nous sommes allés au cinéma. | N'ayant rien à faire ce soir-là, nous sommes allés au cinéma. |
> | Elle a fouillé dans ses tiroirs et par conséquent elle a trouvé les clefs perdues. | Fouillant dans ses tiroirs, elle a trouvé les clefs perdues. |
> | Je l'ai vu alors qu'il montait l'escalier. | Je l'ai vu montant l'escalier. |

    Remarquez bien la distinction entre les deux sections précédentes:

Participe présent employé comme adjectif (sans complément)	Participe présent employé comme verbe (suivi d'un complément)
Il nous a fait des observations pénétrant*es.*	Il nous a fait des observations pénétrant au fond du problème.

    c. *après la préposition* **en** pour former *le gérondif.* Le gérondif est une locution qui exprime le moyen, la manière ou la simultanéité d'une action par rapport au verbe principal. En d'autres termes, il répond à la question: "Comment?". Dans ce cas le participe présent se rapporte toujours à l'action du sujet de la phrase.

        C'est en vendant des encyclopédies qu'il a gagné sa vie. (moyen)
        C'est en s'entrainant qu'il est devenu plus fort. (moyen)
        Elle est sortie en courant. (manière)
        Il est entré en souriant et en chantant. (manière)
        Pourquoi avez-vous répondu en faisant des grimaces? (manière)
        En me promenant dans le bois, j'ai vu un lapin. (simultanéité)
        La vieille dame tricotait en nous parlant de sa jeunesse. (simultanéité)
        Je l'ai rencontré en montant l'escalier. (simultanéité)

| Le *gérondif* modifie toujours l'action du sujet. | Nous avons vu le train en sortant de la gare. (C'est *nous* qui sortions de la gare.) Je l'ai vu en montant l'escalier. J'ai rencontré Pierre en traversant la rue. |
| Le *participe présent* modifie le nom qui est le plus près. | Nous avons vu le train sortant de la gare. (C'est le train qui sortait.) Je l'ai vu montant l'escalier. J'ai rencontré Pierre traversant la rue. |

Remarquez bien:

- Pour mettre un participe présent à la forme négative, on met *ne* avant et *pas* ou un autre adverbe de négation après le participe présent.

  Ne faisant *pas* attention, il a perdu le fil de la conversation.

- Les pronoms compléments se placent avant le participe présent.

  En me voyant, il a sauté de joie.

- Le pronom objet d'un verbe pronominal s'accorde avec le sujet du verbe principal.

  En me levant, j'ai bâillé.
  En vous entraînant, vous vous mettrez en forme.

d. *après la locution* **tout en** pour souligner la simultanéité de deux actions généralement contradictoires.

Tout en préparant le dîner, elle parlait au téléphone.
Il regardait la carte tout en conduisant la voiture.
Tout en sachant la vérité, elle n'a rien dit à personne.

e. *à la forme composée* pour exprimer une action antérieure au verbe principal.

Ayant bien travaillé, il a réussi à tous ses examens.
Etant arrivée avant les autres, elle a tout préparé.
Ayant été pauvre pendant sa jeunesse, ce monsieur comprend les misères de la pauvreté.
La pluie ayant cessé, nous sommes sortis.
N'ayant pas bien compris ce qu'il avait dit, elle lui a posé des questions stupides.

Exercices de vérification

Remplacez les mots en italique par un participe présent ou par un gérondif, selon le cas.

1. Il nous fait des observations *qui intéressent et qui pénètrent.*
2. C'est une nouvelle *qui encourage!*
3. Nous avons été aveuglés par cette lumière *qui éblouissait.*
4. C'est une pièce *qui fascine;* elle est pleine d'idées *qui passionnent.*
5. On dit que cette jeune femme est d'une personnalité *qui captive* et *qui attire.*

6. J'ai remarqué le taxi *qui stationnait* devant la gare.
7. *Puisque je n'avais* rien à faire, j'ai téléphoné à mes amis.
8. *Comme elle voulait* obtenir une bourse, elle a passé tout son temps à travailler.
9. Nous avons rencontré Marc *alors qu'il sortait* de la bibliothèque.
10. Nous avons rencontré Marc *alors que nous sortions* de la bibliothèque.
11. J'ai vu des amis *qui flânaient* dans le parc.
12. *Alors que je flânais* dans le parc, j'ai vu des amis.
13. Mon père travaille toujours *en train de chantonner.*
14. L'appétit vient *pendant qu'on mange.*
15. Tous les jours je rencontre ma voisine *quand elle descend* ses ordures au sous-sol.
16. Tous les jours je rencontre ma voisine *quand je descends* mes ordures au sous-sol.
17. *Il a mangé* une noix et il s'est cassé une dent.
18. Les élèves montrent qu'ils savent la réponse; *ils lèvent* la main.
19. Elle a répondu; *elle haussait* les épaules.
20. Il a dit non, *il hochait* la tête.
21. Il a essayé de réveiller l'enfant; *il l'a secoué.*
22. *En même temps qu'elle disait* qu'elle voulait maigrir, elle mangeait du gâteau.
23. *Pendant qu'il conduisait* la voiture, il parlait aux gens assis derrière lui.
24. *En même temps qu'elle me parlait,* elle lisait son courrier.
25. *Quoiqu'elle sache* qu'il déteste le café, elle lui en a donné une grande tasse.
26. *Comme il avait trop bu,* il s'est endormi dans le salon.
27. *Puisqu'elle n'avait pas bien appris* sa leçon, elle ne voulait pas venir en classe.
28. *Comme il était arrivé* en retard, il a présenté ses excuses à l'hôtesse.
29. *Puisque j'avais manqué* le train, j'ai pris l'autobus.

III. Le Discours indirect

Modèles

> Il dit qu'il ne veut pas venir.
> Le professeur a déclaré que je travaillais bien, mais que je n'avais pas assez d'imagination.
> Lundi dernier il nous a annoncé qu'il avait décidé ce matin-là qu'il partirait le lendemain.
> Il a demandé si Pierre était venu.
> Elle a demandé ce que je ferais si j'étais riche.
> Son père lui a demandé quel métier il allait choisir.
> Elle m'a conseillé de ne pas acheter cette marque de voiture.

Exercices de réflexion

1. Transposez ces phrases au discours indirect.
    1. Il me dit: "Je m'amuse beaucoup et je regrette de m'en aller."
    2. Elle nous a ordonné: "Faites ceci, mais ne faites pas cela."
    3. Ils m'ont demandé: "Pourras-tu aller à la plage avec nous?"
    4. Samedi dernier elle lui a dit: "J'ai trop de travail aujourd'hui, mais je te téléphonerai demain."

2. Transposez ces phrases au discours direct.
   1. Il nous a expliqué qu'il n'était pas venu parce qu'il se sentait malade.
   2. Elle a répondu qu'elle ne savait pas la réponse mais qu'elle réfléchirait au problème.
   3. Le professeur m'a ordonné de me lever et de répondre à sa question.
   4. Ma mère m'a demandé combien d'argent nous avions dépensé la veille.

Explication

Il existe deux façons de rapporter ce qui a été dit par une personne: *le discours direct* et *le discours indirect*.

Le discours direct transcrit les mots exactement comme ils ont été dits. Dans la langue parlée, on introduit la citation par un verbe (tel que *dire, demander, répondre, expliquer,* etc.), suivi de deux points et des guillemets (" ... "). Dans la langue littéraire, on introduit la citation par un tiret et elle est suivie de l'inversion du verbe au passé simple.

Comparez:	
Il m'a dit: "Tu as l'air fatigué."	— Tu as l'air fatigué, me dit-il.
Il m'a demandé: "Es-tu fatigué?"	— Es-tu fatigué? me demanda-t-il.
Il m'a conseillé: "Couche-toi de bonne heure."	— Couche-toi de bonne heure, me conseilla-t-il.

Remarquez bien: Quand le verbe se place au milieu ou après la citation, l'inversion du verbe et du sujet est obligatoire.

"J'ai une idée géniale, a déclaré mon père. Allons dîner au restaurant ce soir."
"Est-ce que nous pourrons vous accompagner?" ont demandé les enfants.
"Si vous êtes sages," a-t-il dit.

Le discours indirect rapporte indirectement ou résume ce qui a été dit au moyen des propositions subordonnées, ou par des infinitifs.

Il m'a dit que j'avais l'air fatigué.
Il m'a demandé si j'étais fatigué.
Il m'a conseillé de me coucher de bonne heure.

1. *Le discours indirect des phrases déclaratives.* Pour transposer du discours direct au discours indirect, il faut:

   a. remplacer les deux points et les guillemets par la conjonction *que*, ce qui transforme la proposition entre guillemets en proposition subordonnée. Le *que* se répète avant chaque proposition de la citation exacte.

   b. changer les pronoms sujets, les pronoms compléments, et les pronoms et les adjectifs possessifs selon le sens de la phrase.

   c. observer les règles de la concordance des temps.

   Le discours indirect présent: Si le verbe déclaratif est au présent ou au passé récent, les verbes de la proposition subordonnée seront aux mêmes temps que dans la citation exacte.

Le discours indirect passé: Si le verbe déclaratif est *au passé,* les verbes de la proposition subordonnée changeront selon le tableau suivant.

Discours Direct		Discours Indirect Passé
le présent	→	l'imparfait
le passé composé	→	le plus-que-parfait
le futur	→	le conditionnel présent
le futur antérieur	→	le conditionnel passé
l'imparfait	→	l'imparfait
le plus-que-parfait	→	le plus-que-parfait
le conditionnel présent	→	le conditionnel présent
le conditionnel passé	→	le conditionnel passé

Discours Direct

Elle dit: "Je ne veux pas venir."

Il dit: "Hier j'étais fatigué, je me suis couché de bonne heure, et aujourd'hui je me sens mieux."

Le professeur a déclaré: "Vous travaillez bien, mais vous n'avez pas assez d'imagination."

Il m'a dit: "J'ai pris ton stylo parce que j'avais perdu le mien, mais je te le rapporterai tout de suite."

Nous leur avons expliqué: "Nous avions l'intention de venir, mais notre voiture est tombée en panne." Nous avons ajouté: "Nous espérons que vous pourrez nous excuser."

Ils m'ont dit: "Si nous avions su que tu étais malade, nous serions venus te voir. Quelqu'un aurait dû nous le dire."

Il nous a dit: "Dès que le mécanicien aura réparé ma voiture, je viendrai vous chercher."

Discours Indirect

Elle dit qu'elle ne veut pas venir.

Il dit qu'hier il était fatigué, qu'il s'est couché de bonne heure, et qu'aujourd'hui il se sent mieux.

Le professeur a déclaré que je travaillais bien, mais que je n'avais pas assez d'imagination.

Il m'a dit qu'il avait pris mon stylo parce qu'il avait perdu le sien, mais qu'il me le rapporterait tout de suite.

Nous leur avons expliqué que nous avions l'intention de venir, mais que notre voiture était tombée en panne. Nous avons ajouté que nous espérions qu'ils pourraient nous excuser.

Ils m'ont dit que s'ils avaient su que j'étais malade, ils seraient venus me voir, et que quelqu'un aurait dû le leur dire.

Il nous a dit que dès que le mécanicien aurait réparé sa voiture, il viendrait nous chercher.

Remarquez bien: En transposant le discours direct au discours indirect passé, souvent le sens exige qu'on change les adverbes de temps.

Discours Direct		Discours Indirect Passé
aujourd'hui	→	ce jour-là
demain	→	le lendemain
hier	→	la veille
ce soir	→	ce soir-là
ce matin	→	ce matin-là
cette semaine	→	cette semaine-là
en ce moment	→	à ce moment-là
ici	→	là ou là-bas

Lundi dernier il nous a annoncé: "J'ai décidé ce matin que je partirai demain."	Lundi dernier il nous a annoncé qu'il avait décidé ce matin-là qu'il partirait le lendemain.
Elle lui a expliqué: "Je préfère rester chez moi ce soir, parce que cette semaine j'ai beaucoup de travail. Je te téléphonerai demain."	Elle lui a expliqué qu'elle préférait rester chez elle ce soir-là, parce que cette semaine-là elle avait beaucoup de travail, et qu'elle lui téléphonerait le lendemain.

2. *Le discours indirect des phrases interrogatives.* Pour transposer une question au discours indirect, on laisse tomber les guillemets et le point d'interrogation, et on observe les mêmes changements dans les pronoms, les temps des verbes, et les adverbes de temps que ci-dessus.

   a. Pour transposer au discours indirect une question exprimée par l'inversion du verbe, par la forme *est-ce que* ou par l'intonation (voir p. 11), on emploie le verbe *demander* + *si* + la proposition subordonnée.

Il m'a demandé: "Pierre est-il venu?"	Il m'a demandé si Pierre était venu.
Il m'a demandé: "Est-ce que tu es fatigué?"	Il m'a demandé si j'étais fatigué.
Il m'a demandé: "Tu as vu ma nouvelle voiture?"	Il m'a demandé si j'avais vu sa nouvelle voiture.

   b. Pour transposer au discours indirect une question introduite par un adjectif ou un adverbe interrogatifs (voir p. 89), on garde ces mêmes expressions interrogatives au début de la proposition subordonnée.

Son père lui a demandé: "Quel métier vas-tu choisir?"	Son père lui a demandé quel métier il allait choisir.
Nous leur avons demandé: "Où passerez-vous vos vacances?"	Nous leur avons demandé où ils passeraient leurs vacances.
Elle m'a demandé: "Pourquoi fais-tu cela?"	Elle m'a demandé pourquoi je faisais cela.
MAIS:	
Il me demande: "Quelle heure est-il?"	Il me demande l'heure qu'il est.
Elle me demande: "Quel temps fait-il chez vous?"	Elle me demande le temps qu'il fait chez moi.

   c. Pour transposer au discours indirect une question qui est introduite par un pronom interrogatif (voir pp. 91–92) on suit les modèles ci-dessous. Le pronom interrogatif est remplacé par son pronom relatif correspondant. (Voir pp. 103, 104, 105.)

Il m'a demandé: "Qui a jeté la boule de neige?"	Il m'a demandé qui avait jeté la boule de neige.
Il m'a demandé: "Qui est-ce qui est arrivé hier soir?"	Il m'a demandé qui était arrivé hier soir.
Il m'a demandé: "Qui a-t-elle invité à la surprise-party?"	Il m'a demandé qui elle avait invité à la surprise-party.
Il m'a demandé: "Qui mettez-vous au premier rang?"	Il m'a demandé qui je mettais au premier rang.

Il m'a demandé: "Que voulez-vous comme dessert?"	Il m'a demandé ce que je voulais comme dessert.
Il m'a demandé "Qu'est-ce que vous ferez demain soir?"	Il m'a demandé ce que je ferais le lendemain soir.
Il m'a demandé: "Avec qui allez-vous sortir?"	Il m'a demandé avec qui j'allais sortir.
Il m'a demandé: "Chez qui a-t-il passé ses vacances?"	Il m'a demandé chez qui il avait passé ses vacances.
Il m'a demandé: "A quoi pensez-vous?"	Il m'a demandé à quoi je pensais.
Il m'a demandé: "De quoi le parterre est-il couvert?"	Il m'a demandé de quoi le parterre était couvert.

Remarquez bien: Pour des raisons stylistiques, il vaut mieux ne pas terminer une phrase avec un verbe. Il est souvent préférable d'employer l'inversion du sujet et du verbe après un pronom relatif objet à la fin de la phrase.

> Nous ne comprenons pas ce *que dit le professeur.*
> Je n'ai pas réussi à trouver le livre *que lisait mon frère.*
> C'est un bon médecin. Au moins, c'est ce *que pensent ses clients.*

3. *Le discours indirect des phrases impératives.* Pour transposer un commandement ou un conseil au discours indirect, on emploie un verbe convenable (tel que *demander, dire, ordonner, conseiller,* etc.) + la préposition *de* + l'infinitif du verbe qui est à l'impératif dans la citation exacte. La préposition *de* se répète avant chaque verbe du commandement.

Il me dit: "Sois sage!"	Il me dit d'être sage.
Elle m'a conseillé: "N'achète pas cette marque de voiture."	Elle m'a conseillé de ne pas acheter cette marque de voiture.
Sa mère lui a ordonné: "Tais-toi et mange ta soupe!"	Sa mère lui a ordonné de se taire et de manger sa soupe.
Elle nous a demandé: "Venez me voir quand vous serez à Paris."	Elle nous a demandé de venir la voir quand nous serions à Paris.

Exercices de vérification

1. Transposez ces phrases au discours indirect.
    1. Le Président dit: "Je n'ai pas peur d'annoncer de nouveaux impôts."
    2. Au restaurant elle n'a mangé qu'une salade en expliquant: "J'ai tant mangé hier que je n'ai plus faim."
    3. Elle m'a dit: "S'il avait fait beau, j'aurais amené les enfants au parc."
    4. Il m'a finalement déclaré: "Aussitôt que j'aurai fini mon travail, je viendrai vous chercher."
    5. Il m'a écrit: "Ici le climat me plaît beaucoup. Il fait très beau, mais en ce moment il pleut à verse."
    6. — Pourquoi ne me l'as-tu pas dit? me demanda-t-il.
    7. Après son départ je me suis demandé: "Quand est-ce que je le reverrai? A-t-il l'intention de revenir?"
    8. Nous nous demandons: "Que va-t-il dire?"
    9. J'ai demandé à mon frère: "Quand pourras-tu changer mon pneu crevé?" Il m'a dit: "Fais-le toi-même!"
    10. — Ne dépense pas tout ton argent; pense à tes vacances d'été, lui conseilla sa mère.
    11. J'ai vu une affiche qui disait: "N'oubliez pas de voter."
    12. Le médecin lui a dit: "Mettez-vous au régime, puisque vous devriez maigrir de cinq kilos."

2. Transposez au discours direct.
1. Elle me dit qu'elle refuse de m'accompagner parce que je ne porte pas de cravate.
2. La météo a annoncé qu'il ferait froid ce soir-là et qu'il pleuvrait le lendemain.
3. Elle nous a laissé un mot qui disait que dès qu'elle aurait fini son travail, elle nous rejoindrait au café.
4. Il s'est demandé comment il pourrait accomplir toutes ces tâches, et quand il aurait du temps libre pour s'amuser.
5. Il m'a demandé s'il avait laissé ses clefs chez moi. Je lui ai répondu que je ne les avais pas vues, mais que je les chercherais aussitôt que je serais rentré à la maison.
6. Je lui ai demandé ce qu'il avait fait et qui il avait vu à la surprise-party.
7. Sa mère lui a dit de se coucher de bonne heure.
8. J'ai demandé à mon frère s'il avait téléphoné à nos grands-parents. Il m'a répondu qu'il n'avait pas eu le temps, et m'a dit de leur téléphoner moi-même quand je le pourrais.
9. La vieille dame a dit aux invités de ne pas fumer, car elle ne pouvait supporter ni l'odeur ni la fumée du tabac.

| Exercices de récapitulation |

1. Remplacez les tirets par l'infinitif, le participe présent, le gérondif ou *tout en* + le participe présent, selon le cas.
1. C'est une idée (passionner) _____ !
2. Comme il faisait frais, les enfants sont sortis de la piscine (grelotter) _____ .
3. Nous allons en ville pour (voir) _____ un film.
4. (S'adresser) _____ au secrétaire pour tout renseignement nécessaire.
5. Un commerçant m'a dit que tous les vins (porter) _____ le nom de ce château sont d'une qualité supérieure.
6. Mon professeur d'histoire corrige des copies (fumer) _____ sa pipe.
7. Au lieu de (travailler) _____ , il a passé toute la journée au café.
8. (Remplir) _____ les fiches avant le 21 mars. (Ecrire) _____ en lettres majuscules.
9. Nous sommes désespérés. Que (faire) _____ ?
10. (Promettre) _____ à sa mère de ne pas sortir, il a dû refuser de nous accompagner.
11. Je lui ai demandé l'heure qu'il était, (savoir) _____ qu'il n'avait pas de montre.
12. Il a nettoyé sa chambre (grommeler) _____ .
13. Lui, (dire) _____ cela? Incroyable!
14. Comment (devenir) _____ milliardaire? De nos jours c'est assez difficile!
15. (Etre) _____ trop jeune pour voyager tout seul, il a été accompagné de son frère aîné.
16. (Perdre) _____ mes clefs, j'ai dû entrer par la fenêtre.
17. (Joindre) _____ cinq timbres à 2 F 50 pour frais d'envoi.
18. Ses conférences sont toujours (intéresser) _____ .
19. Il a répondu que oui (hausser) _____ les épaules.
20. (Arriver) _____ deux heures auparavant, elle a dû attendre les autres.
21. Après (lire) _____ ce conte une centaine de fois, je le sais par cœur.
22. Vérifiez le numéro dans l'annuaire avant de (téléphoner) _____ .
23. (Préparer) _____ le dîner, elle parlait au téléphone.
24. (Ne pas vouloir) _____ mourir, le soldat s'est enfui.

2. Complétez les phrases avec la préposition qui convient, si c'est nécessaire.
   1. Essayez _____ le faire le plus tôt possible.
   2. L'enfant est rentré à la maison _____ courant.
   3. Un taille-crayon sert _____ tailler un crayon.
   4. Le vieillard a regardé les enfants _____ jouer.
   5. Viens _____ voir ce que j'ai fait!
   6. Elle sait _____ coudre, mais elle veut _____ apprendre _____ tricoter.
   7. Nous espérons _____ finir avant la fin d'avril.
   8. J'aime _____ écouter Georges Brassens _____ chanter.
   9. Je regrette _____ vous dire que personne n'a envie de le faire.
   10. Nous avons invité Agnès _____ nous accompagner, mais elle préfère _____ rester chez elle ce soir.
   11. Elle m'a dit _____ lui téléphoner le lendemain.
   12. Il m'a réveillé _____ me secouant.
   13. Je vais leur demander _____ m'aider _____ transporter la malle à la gare.
   14. Inquiet et confus, il a commencé _____ bégayer.

3. Remplacez les mots en italique par le pronom complément qui convient. Attention aux accords du participe passé.
   1. Elle a fait nettoyer *sa maison par la femme de ménage.*
   2. Faites venir *le médecin!*
   3. Assis à la terrasse du café, nous avons regardé *les gens* passer.
   4. Je me suis fait faire *ce complet* à Londres.
   5. Elle a laissé tomber *son verre*; j'ai entendu *le verre* se casser.
   6. J'ai vu tisser *la tapisserie que vous venez d'acheter.*
   7. Elle a fait faire *les étagères de la salle de séjour.*
   8. Ce shampooing fera briller *vos cheveux.*
   9. J'ai entendu *la voisine* sortir.
   10. Ma mère a fait prendre *les vitamines à ses enfants.*
   11. J'ai entendu expliquer *ces poèmes.*

4. Transposez ces phrases au discours indirect.
   1. Il m'a demandé: "Avez-vous l'intention de rester longtemps?"
   2. Il a déclaré: "Il m'est agréable d'annoncer qu'il n'y aura pas de grève parce que le syndicat a accepté le contrat."
   3. Nous nous sommes demandé: "Pourquoi ce commerçant n'a-t-il pas augmenté ses prix?"
   4. Le professeur nous conseille: "N'écrivez rien sans réfléchir, et faites un plan de vos idées."
   5. La météo a dit: "Hier soir, il a plu dans le Midi."
   6. La vieille dame nous a dit: "Je peux me souvenir de l'époque où il n'y avait ni voitures ni gratte-ciel."
   7. Elle m'a demandé: "Que vous ont dit vos parents? Sont-ils encore fâchés?"
   8. Ils nous ont dit: "Nous sommes trop pressés pour vous voir aujourd'hui, mais nous aurons sûrement le temps demain."

5. Transposez ce passage au discours indirect.

La semaine dernière le fils de Madame Roux était malade, et elle a vite téléphoné au médecin. D'abord elle lui a expliqué: "Je regrette de vous déranger, Docteur, mais je me fais du souci parce que mon fils est tombé malade."

Le docteur Pinot, qui a l'habitude de parler aux mères inquiètes, lui a demandé: "Quels sont ses symptômes? De quoi se plaint-il?"

Madame Roux lui a expliqué: "Hier soir j'ai remarqué qu'il était pâle et qu'il avait les traits tirés. Plus tard il a commencé à grelotter. Il a passé une nuit blanche, et moi, j'ai veillé toute la nuit à son chevet. En ce moment il a trente-neuf de fièvre." Puis elle a demandé: "Est-ce grave? Faut-il le transporter à la clinique?" Le médecin a essayé de la rassurer en lui disant: "Ne vous faites pas de souci. C'est sans doute une grippe bénigne, et il n'y aura aucune complication." Puis il a ajouté: "Il y a en ce moment une épidémie de grippe dans la région."

Ensuite, Madame Roux lui a demandé: "Est-ce que vous pourriez venir, Docteur?"

Le docteur Pinot lui a répondu gentiment: "Je serai très occupé cet après-midi, mais dès que j'aurai soigné mes autres clients, je vous passerai un coup de fil." Puis il lui a conseillé: "Donnez-lui des cachets d'aspirine et faites-lui boire du jus d'orange." Pour la rassurer, il lui a dit: "Ne vous inquiétez pas, madame, car votre fils sera vite guéri."

Elle l'a remercié en disant: "Je suivrai vos conseils, Docteur, mais la grippe est une maladie dont je me méfie toujours." En raccrochant le récepteur, le médecin s'est dit: "Quant à moi, ce sont les mères nerveuses dont je me méfie toujours."

Situations actives

Il va sans dire qu'il faut mettre à l'œuvre autant des structures de cette leçon que possible.

1. En employant des verbes et des compléments infinitifs, expliquez à votre camarade les dangers d'employer de la drogue. Employez des expressions comme:

vouloir	encourager qqn à
désirer	apprendre à
préférer	cesser de
hésiter à	craindre de
renoncer à	décider de
refuser de	risquer de
défendre à qqn de	

2. Vous avez une maison délabrée qu'il faut réparer. Malheureusement vous n'avez aucun talent pour réparer et entretenir une maison. Vous êtes donc obligé d'engager les services du plombier, du charpentier, du peintre, du jardinier, etc. Décrivez tout ce qu'il faut faire à la maison en employant le "faire causatif."

3. Racontez un conte de fées que vous connaissez en employant le discours indirect.

4. (sketch) Imaginez deux personnes qui aiment beaucoup bavarder et qui se racontent une conversation ou une histoire qu'elles ont entendues dans le voisinage. Employez autant des structures de la leçon que possible.

LA LANGUE PARLÉE — 1 (la prononciation)

A. En faisant surtout attention à la prononciation, répétez plusieurs fois les *Exercices de réflexion* et les *Exercices de vérification*.

B. Comme interrogation, votre professeur pourrait vous demander de discuter *trois* des sujets suivants que vous aurez *préparés d'avance* et de lire à haute voix les exercices de récapitulation.

1. Décrivez un voyage que vous avez fait.
2. Faites le portrait d'un membre de votre famille en montrant ses qualités morales aussi bien que son aspect physique.
3. Vous êtes au restaurant. Commandez un repas.
4. Vous venez de rentrer des vacances d'été et vous racontez à un ami ce que vous avez fait pour vous distraire.
5. A quoi sert l'étude d'une langue étrangère?

Exercices de réflexion

Etudiez et imitez à haute voix les mots et les phrases suivants. Répétez-les souvent et essayez de vous familiariser avec la prononciation correcte.

1. Ici nous imitons les immigrés de Paris.
2. Ce verre contient un bon vin blanc.
3. Nous aimons tous le gigot d'agneau.
4. Les monuments égyptiens se trouvent au Louvre.
5. Bonjour Pierrette. Tu aurais dû nous téléphoner hier.
6. Je t'ai trouvé une situation intéressante à l'hôtel de ville.
7. Maman a acheté une robe rose qui lui sera inutile.
8. Tous les habitants ont accueilli les héros.
9. As-tu voulu faire un tour en voiture l'autre jour? Non, pas du tout.
10. La grenouille et l'écureuil jouent avec la feuille.

Exercices de vérification

1.
fit	–	fée	nid	–	né
dit	–	des	lit	–	les
mis	–	mes	gui	–	gai

Ici nous imitons les immigrés de Paris.
Il mit du riz dans le papier gris.

2.
fée	–	fer	les	–	l'air
chez	–	cher	gai	–	guerre
mes	–	mer	thé	–	taire

L'air de la mer plaît à sa mère.
Hier j'ai appelé Pierrette chez son père.

3.
feu	–	fut	deux	–	du
peu	–	pu	nœud	–	nu
bœufs	–	bu	ceux	–	su

Tu as vu deux bœufs près d'eux.
Mon neveu n'est pas heureux quand il a bu.

4.
fou	–	fut	nous	–	nu
bout	–	bu	doux	–	du
sous	–	su	loup	–	lu
poux	–	pu	roue	–	rue
joue	–	jus			

Une poule sur le mur picote du pain dur.
Les roues roulent sur la rue.
As-tu voulu faire un tour en voiture l'autre jour? Non, pas du tout.

5.
fou	–	faux	pouls	–	peau
sou	–	sceaux	boue	–	beau
mou	–	maux	vous	–	veau
toux	–	taux			

Tous ces mots sont faux.
Le fou a trouvé de beaux sous dans la boue.

6. faux   — fort   — folle
    sceaux — sort   — sol
    peau   — port   — Paul
    beau   — bord   — bol
    maux   — mort   — molle

    Le bateau sort du port.
    Paul porte ses eaux-fortes.

7. temps — ton   ment — mon
    sans   — son   paon — pont
    quand — qu'on   banc — bon

    Le cancre prend son temps.
    Où sont les neiges d'antan?

Exercices de récapitulation

1. Ici nous imitons les immigrés de Paris.
2. Ce verre contient un bon vin blanc.
3. Nous aimons tous le gigot d'agneau.
4. Les monuments égyptiens se trouvent au Louvre.
5. Bonjour Pierrette. Tu aurais dû nous téléphoner hier.
6. Je t'ai trouvé une situation intéressante à l'hôtel de ville.
7. Maman a acheté une robe rose qui lui sera inutile.
8. Tous les habitants ont accueilli les héros.
9. As-tu voulu faire un tour en voiture l'autre jour? Non, pas du tout.
10. La grenouille et l'écureuil jouent avec la feuille.

LA LANGUE PARLÉE – 2 (l'intonation)

A. En faisant surtout attention à l'intonation, répétez plusieurs fois les exercices de réflexion et les exercices de vérification.

B. Votre professeur pourrait vous demander de réciter *un* des quatre passages de récapitulation (à votre choix) que vous aurez appris par cœur et de lire à haute voix le paragraphe suivant.

Exercices de réflexion

Pourquoi faut-il se méfier des Français sur la route?

Il faut se méfier des Français en général, mais sur la route en particulier...

Les Anglais conduisent plutôt mal, mais prudemment. Les Français conduisent plutôt bien, mais follement. La proportion des accidents est à peu près la même dans les deux pays. Mais je me sens plus tranquille avec des gens qui font mal des choses bien qu'avec ceux qui font bien de mauvaises choses.

Les Anglais (et les Américains) sont depuis longtemps convaincus que la voiture va moins vite que l'avion. Les Français (et la plupart des Latins) semblent encore vouloir prouver le contraire.

(Pierre Daninos,
Les Carnets du Major Thompson)

Explication

1. Généralement dans *une phrase déclarative*, la voix monte à la fin de chaque groupe de mots et on baisse la voix à la fin de la phrase.

   Mais

   je me sens plus tranquille avec des gens qui font mal des choses bien

   qu'avec ceux qui font bien

   de mauvaises choses.

2. Dans *une phrase interrogative*:

   a. on élève la voix à la fin de la question, si la réponse est *oui* ou *non* (c'est-à-dire, si la question n'est pas introduite par un pronom ou un adverbe interrogatif):

   Etes-vous heureux?

   Est-ce que vous allez au cinéma?

   Vous arriverez à six heures?

   b. on baisse la voix à la fin de la question, si elle est introduite par un pronom ou un adverbe interrogatifs.

   Comment allez-vous?

   Qu'est-ce que c'est que ça?

   Pourquoi faut-il se méfier des Français sur la route?

3. Dans *une phrase impérative ou exclamative* on baisse la voix à la fin de la phrase.

Taisez-vous!

Que c'est joli!

Dépêchez-vous de nettoyer votre chambre!

Exercices de vérification

1. La phrase française se divise en groupes selon:

   a. le groupe sujet

   b. les propositions

   c. la proposition verbale

   Indiquez la fin de chaque groupe de mots en vous servant de flèches (↗ ou ↘), qui montrent la modulation de la voix, dans chacune des phrases des *Exercices de réflexion* page 172. (Les réponses se trouvent à la page 230.)

2. En faisant attention à l'intonation, répétez à haute voix les phrases suivantes:

   a. *la phrase déclarative*

      1. Marie est venue.

      2. Marie et Jeanne sont venues nous voir.

      3. Marie et Jeanne qui sont de bonnes amies sont venues nous voir.

      4. Marie et Jeanne qui sont de bonnes amies sont venues nous voir il y a une semaine.

      5. Marie et Jeanne qui sont de bonnes amies et que nous aimons bien sont venues nous voir il y a une semaine.

   b. *la phrase interrogative* qui exige une réponse de *oui* ou de *non*.

      1. Etes-vous heureux?

      2. Est-ce que vous allez au cinéma?

      3. Vous arriverez à six heures?

   c. *la phrase interrogative* introduite par un pronom ou un adverbe interrogatifs

      1. Comment allez-vous?

      2. Qu'est-ce que c'est que ça?

      3. Pourquoi faut-il se méfier des Français sur la route?

   d. *la phrase impérative ou exclamative*

      1. Taisez-vous!

      2. Que c'est joli!

      3. Dépêchez-vous de nettoyer votre chambre!

Exercices de récapitulation

Apprenez par cœur *un* des passages suivants:

1.   Le Corbeau et le Renard
                    Maître Corbeau, sur un arbre perché,
                    Tenait en son bec un fromage.
                    Maître Renard, par l'odeur alléché,
                    Lui tint à peu près ce langage:
                    "Hé! bonjour, Monsieur du Corbeau,
                    Que vous êtes joli! Que vous me semblez beau!
                    Sans mentir, si votre ramage
                    Se rapporte à votre plumage,
                    Vous êtes le phénix des hôtes de ces bois."
                    A ces mots le Corbeau ne se sent pas de joie;
                    Et pour montrer sa belle voix,
                    Il ouvre un large bec, laisse tomber sa proie.
                    Le Renard s'en saisit, et dit: "Mon bon Monsieur,
                    Apprenez que tout flatteur
                    Vit aux dépens de celui qui l'écoute:
                    Cette leçon vaut bien un fromage, sans doute."
                    Le Corbeau, honteux et confus,
                    Jura, mais un peu tard, qu'on ne l'y prendrait plus.

                                                    Jean de la Fontaine,
                                                        Fables (1668)

2. Parce que vous êtes un grand seigneur, vous vous croyez un grand génie!... Noblesse, fortune, un rang, des places, tout cela rend si fier! Qu'avez-vous fait pour tant de biens? Vous vous êtes donné la peine de naître, et rien de plus; du reste, homme assez ordinaire; tandis que moi, morbleu! perdu dans la foule obscure, il m'a fallu déployer plus de science et de calculs pour subsister seulement, qu'on n'en a mis depuis cent ans à gouverner toutes les Espagnes.

                                                    Pierre Caron de Beaumarchais,
                                            Le Mariage de Figaro, Acte V, sc. 3 (1784)

3.   Demain, dès l'aube, à l'heure où blanchit la campagne,
                    Je partirai, vois-tu, je sais que tu m'attends.
                    J'irai par la forêt, j'irai par la montagne.
                    Je ne puis demeurer loin de toi plus longtemps.

                    Je marcherai, les yeux fixés sur mes pensées,
                    Sans rien voir au-dehors, sans entendre aucun bruit,
                    Seul, inconnu, le dos courbé, les mains croisées,
                    Triste, et le jour pour moi sera comme la nuit.

                    Je ne regarderai ni l'or du soir qui tombe,
                    Ni les voiles au loin descendant vers Harfleur,
                    Et, quand j'arriverai, je mettrai sur ta tombe
                    Un bouquet de houx vert et de bruyère en fleur.

                                                    Victor Hugo,
                                            Les Contemplations (1847)

4.

18 juin 1940, Charles de Gaulle

LA LANGUE PARLÉE — 3 (le discours)

A. Préparez *un* des cinq sujets suivants pour une présentation de 3–5 minutes.

1. Aimez-vous mieux les voitures américaines ou les voitures étrangères? Pourquoi?
2. "Acheter à crédit" est devenu un slogan américain. Pourquoi? Est-ce bon ou mauvais à votre avis?
3. La censure dans les journaux et à la télévision. Etes-vous pour ou contre?
4. Habiter en ville est pénible et étouffant. Oui ou non?
5. La qualité des émissions à la télévision laisse à désirer. Oui ou non?

B. Racontez l'histoire représentée dans cette série de dessins.

1

2

3

4

INFINITIF ET PARTICIPES	INDICATIF			
	PRÉSENT	IMPARFAIT	PASSÉ SIMPLE	PASSÉ COMPOSÉ
Parler (et tous les verbes de la 1re conjugaison) parlant parlé	je parle tu parles il/elle parle nous parlons vous parlez ils/elles parlent	parlais parlais parlait parlions parliez parlaient	parlai parlas parla parlâmes parlâtes parlèrent	ai parlé as parlé a parlé avons parlé avez parlé ont parlé
Finir (et tous les verbes de la 2e conjugaison) finissant fini	je finis tu finis il/elle finit nous finissons vous finissez ils/elles finissent	finissais finissais finissait finissions finissiez finissaient	finis finis finit finîmes finîtes finirent	ai fini as fini a fini avons fini avez fini ont fini
Rendre (et tous les verbes de la 3e conjugaison) rendant rendu	je rends tu rends il/elle rend nous rendons vous rendez ils/elles rendent	rendais rendais rendait rendions rendiez rendaient	rendis rendis rendit rendîmes rendîtes rendirent	ai rendu as rendu a rendu avons rendu avez rendu ont rendu
Acquérir acquérant acquis	j'acquiers tu acquiers il/elle acquiert nous acquérons vous acquérez ils/elles acquièrent	acquérais acquérais acquérait acquérions acquériez acquéraient	acquis acquis acquit acquîmes acquîtes acquirent	ai acquis as acquis a acquis avons acquis avez acquis ont acquis
Aller allant allé	je vais tu vas il/elle va nous allons vous allez ils/elles vont	allais allais allait allions alliez allaient	allai allas alla allâmes allâtes allèrent	suis allé(e) es allé(e) est allé(e) sommes allé(e)s êtes allé(e)(s) sont allé(e)s
s'asseoir asseyant assis	je m'assieds tu t'assieds il/elle s'assied nous nous asseyons vous vous asseyez ils/elles s'asseyent	asseyais asseyais asseyait asseyions asseyiez asseyaient	assis assis assit assîmes assîtes assirent	me suis assis(e) t'es assis(e) s'est assis(e) nous sommes assis(e)s vous êtes assis(e)(s) se sont assis(e)s

FUTUR	CONDITIONNEL PRÉSENT	IMPÉRATIF	SUBJONCTIF PRÉSENT	SUBJONCTIF IMPARFAIT
parlerai	parlerais		parle	parlasse
parleras	parlerais	parle	parles	parlasses
parlera	parlerait		parle	parlât
parlerons	parlerions	parlons	parlions	parlassions
parlerez	parleriez	parlez	parliez	parlassiez
parleront	parleraient		parlent	parlassent
finirai	finirais		finisse	finisse
finiras	finirais	finis	finisses	finisses
finira	finirait		finisse	finît
finirons	finirions	finissons	finissions	finissions
finirez	finiriez	finissez	finissiez	finissiez
finiront	finiraient		finissent	finissent
rendrai	rendrais		rende	rendisse
rendras	rendrais	rends	rendes	rendisses
rendra	rendrait		rende	rendît
rendrons	rendrions	rendons	rendions	rendissions
rendrez	rendriez	rendez	rendiez	rendissiez
rendront	rendraient		rendent	rendissent
acquerrai	acquerrais		acquière	acquisse
acquerras	acquerrais	acquiers	acquières	acquisses
acquerra	acquerrait		acquière	acquît
acquerrons	acquerrions	acquérons	acquérions	acquissions
acquerrez	acquerriez	acquérez	acquériez	acquissiez
acquerront	acquerraient		acquièrent	acquissent
irai	irais		aille	allasse
iras	irais	va	ailles	allasses
ira	irait		aille	allât
irons	irions	allons	allions	allassions
irez	iriez	allez	alliez	allassiez
iront	iraient		aillent	allassent
assiérai	assiérais		asseye	assisse
assiéras	assiérais	assieds-toi	asseyes	assisses
assiéra	assiérait		asseye	assît
assiérons	assiérions	asseyons-nous	asseyions	assissions
assiérez	assiériez	asseyez-vous	asseyiez	assissiez
assiéront	assiéraient		asseyent	assissent

INFINITIF ET PARTICIPES	INDICATIF			
	PRÉSENT	IMPARFAIT	PASSÉ SIMPLE	PASSÉ COMPOSÉ
Atteindre (voir *peindre*)				
Avoir ayant eu	j'ai tu as il a nous avons vous avez ils ont	avais avais avait avions aviez avaient	eus eus eut eûmes eûtes eurent	ai eu as eu a eu avons eu avez eu ont eu
Battre battant battu	je bats tu bats il bat nous battons vous battez ils battent	battais battais battait battions battiez battaient	battis battis battit battîmes battîtes battirent	ai battu as battu a battu avons battu avez battu ont battu
Boire buvant bu	je bois tu bois il boit nous buvons vous buvez ils boivent	buvais buvais buvait buvions buviez buvaient	bus bus but bûmes bûtes burent	ai bu as bu a bu avons bu avez bu ont bu
Conclure concluant conclu	je conclus tu conclus il conclut nous concluons vous concluez ils concluent	concluais concluais concluait concluions concluiez concluaient	conclus conclus conclut conclûmes conclûtes conclurent	ai conclu as conclu a conclu avons conclu avez conclu ont conclu
Conduire conduisant conduit	je conduis tu conduis il conduit nous conduisons vous conduisez ils conduisent	conduisais conduisais conduisait conduisions conduisiez conduisaient	conduisis conduisis consuisit conduisîmes conduisîtes conduisirent	ai conduit as conduit a conduit avons conduit avez conduit ont conduit
Connaître connaissant connu	je connais tu connais il connaît nous connaissons vous connaissez ils connaissent	connaissais connaissais connaissait connaissions connaissiez connaissaient	connus connus connut connûmes connûtes connurent	ai connu as connu a connu avons connu avez connu ont connu

| FUTUR | CONDITIONNEL | IMPÉRATIF | SUBJONCTIF | |
	PRÉSENT		PRÉSENT	IMPARFAIT
aurai	aurais		aie	eusse
auras	aurais	aie	aies	eusses
aura	aurait		ait	eût
aurons	aurions	ayons	ayons	eussions
aurez	auriez	ayez	ayez	eussiez
auront	auraient		aient	eussent
battrai	battrais		batte	battisse
battras	battrais	bats	battes	battisses
battra	battrait		batte	battît
battrons	battrions	battons	battions	battissions
battrez	battriez	battez	battiez	battissiez
battront	battraient		battent	battissent
boirai	boirais		boive	busse
boiras	boirais	bois	boives	busses
boira	boirait		boive	bût
boirons	boirions	buvons	buvions	bussions
boirez	boiriez	buvez	buviez	bussiez
boiront	boiraient		boivent	bussent
conclurai	conclurais		conclue	conclusse
concluras	conclurais	conclus	conclues	conclusses
conclura	conclurait		conclue	conclût
conclurons	conclurions	concluons	concluions	conclussions
conclurez	concluriez	concluez	concluiez	conclussiez
concluront	concluraient		concluent	conclussent
conduirai	conduirais		conduise	conduisisse
conduiras	conduirais	conduis	conduises	conduisisses
conduira	conduirait		conduise	conduisît
conduirons	conduirions	conduisons	conduisions	conduisissions
conduirez	conduiriez	conduisez	conduisiez	conduisissiez
conduiront	conduiraient		conduisent	conduisissent
connaîtrai	connaîtrais		connaisse	connusse
connaîtras	connaîtrais	connais	connaisses	connusses
connaîtra	connaîtrait		connaisse	connût
connaîtrons	connaîtrions	connaissons	connaissions	connussions
connaîtrez	connaîtriez	connaissez	connaissiez	connussiez
connaîtront	connaîtraient		connaissent	connussent

INFINITIF ET PARTICIPES	INDICATIF			
	PRÉSENT	IMPARFAIT	PASSÉ SIMPLE	PASSÉ COMPOSÉ
Coudre cousant cousu	je couds tu couds il coud nous cousons vous cousez il cousent	cousais cousais cousait cousions cousiez cousaient	cousis cousis cousit cousîmes cousîtes cousirent	ai cousu as cousu a cousu avons cousu avez cousu ont cousu
Courir courant couru	je cours tu cours il court nous courons vous courez ils courent	courais courais courait courions couriez couraient	courus courus courut courûmes courûtes coururent	ai couru as couru a couru avons couru avez couru ont couru
Couvrir (voir *ouvrir*)				
Craindre craignant craint	je crains tu crains il craint nous craignons vous craignez ils craignent	craignais craignais craignait craignions craigniez craignaient	craignis craignis craignit craignîmes craignîtes craignirent	ai craint as craint a craint avons craint avez craint ont craint
Croire croyant cru	je crois tu crois il croit nous croyons vous croyez ils croient	croyais croyais croyait croyions croyiez croyaient	crus crus crut crûmes crûtes crurent	ai cru as cru a cru avons cru avez cru ont cru
Cueillir cueillant cueilli	je cueille tu cueilles il cueille nous cueillons vous cueillez ils cueillent	cueillais cueillais cueillait cueillions cueilliez cueillaient	cueillis cueillis cueillit cueillîmes cueillîtes cueillirent	ai cueilli as cueilli a cueilli avons cueilli avez cueilli ont cueilli
Détruire (voire *conduire*)				
Devoir devant dû, dus, due(s)	je dois tu dois il doit nous devons vous devez ils doivent	devais devais devait devions deviez devaient	dus dus dut dûmes dûtes durent	ai dû as dû a dû avons dû avez dû ont dû

| FUTUR | CONDITIONNEL | IMPÉRATIF | SUBJONCTIF | |
	PRÉSENT		PRÉSENT	IMPARFAIT
coudrai	coudrais		couse	cousisse
coudras	coudrais	couds	couses	cousisses
coudra	coudrait		couse	cousît
coudrons	coudrions	cousons	cousions	cousissions
coudrez	coudriez	cousez	cousiez	cousissiez
coudront	coudraient		cousent	cousissent
courrai	courrais		coure	courusse
courras	courrais	cours	coures	courusses
courra	courrait		coure	courût
courrons	courrions	courons	courions	courussions
courrez	courriez	courez	couriez	courussiez
courront	courraient		courent	courussent
craindrai	craindrais		craigne	craignisse
craindras	craindrais	crains	craignes	craignisses
craindra	craindrait		craigne	craignît
craindrons	craindrions	craignons	craignions	craignissions
craindrez	craindriez	craignez	craigniez	craignissiez
craindront	craindraient		craignent	craignissent
croirai	croirais		croie	crusse
croiras	croirais	crois	croies	crusses
croira	croirait		croie	crût
croirons	croirions	croyons	croyions	crussions
croirez	croiriez	croyez	croyiez	crussiez
croiront	croiraient		croient	crussent
cueillerai	cueillerais		cueille	cueillisse
cueilleras	cueillerais	cueille	cueilles	cueillisses
cueillera	cueillerait		cueille	cueillît
cueillerons	cueillerions	cueillons	cueillions	cueillissions
cueillerez	cueilleriez	cueillez	cueilliez	cueillissiez
cueilleront	cueilleraient		cueillent	cueillissent
devrai	devrais		doive	dusse
devras	devrais	dois	doives	dusses
devra	devrait		doive	dût
devrons	devrions	devons	devions	dussions
devrez	devriez	devez	deviez	dussiez
devront	devraient		doivent	dussent

INFINITIF ET PARTICIPES	INDICATIF			
	PRÉSENT	IMPARFAIT	PASSÉ SIMPLE	PASSÉ COMPOSÉ
Dire disant dit	je dis tu dis il dit nous disons vous dites ils disent	disais disais disait disions disiez disaient	dis dis dit dîmes dîtes dirent	ai dit as dit a dit avons dit avez dit ont dit
Dormir dormant dormi	je dors tu dors il dort nous dormons vous dormez ils dorment	dormais dormais dormait dormions dormiez dormaient	dormis dormis dormit dormîmes dormîtes dormirent	ai dormi as dormi a dormi avons dormi avez dormi ont dormi
Ecrire écrivant écrit	j'écris tu écris il écrit nous écrivons vous écrivez ils écrivent	écrivais écrivais écrivait écrivions écriviez écrivaient	écrivis écrivis écrivit écrivîmes écrivîtes écrivirent	ai écrit as écrit a écrit avons écrit avez écrit ont écrit
Eteindre (voir *peindre*)				
Etre étant été	je suis tu es il est nous sommes vous êtes ils sont	étais étais était étions étiez étaient	fus fus fut fûmes fûtes furent	ai été as été a été avons été avez été ont été
Faillir faillant failli	je faux tu faux il faut nous faillons vous faillez ils faillent	faillais faillais faillait faillions failliez faillaient	faillis faillis faillit faillîmes faillîtes faillirent	ai failli as failli a failli avons failli avez failli ont failli
Faire faisant fait	je fais tu fais il fait nous faisons vous faites ils font	faisais faisais faisait faisions faisiez faisaient	fis fis fit fîmes fîtes firent	ai fait as fait a fait avons fait avez fait ont fait

| | CONDITIONNEL | | IMPÉRATIF | SUBJONCTIF | |
FUTUR	PRÉSENT			PRÉSENT	IMPARFAIT
dirai	dirais			dise	disse
diras	dirais		dis	dises	disses
dira	dirait			dise	dît
dirons	dirions		disons	disions	dissions
direz	diriez		dites	disiez	dissiez
diront	diraient			disent	dissent
dormirai	dormirais			dorme	dormisse
dormiras	dormirait		dors	dormes	dormisses
dormira	dormirait			dorme	dormît
dormirons	dormirions		dormons	dormions	dormissions
dormirez	dormiriez		dormez	dormiez	dormissiez
dormiront	dormiraient			dorment	dormissent
écrirai	écrirais			écrive	écrivisse
écriras	écrirais		écris	écrives	écrivisses
écrira	écrirait			écrive	écrivît
écrirons	écririons		écrivons	écrivions	écrivissions
écrirez	écririez		écrivez	écriviez	écrivissiez
écriront	écriraient			écrivent	écrivissent
serai	serais			sois	fusse
seras	serais		sois	sois	fusses
sera	serait			soit	fût
serons	serions		soyons	soyons	fussions
serez	seriez		soyez	soyez	fussiez
seront	seraient			soient	fussent
faillirai	faillirais			faille	faillisse
failliras	faillirais			failles	faillisses
faillira	faillirait			faille	faillît
faillirons	faillirions			faillions	faillissions
faillirez	failliriez			failliez	faillissiez
failliront	failliraient			faillent	faillissent
ferai	ferais			fasse	fisse
feras	ferais		fais	fasses	fisses
fera	ferait			fasse	fît
ferons	ferions		faisons	fassions	fissions
ferez	feriez		faites	fassiez	fissiez
feront	feraient			fassent	fissent

INFINITIF ET PARTICIPES	INDICATIF			
	PRÉSENT	IMPARFAIT	PASSÉ SIMPLE	PASSÉ COMPOSÉ
Falloir fallu	il faut	il fallait	il fallut	il a fallu
Fuir fuyant fui	je fuis tu fuis il fuit nous fuyons vous fuyez ils fuient	fuyais fuyais fuyait fuyions fuyiez fuyaient	fuis fuis fuit fuîmes fuîtes fuirent	ai fui as fui a fui avons fui avez fui ont fui
Haïr haïssant haï	je hais tu hais il hait nous haïssons vous haïssez ils haïssent	haïssais haïssais haïssait haïssions haïssiez haïssaient	haïs haïs haït haïmes haïtes haïrent	ai haï as haï a haï avons haï avez haï ont haï
Joindre joignant joint	je joins tu joins il joint nous joignons vous joignez ils joignent	joignais joignais joignait joignions joigniez joignaient	joignis joignis joignit joignîmes joignîtes joignirent	ai joint as joint a joint avons joint avez joint ont joint
Lire lisant lu	je lis tu lis il lit nous lisons vous lisez ils lisent	lisais lisais lisait lisions lisiez lisaient	lus lus lut lûmes lûtes lurent	ai lu as lu a lu avons lu avez lu ont lu
Mentir mentant menti	je mens tu mens il ment nous mentons vous mentez ils mentent	mentais mentais mentait mentions mentiez mentaient	mentis mentis mentit mentîmes mentîtes mentirent	ai menti as menti a menti avons menti avez menti ont menti
Mettre mettant mis	je mets tu mets il met nous mettons vous mettez ils mettent	mettais mettais mettait mettions mettiez mettaient	mis mis mit mîmes mîtes mirent	ai mis as mis a mis avons mis avez mis ont mis

FUTUR	CONDITIONNEL PRÉSENT	IMPÉRATIF	SUBJONCTIF PRÉSENT	SUBJONCTIF IMPARFAIT
il faudra	il faudrait		il faille	il fallût
fuirai	fuirais		fuie	fuisse
fuiras	fuirais	fuis	fuies	fuisses
fuira	fuirait		fuie	fuît
fuirons	fuirions	fuyons	fuyions	fuissions
fuirez	fuiriez	fuyez	fuyiez	fuissiez
fuiront	fuiraient		fuient	fuissent
haïrai	haïrais		haïsse	haïsse
haïras	haïrais	hais	haïsses	haïsses
haïra	haïrait		haïsse	haït
haïrons	haïrions	haïssons	haïssions	haïssions
haïrez	haïriez	haïssez	haïssiez	haïssiez
haïront	haïraient		haïssent	haïssent
joindrai	joindrais		joigne	joignisse
joindras	joindrais	joins	joignes	joignisses
joindra	joindrait		joigne	joignît
joindrons	joindrions	joignons	joignions	joignissions
joindrez	joindriez	joignez	joigniez	joignissiez
joindront	joindraient		joignent	joignissent
lirai	lirais		lise	lusse
liras	lirais	lis	lises	lusses
lira	lirait		lise	lût
lirons	lirions	lisons	lisions	lussions
lirez	liriez	lisez	lisiez	lussiez
liront	liraient		lisent	lussent
mentirai	mentirais		mente	mentisse
mentiras	mentirais	mens	mentes	mentisses
mentira	mentirait		mente	mentît
mentirons	mentirions	mentons	mentions	mentissions
mentirez	mentiriez	mentez	mentiez	mentissiez
mentiront	mentiraient		mentent	mentissent
mettrai	mettrais		mette	misse
mettras	mettrais	mets	mettes	misses
mettra	mettrait		mette	mît
mettrons	mettrions	mettons	mettions	missions
mettrez	mettriez	mettez	mettiez	missiez
mettront	mettraient		mettent	missent

INFINITIF ET PARTICIPES	INDICATIF			
	PRÉSENT	IMPARFAIT	PASSÉ SIMPLE	PASSÉ COMPOSÉ
Mourir mourant mort	je meurs tu meurs il/elle meurt nous mourons vous mourez ils/elles meurent	mourais mourais mourait mourions mouriez mouraient	mourus mourus mourut mourûmes mourûtes moururent	suis mort(e) es mort(e) est mort(e) sommes mort(e)s êtes mort(e)(s) sont mort(e)s
Naître naissant né	je nais tu nais il/elle naît nous naissons vous naissez ils/elles naissent	naissais naissais naissait naissions naissiez naissaient	naquis naquis naquit naquîmes naquîtes naquirent	suis né(e) es né(e) est né(e) sommes né(e)s êtes né(e)(s) sont né(e)s
Offrir (voir *souffrir*)				
Ouvrir ouvrant ouvert	j'ouvre tu ouvres il ouvre nous ouvrons vous ouvrez ils ouvrent	ouvrais ouvrais ouvrait ouvrions ouvriez ouvraient	ouvris ouvris ouvrit ouvrîmes ouvrîtes ouvrirent	ai ouvert as ouvert a ouvert avons ouvert avez ouvert ont ouvert
Paraître (voir *connaître*)				
Partir partant parti	je pars tu pars il/elle part nous partons vous partez ils/elles partent	partais partais partait partions partiez partaient	partis partis partit partîmes partîtes partirent	suis parti(e) es parti(e) est parti(e) sommes parti(e)s êtes parti(e)(s) sont parti(e)s
Peindre peignant peint	je peins tu peins il peint nous peignons vous peignez ils peignent	peignais peignais peignait peignions peigniez peignaient	peignis peignis peignit peignîmes peignîtes peignirent	ai peint as peint a peint avons peint avez peint ont peint
Plaindre (voir *peindre*)				

FUTUR	CONDITIONNEL PRÉSENT	IMPÉRATIF	SUBJONCTIF PRÉSENT	SUBJONCTIF IMPARFAIT
mourrai	mourrais		meure	mourusse
mourras	mourrais	meurs	meures	mourusses
mourra	mourrait		meure	mourût
mourrons	mourrions	mourons	mourions	mourussions
mourrez	mourriez	mourez	mouriez	mourussiez
mourront	mourraient		meurent	mourussent
naîtrai	naîtrais		naisse	naquisse
naîtras	naîtrais	nais	naisses	naquisses
naîtra	naîtrait		naisse	naquît
naîtrons	naîtrions	naissons	naissions	naquissions
naîtrez	naîtriez	naissez	naissiez	naquissiez
naîtront	naîtraient		naissent	naquissent
ouvrirai	ouvrirais		ouvre	ouvrisse
ouvriras	ouvrirais	ouvre	ouvres	ouvrisses
ouvrira	ouvrirait		ouvre	ouvrît
ouvrirons	ouvririons	ouvrons	ouvrions	ouvrissions
ouvrirez	ouvririez	ouvrez	ouvriez	ouvrissiez
ouvriront	ouvriraient		ouvrent	ouvrissent
partirai	partirais		parte	partisse
partiras	partirais	pars	partes	partisses
partira	partirait		parte	partît
partirons	partirions	partons	partions	partissions
partirez	partiriez	partez	partiez	partissiez
partiront	partiraient		partent	partissent
peindrai	peindrais		peigne	peignisse
peindras	peindrais	peins	peignes	peignisses
peindra	peindrait		peigne	peignît
peindrons	peindrions	peignons	peignions	peignissions
peindrez	peindriez	peignez	peigniez	peignissiez
peindront	peindraient		peignent	peignissent

INFINITIF ET PARTICIPES	INDICATIF			
	PRÉSENT	IMPARFAIT	PASSÉ SIMPLE	PASSÉ COMPOSÉ
Plaire plaisant plu	je plais tu plais il plaît nous plaisons vous plaisez ils plaisent	plaisais plaisais plaisait plaisions plaisiez plaisaient	plus plus plut plûmes plûtes plurent	ai plu as plu a plu avons plu avez plu ont plu
Pleuvoir pleuvant plu	il pleut	il pleuvait	il plut	il a plu
Pouvoir pouvant pu	je peux, puis tu peux il peut nous pouvons vous pouvez ils peuvent	pouvais pouvais pouvait pouvions pouviez pouvaient	pus pus put pûmes pûtes purent	ai pu as pu a pu avons pu avez pu ont pu
Prendre prenant pris	je prends tu prends il prend nous prenons vous prenez ils prennent	prenais prenais prenait prenions preniez prenaient	pris pris prit prîmes prîtes prirent	ai pris as pris a pris avons pris avez pris ont pris
Recevoir recevant reçu	je reçois tu reçois il reçoit nous recevons vous recevez ils reçoivent	recevais recevais recevait recevions receviez recevaient	reçus reçus reçut reçûmes reçûtes reçurent	ai reçu as reçu a reçu avons reçu avez reçu ont reçu
Résoudre résolvant résolu	je résous tu résous il résout nous résolvons vous résolvez ils résolvent	résolvais résolvais résolvait résolvions résolviez résolvaient	résolus résolus résolut résolûmes résolûtes résolurent	ai résolu as résolu a résolu avons résolu avez résolu ont résolu
Rire riant ri	je ris tu ris il rit nous rions vous riez ils rient	riais riais riait riions riiez riaient	ris ris rit rîmes rîtes rirent	ai ri as ri a ri avons ri avez ri ont ri

| FUTUR | CONDITIONNEL | IMPÉRATIF | SUBJONCTIF | |
	PRÉSENT		PRÉSENT	IMPARFAIT
plairai	plairais		plaise	plusse
plairas	plairais	plais	plaises	plusses
plaira	plairait		plaise	plût
plairons	plairions	plaisons	plaisions	plussions
plairez	plairiez	plaisez	plaisiez	plussiez
plairont	plairaient		plaisent	plussent
il pleuvra	il pleuvrait		il pleuve	il plût
pourrai	pourrais		puisse	pusse
pourras	pourrais		puisses	pusses
pourra	pourrait		puisse	pût
pourrons	pourrions		puissions	pussions
pourrez	pourriez		puissiez	pussiez
pourront	pourraient		puissent	pussent
prendrai	prendrais		prenne	prisse
prendras	prendrais	prends	prennes	prisses
prendra	prendrait		prenne	prît
prendrons	prendrions	prenons	prenions	prissions
prendrez	prendriez	prenez	preniez	prissiez
prendront	prendraient		prennent	prissent
recevrai	recevrais		reçoive	reçusse
recevras	recevrais	reçois	reçoives	reçusses
recevra	recevrait		reçoive	reçût
recevrons	recevrions	recevons	recevions	reçussions
recevrez	recevriez	recevez	receviez	reçussiez
recevront	recevraient		reçoivent	reçussent
résoudrai	résoudrais		résolve	résolusse
résoudras	résoudrais	résous	résolves	résolusses
résoudra	résoudrait		résolve	résolût
résoudrons	résoudrions	résolvons	résolvions	résolussions
résoudrez	résoudriez	résolvez	résolviez	résolussiez
résoudront	résoudraient		résolvent	résolussent
rirai	rirais		rie	risse
riras	rirais	ris	ries	risses
rira	rirait		rie	rît
rirons	ririons	rions	riions	rissions
rirez	ririez	riez	riiez	rissiez
riront	riraient		rient	rissent

INFINITIF ET PARTICIPES	INDICATIF			
	PRÉSENT	IMPARFAIT	PASSÉ SIMPLE	PASSÉ COMPOSÉ
Savoir sachant su	je sais tu sais il sait nous savons vous savez ils savent	savais savais savait savions saviez savaient	sus sus sut sûmes sûtes surent	ai su as su a su avons su avez su ont su
Sentir (voir *mentir*)				
Servir servant servi	je sers tu sers il sert nous servons vous servez ils servent	servais servais servait servions serviez servaient	servis servis servit servîmes servîtes servirent	ai servi as servi a servi avons servi avez servi ont servi
Sortir (voir *partir*)				
Souffrir souffrant souffert	je souffre tu souffres il souffre nous souffrons vous souffrez ils souffrent	souffrais souffrais souffrait souffrions souffriez souffraient	souffris souffris souffrit souffrîmes souffrîtes souffrirent	ai souffert as souffert a souffert avons souffert avez souffert ont souffert
Suffire suffisant suffi	je suffis tu suffis il suffit nous suffisons vous suffisez ils suffisent	suffisais suffisais suffisait suffisions suffisiez suffisaient	suffis suffis suffit suffîmes suffîtes suffirent	ai suffi as suffi a suffi avons suffi avez suffi ont suffi
Suivre suivant suivi	je suis tu suis il suit nous suivons vous suivez ils suivent	suivais suivais suivait suivions suiviez suivaient	suivis suivis suivit suivîmes suivîtes suivirent	ai suivi as suivi a suivi avons suivi avez suivi ont suivi
Taire (se) (voir *plaire*)				

FUTUR	CONDITIONNEL PRÉSENT	IMPÉRATIF	SUBJONCTIF PRÉSENT	IMPARFAIT
saurai	saurais		sache	susse
sauras	saurais	sache	saches	susses
saura	saurait		sache	sût
saurons	saurions	sachons	sachions	sussions
saurez	sauriez	sachez	sachiez	sussiez
sauront	sauraient		sachent	sussent
servirai	servirais		serve	servisse
serviras	servirais	sers	serves	servisses
servira	servirait		serve	servît
servirons	servirions	servons	servions	servissions
servirez	serviriez	servez	serviez	servissiez
serviront	serviraient		servent	servissent
souffrirai	souffrirais		souffre	souffrisse
souffriras	souffrirais	souffre	souffres	souffrisses
souffrira	souffrirait		souffre	souffrît
souffrirons	souffririons	souffrons	souffrions	souffrissions
souffrirez	souffririez	souffrez	souffriez	souffrissiez
souffriront	souffriraient		souffrent	souffrissent
suffirai	suffirais		suffise	suffisse
suffiras	suffirais	suffis	suffises	suffisses
suffira	suffirait		suffise	suffît
suffirons	suffirions	suffisons	suffisions	suffissions
suffirez	suffiriez	suffisez	suffisiez	suffissiez
suffiront	suffiraient		suffisent	suffissent
suivrai	suivrais		suive	suivisse
suivras	suivrais	suis	suives	suivisses
suivra	suivrait		suive	suivît
suivrons	suivrions	suivons	suivions	suivissions
suivrez	suivriez	suivez	suiviez	suivissiez
suivront	suivraient		suivent	suivissent

INFINITIF ET PARTICIPES	INDICATIF			
	PRÉSENT	IMPARFAIT	PASSÉ SIMPLE	PASSÉ COMPOSÉ
Tenir tenant tenu	je tiens tu tiens il tient nous tenons vous tenez ils tiennent	tenais tenais tenait tenions teniez tenaient	tins tins tint tînmes tîntes tinrent	ai tenu as tenu a tenu avons tenu avez tenu ont tenu
Traduire (voir *conduire*)				
Vaincre vainquant vaincu	je vaincs tu vaincs il vainc nous vainquons vous vainquez ils vainquent	vainquais vainquais vainquait vainquions vainquiez vainquaient	vainquis vainquis vainquit vainquîmes vainquîtes vainquirent	ai vaincu as vaincu a vaincu avons vaincu avez vaincu ont vaincu
Valoir valant valu	je vaux tu vaux il vaut nous valons vous valez ils valent	valais valais valait valions valiez valaient	valus valus valut valûmes valûtes valurent	ai valu as valu a valu avons valu avez valu ont valu
Venir venant venu	je viens tu viens il/elle vient nous venons vous venez ils/elles viennent	venais venais venait venions veniez venaient	vins vins vint vînmes vîntes vinrent	suis venu(e) es venu(e) est venu(e) sommes venu(e)s êtes venu(e)(s) sont venu(e)s
Vêtir vêtant vêtu	je vêts tu vêts il vêt nous vêtons vous vêtez ils vêtent	vêtais vêtais vêtait vêtions vêtiez vêtaient	vêtis vêtis vêtit vêtîmes vêtîtes vêtirent	ai vêtu as vêtu a vêtu avons vêtu avez vêtu ont vêtu
Vivre vivant vécu	je vis tu vis il vit nous vivons vous vivez ils vivent	vivais vivais vivait vivions viviez vivaient	vécus vécus vécut vécûmes vécûtes vécurent	ai vécu as vécu a vécu avons vécu avez vécu ont vécu

| FUTUR | CONDITIONNEL | IMPÉRATIF | SUBJONCTIF | |
	PRÉSENT		PRÉSENT	IMPARFAIT
tiendrai	tiendrais		tienne	tinsse
tiendras	tiendrais	tiens	tiennes	tinsses
tiendra	tiendrait		tienne	tînt
tiendrons	tiendrions	tenons	tenions	tinssions
tiendrez	tiendriez	tenez	teniez	tinssiez
tiendront	tiendraient		tiennent	tinssent
vaincrai	vaincrais		vainque	vainquisse
vaincras	vaincrais	vaincs	vainques	vainquisses
vaincra	vaincrait		vainque	vainquît
vaincrons	vaincrions	vainquons	vainquions	vainquissions
vaincrez	vaincriez	vainquez	vainquiez	vainquissiez
vaincront	vaincraient		vainquent	vainquissent
vaudrai	vaudrais		vaille	valusse
vaudras	vaudrais	vaux	vailles	valusses
vaudra	vaudrait		vaille	valût
vaudrons	vaudrions	valons	valions	valussions
vaudrez	vaudriez	valez	valiez	valussiez
vaudront	vaudraient		vaillent	valussent
viendrai	viendrais		vienne	vinsse
viendras	viendrais	viens	viennes	vinsses
viendra	viendrait		vienne	vînt
viendrons	viendrions	venons	venions	vinssions
viendrez	viendriez	venez	veniez	vinssiez
viendront	viendraient		viennent	vinssent
vêtirai	vêtirais		vête	vêtisse
vêtiras	vêtirais	vêts	vêtes	vêtisses
vêtira	vêtirait		vête	vêtît
vêtirons	vêtirions	vêtons	vêtions	vêtissions
vêtirez	vêtiriez	vêtez	vêtiez	vêtissiez
vêtiront	vêtiraient		vêtent	vêtissent
vivrai	vivrais		vive	vécusse
vivras	vivrais	vis	vives	vécusses
vivra	vivrait		vive	vécût
vivrons	vivrions	vivons	vivions	vécussions
vivrez	vivriez	vivez	viviez	vécussiez
vivront	vivraient		vivent	vécussent

INFINITIF ET PARTICIPES	INDICATIF			
	PRÉSENT	IMPARFAIT	PASSÉ SIMPLE	PASSÉ COMPOSÉ
Voir	je vois	voyais	vis	ai vu
voyant	tu vois	voyais	vis	as vu
vu	il voit	voyait	vit	a vu
	nous voyons	voyions	vîmes	avons vu
	vous voyez	voyiez	vîtes	avez vu
	ils voient	voyaient	virent	ont vu
Vouloir	je veux	voulais	voulus	ai voulu
voulant	tu veux	voulais	voulus	as voulu
voulu	il veut	voulait	voulut	a voulu
	nous voulons	voulions	voulûmes	avons voulu
	vous voulez	vouliez	voulûtes	avez voulu
	ils veulent	voulaient	voulurent	ont voulu

FUTUR	CONDITIONNEL PRÉSENT	IMPÉRATIF	SUBJONCTIF PRÉSENT	SUBJONCTIF IMPARFAIT
verrai	verrais		voie	visse
verras	verrais	vois	voies	visses
verra	verrait		voie	vît
verrons	verrions	voyons	voyions	vissions
verrez	verriez	voyez	voyiez	vissiez
verront	verraient		voient	vissent
voudrai	voudrais		veuille	voulusse
voudras	voudrais		veuilles	voulusses
voudra	voudrait		veuille	voulût
voudrons	voudrions		voulions	voulussions
voudrez	voudriez	veuillez	vouliez	voulussiez
voudront	voudraient		veuillent	voulussent

Première Leçon

Exercices de réflexion, p. 1

1. le	5. la	9. la	13. le
2. la	6. le	10. la	14. les
3. l'	7. la	11. la	15. le
4. le	8. les	12. le	

Exercices de vérification, p. 3

1.
1. M	6. M	11. M	16. M
2. F	7. F	12. M	17. M
3. M	8. M	13. F	18. M
4. M	9. M	14. M	19. F
5. F	10. F	15. M	20. M

2.
1. La; le	4. un	7. Le; la; un	10. une
2. les; une	5. une	8. Le; une	11. Le; un
3. un	6. la	9. *Le*; *la*; un	

3.
1. l'Arlésienne	4. la vendeuse	7. l'Américaine	9. la patronne
2. l'actrice	5. l'héroïne	8. la sotte	10. la chatte
3. la brebis	6. la tante		

Exercices de réflexion, p. 4

1. un; de	4. Le	7. des; le	9. les; des
2. Le; une	5. La; de	8. les; le	10. Les; du; de
3. L'; le	6. de la (une)		

Exercices de vérification, p. 7

1.
1. une; de la; du; des	6. une; d'	11. un; une; de	16. de l'; d'
2. des; de	7. des; des	12. une; des; d'	17. Une; de; du
3. de	8. Un; une; des	13. de	18. de
4. _____; un (_____)	9. de	14. de l'	19. Un; _____; _____
5. des; une; de; de; de	10. de; de	15. d'; une	20. du; du; du

2.
1. le; les	5. des; le; _____	9. de	13. de la; un
2. Le; un	6. la; la	10. de; le; la	14. le; de
3. une; de; le; de	7. _____; _____	11. des; le	15. Les; les
4. de	8. des; la	12. La; une	

Exercices de réflexion, p. 9

1. prenons	5. commençons	9. savent	13. intéresse
2. vont	6. te réveilles-tu	10. nous promenons	14. lisent
3. faisons	7. attendez	11. m'ennuie	15. ne font rien
4. emploie	8. n'étudions pas	12. plaît	

Exercices de vérification, p. 13

1.
1. nous voulons	4. nous nous levons	7. ils prennent	9. nous avançons
2. ils font	5. vous jetez	8. vous venez	10. nous nous promenons
3. nous nous asseyons	6. nous mangeons		

2.
1. tu sais	4. j'achète	7. je sers	9. tu sors
2. je nettoie	5. il met	8. il vend	10. il connaît
3. tu rougis	6. je répète		

3. 1. Est-ce que je fais une faute?
   2. Etudie-t-elle toujours? (Est-ce qu'elle étudie toujours?)
   3. Marie prépare-t-elle le repas? (Est-ce que Marie prépare le repas?)
   4. Ses parents sont-ils âgés? (Est-ce que ses parents sont âgés?)
   5. Se réveille-t-il de bonne heure? (Est-ce qu'il se réveille de bonne heure?)

4. 1. Je fais du français depuis _____ ans.
   2. J'aime la musique classique depuis 19_____. (...depuis mon enfance.) (Je n'aime pas la musique classique.)

5. 1. savez   3. attends   5. est   7. travaille; réussis   9. nous amusons
   2. n'ai pas vu   4. travaille   6. parle; prennent   8. balaie   10. mangeons; avons

6. 1. Nous avons l'habitude d'écouter la radio pendant que nous travaillons.
   2. Nous sommes en train de faire le devoir.
   3. Je crois qu'ils sont en train de regarder la télévision.
   4. Nous avons l'habitude de nous lever tard le samedi matin.
   5. Le professeur a l'habitude de commencer la classe à l'heure.

Exercices de réflexion, p. 14
   1. N'ayez pas; téléphonez   3. Mange   5. Lève-toi; dépêche-toi   7. Courons   9. Allez
   2. Faites   4. Sois   6. Fais; Montre   8. Sachez   10. Ne fumez pas

Exercices de vérification, p. 15
   1. Mettez   7. Ne vous levez pas   13. Veuillez
   2. Répondez   (Ne te lève pas)   14. Dépêchons-nous
   3. Faites   8. va   15. Faisons
   4. Amusez-vous   9. Ne t'inquiète pas   16. Soyez; Ne conduisez pas
   5. Asseyez-vous (Assieds-toi)   10. Donne   17. Ayez
   6. Ne vous asseyez pas   11. N'oublie pas   18. Passez
      (Ne t'assieds pas)   12. Allez-vous-en   19. Ne te baigne jamais

Exercices de réflexion, p. 16
   1. Le garçon fait le devoir.
   2. On a déjà terminé le cours.
   3. Cet auteur écrit beaucoup de romans.
   4. On fait la levée du courrier une fois par jour. (La levée du courrier se fait une fois par jour.)
   5. On ne dit pas cela très souvent. (Cela ne se dit pas très souvent.)
   6. Le boulanger vend des tartes aux pommes.
   7. Il nous effraie.
   8. On a fini la leçon et tous les élèves la comprennent.
   9. On a déjà pris cette place.
   10. Le passif ne s'emploie guère. (On n'emploie guère le passif.)

Exercices de vérification, p. 18
   1. On lit le livre. Le livre se lit.
   2. On parle français en classe. Le français se parle en classe.
   3. On boit le vin en France. Le vin se boit en France.
   4. On publie ces journaux une fois par semaine. Ces journaux se publient une fois par semaine.
   5. On ouvre les portes à neuf heures. Les portes s'ouvrent à neuf heures.
   6. On accomplit cette tâche avec peine. Cette tâche s'accomplit avec peine.
   7. On fait vite ce travail. Ce travail se fait vite.
   8. On dit cela souvent. Cela se dit souvent.
   9. D'habitude on fait le devoir en classe. D'habitude le devoir se fait en classe.
   10. On voit ce placard de loin. Ce placard se voit de loin.
   11. On ferme la bibliothèque à dix heures. La bibliothèque se ferme à dix heures.
   12. On fait cela sans difficulté. Cela se fait sans difficulté.

Exercices de récapitulation, p. 18

1.
1. le
2. le
3. la
4. le
5. le
6. la
7. le
8. le
9. la
10. le

2.
1. des
2. le; de
3. Les; les
4. du
5. de
6. de la
7. des
8. le; du
9. des; la
10. Le

3.
1. regarde; vois
2. répétons
3. êtes; ne me sens plus
4. viennent
5. Va-t-
6. ne prenons jamais
7. n'avançons pas
8. lance
9. connais
10. me lève

4.
1. Dites (Dis)
2. Descendez
3. Soyez (Sois); ne buvez pas (ne bois pas)
4. Mange
5. Assieds-toi
6. Payez
7. Souriez
8. Réveillez-vous
9. Sauve-toi
10. Disons

5.
1. La ménagère achète les légumes.
2. On parle italien en Italie. L'italien se parle en Italie.
3. Le prix détermine le choix des livres.
4. On ne fait pas cela. Cela ne se fait pas.

Deuxième Leçon

Exercices de réflexion, p. 20

1. Georges vient d'acheter un parapluie dans le magasin.
2. Tu viens de mettre l'argent emprunté dans le portefeuille.
3. Il vient de laisser un mot pour ses amis.
4. Je viens de lire le nouveau livre sur le scandale dans le gouvernement.
5. Nous venons de nous amuser dans le parc.
6. Ils viennent d'arriver à l'aéroport avec six heures de retard.

Exercices de vérification, p. 20

1. Il vient de partir pour la France.
2. Nous venons de faire les exercices de réflexion.
3. Je viens de rencontrer une amie dans la rue.
4. Je viens d'accepter l'invitation de votre frère pour ce soir.
5. Ils viennent de constater la baisse dans la production de leur compagnie.
6. Nous venons de nous rencontrer.

Exercices de réflexion, p. 21

1. est né
2. ne sommes pas partis
3. joues
4. Avez-vous fait
5. n'ai jamais vu
6. se sont endormis
7. a pris; a eu; ne s'est pas fait
8. n'avez pas monté; l'avez descendu
9. a construit; est
10. a oublié
11. ai entendu
12. s'est cassé
13. j'ai rencontré; sommes allés; avons pris; avons parlé; l'ai quitté; suis rentré(e)
14. a appris

Exercices de vérification, p. 24

1. 1. avons ri; est entré
   2. ont loué
   3. a payé
   4. ont bâti
   5. a vécu
   6. a lu
   7. a éteint
   8. est arrivé
   9. êtes devenus
   10. J'ai couvert
   11. ont repeint
   12. a beaucoup souffert
   13. J'ai ramassé
   14. a cueilli

2. 1. a rompu
   2. a applaudi; a terminé
   3. boivent
   4. a suivi
   5. est monté
   6. nous sommes dépêchés
   7. prends
   8. a menti; s'est mis
   9. me suis cassé
   10. ai dû
   11. apparaît
   12. a éclaté; a fallu
   13. Avez-vous vu

Exercices de réflexion, p. 25

1. a prises; ne sont pas arrivées
2. a-t-il retenues
3. ai achetée
4. s'est levée
5. est retourné
6. s'est débrouillée
7. as-tu levé
8. avons parlé
9. ai entendu
10. avez-vous achetées
11. t'es-tu réveillé(e)
12. se sont regardés
13. a représentée
14. s'est brossé
15. avez-vous donné

Exercices de vérification, p. 27

1. 1. sont venus
   2. t'es-tu moqué
   3. Ne l'as-tu pas montée
   4. avons faites
   5. sommes allés
   6. s'est entraînée
   7. a acheté; l'a mise

2. Des phrases telles que:
   1. Je les ai posés _____.
   2. Non, il ne l'a pas ouverte pendant l'orage.
   3. Oui, je l'ai lavée.
   4. Non, je ne les ai pas lus.
   5. Oui, nous l'avons terminé.
   6. Il les a reçues _____.

Exercices de réflexion, p. 27

1. débarqua
2. monte
3. décrivit
4. naquit; mourut
5. fut
6. doit
7. vécut
8. dors

Exercices de vérification, p. 28

1. 1. alla
   2. écrivit; vécus
   3. vinrent; virent; vainquirent
   4. mourut
   5. envoya

2. 1. a été
   2. a fait
   3. a perdu
   4. n'avons pas pu
   5. avez fini

Exercices de réflexion, p. 29

me levais; me réjouissais; aimais; lisais; faisais; ai remarqué; était; n'étais pas; me suis dit; était; dormait; n'avais pas; suis sorti; ai entendu; me suis rendu compte; était; ai frappé; ai essayé; dormait; n'a répondu; croyais; me suis souvenu; avait; me suis dépêché; ai pu; est descendue; lisais.

Exercices de vérification, p. 31

1. 1. était; aimait
   2. riions; riait
   3. arrivait; aboyait
   4. aviez
   5. étais; recevais; lisais
   6. peignait
   7. allions
   8. avait; habitions
   9. faisait
   10. avaient

2. ai eue; habitais; travaillais; faisais; était; s'est passée; était; étais; voulais; ai quitté; pleuvait; j'ai couru; j'ai remarqué; avait; attendait; me sentais; j'ai commencé; se sont enfin ouvertes; nous nous sommes pressés; étions; échangeais; s'est arrêté; j'ai tout de suite compris; étions; avait; a commencé; s'est mis; fumait; a crié; était; n'a rien dit; avait; avais; me suis demandé; envisageais; connaissais; ont attendu; savais; avais; s'est remis; me suis hâté; suis monté; allais; j'ai déménagé; j'habite

Exercices de réflexion, p. 33

avait combattu; se trouvait; se demandait; savait; flânait; s'est approché; a interrogé; savait; avait fait; a pu; étaient; comprenait; a duré; était; pouvait; a rencontré; s'est mis; avait appris; encourageait; a poursuivi; est rentré; a réfléchi; a conclu; devait

Exercices de vérification, p. 34

1. 1. m'étais installé
   2. n'aviez pas déjeuné
   3. avais laissés
   4. m'étais assis(e)
   5. avait démissionné
   6. avait écrit
   7. avaient déjà acheté
   8. était déjà parti
   9. étaient devenus
   10. n'avais pas réussi

2. 1. Georges avait déjà préparé le dîner quand sa femme est rentrée du bureau.
   2. Vous n'aviez pas vu Pierre depuis longtemps quand vous l'avez rencontré à Londres.
   3. Nous jouions au bridge lorsque le téléphone nous a interrompus.
   4. Nous bavardions ensemble sur la terrasse quand nous avons entendu un bruit inattendu.
   5. Ils étaient déjà montés dans le train quand nous sommes arrivés à la gare.

3. s'était décidé; l'a engagé; a dû; voulaient; n'intéressait point; ne s'intéressaient qu'; s'ennuyait; voulait; caractérisait; était; a décidé; n'étaient pas; était; a annoncé; allait; se trouvait; écrivait; expliquait; avait éprouvé; avait fait; s'attendait; écrivait; rêvait; passaient; s'est rendu compte; s'est dépêché; a vite fait; sont montés; était; créait; avait; semblait; symbolisait; va; s'est demandé

Exercices de réflexion, p. 35

1. La cuisinière préparait toujours le repas.
2. Le bijoutier a réparé la montre.
3. Le marchand avait tué le voleur quand la police est arrivée.
4. Le vent a renversé le verre.
5. Le maçon a mis les tuiles en place.
6. Le professeur a corrigé les fautes.
7. Les écoliers ont abîmé les murs.

Exercices de vérification, p. 35

1. Garnier a publié le livre.
2. Les élèves apprenaient toujours la leçon.
3. L'obus avait blessé le soldat.

Exercices de récapitulation, p. 36

1. 1. Nous venons d'accepter l'invitation.
   2. Les Dupont viennent de vendre leur maison.
   3. Vous venez de construire une petite cabane dans la forêt.
   4. Je viens de me faire couper les cheveux.
   5. Je viens de perdre une boucle d'oreille.
   6. Je viens de trouver une pièce de trois francs dans la rue.

2. 1. Il s'occupait du ménage pendant que sa femme travaillait dans une usine.
   2. Vous aviez déjà terminé le devoir quand Suzanne est venue vous voir.
   3. Quand Anne était jeune, elle montait à cheval.
   4. Je savais la réponse tout à l'heure, mais j'ai refusé de te la dire parce que tu n'avais pas préparé le devoir hier soir.
   5. Puisque le Président avait signé le traité, les journalistes l'ont questionné.
   6. Autrefois il ne prenait que deux repas par jour.

3. entrait; fumaient; tenait; s'apprêtaient; glissaient; se confondaient; perdait; portait; était; ont cessé; ont rejoint; s'attardait; observait; s'est approchée; semblait; créaient; pouvait; avait été; trahissait; avait; a changé; s'est installé; gagnait; venait; a failli; avait bu; s'est jetée; a dit; Fais; veux; n'a pas répondu; s'est rappelé; avait fait

4. 1. Les gens dans la rue n'avaient pas vu l'accident.
   2. Le capitaine pilotait le paquebot.
   3. La serveuse avait coupé le pain avant le repas.

5. 1. La; une; d'; au
   2. de
   3. du; de
   4. Le; des; de
   5. ____; l'; le
   6. Le; ____; le
   7. l'; de; une
   8. ____; les; de
   9. le
   10. de; des

Troisième Leçon

Exercices de réflexion, p. 38
   1. Ils vont aller au supermarché où ils vont acheter les provisions pour la semaine.
   2. Le semestre prochain je vais suivre un cours d'astronomie.
   3. Le professeur va parler de la Révolution française.

Exercices de vérification, p. 38
   1. Est-ce que tu vas partir pour les vacances?
   2. Ce soir, le Président va donner une conférence de presse.
   3. Attention! Tu vas t'asseoir sur une aiguille!
   4. Il va pleuvoir cet après-midi.
   5. Je vais envoyer un télégramme à mes parents.

Exercices de réflexion, p. 39
   1. sera
   2. j'irai
   3. aura
   4. téléphonera
   5. resteras
   6. prends

Exercices de vérification, p. 41
   1. sauras
   2. auras; diras
   3. apprendrez
   4. mange; mourra
   5. réussira; échoue; sera
   6. aura
   7. suis; n'arrives pas; partirai
   8. êtes; ferez
   9. voudront; retiendrai
   10. écriras; te souviendras
   11. saura; laissera
   12. viendrez; ferez; ont; essaierez
   13. verrai; raconterai
   14. aura; viendra
   15. a; aura

Exercices de réflexion, p. 41
   1. auras appris; pourras
   2. m'aura donné; prendrai
   3. seront déjà rentrés; pourrons
   4. aura trouvé; louera
   5. neige; mettrons
   6. jouerons; se seront endormis
   7. aura maigri
   8. aurai fini; prêterai
   9. sera
   10. seras parti; penseras

Exercices de vérification, p. 43

1.
1. aura fait
2. aura compris
3. avoir fait; pourras
4. aurons pris; serons
5. aura économisé
6. aurai pris; reviendrai
7. se sera levée; ira; voulez; dites
8. auront parcouru
9. se sera reposée; partirons
10. aurons repeint; inviterons
11. sera
12. verrai; expliquerai
13. aura touché; pourra
14. gaspilles; ne pourras pas
15. aura fini; passera

2.
1. Après avoir expliqué la grammaire, le professeur posera des questions.
2. Après être allée à la banque, elle ira aux Galeries Lafayette.
3. Après avoir fini leurs devoirs, ils s'endormiront.
4. Après être rentré, mon père tondra la pelouse.
5. Après avoir pris du café, je me mettrai au travail.

Exercices de réflexion, p. 44

1. arriveriez
2. voudrais
3. j'étais; voyagerais
4. ferait
5. comprendrions; faisions
6. trouverez

Exercices de vérification, p. 45

1. j'étais; ne travaillerais pas
2. seriez (serez)
3. pleuvrait; pleuvra; fera; ferai
4. aimerait; Pourriez
5. serait
6. aurait
7. ne dirais pas
8. serait
9. feriez; étiez
10. trouveriez
11. savait; serait
12. viendrez; J'aimerais; ne pouvez pas; téléphonez
13. ferait
14. sera
15. gronderaient

Exercices de réflexion, p. 46

1. j'aurais préféré
2. aurait bu (a bu)
3. n'aurais pas fait
4. aurais aimé
5. n'aurait pas eu; avait fait
6. aurait pu
7. aurait pu

Exercices de vérification, p. 47

1. Aviez envoyé; l'aurait reçue
2. J'aurais voulu; revient; j'aimerais
3. aurait vendu (a vendu)
4. n'est pas encore arrivé; aurait téléphoné
5. n'avions pas fait
6. décideriez
7. aurait eu (a eu)
8. se serait fâchée
9. avais étudié
10. aurait-elle appris (a-t-elle appris); j'étais; serais

Exercices de réflexion, p. 48

1. vous dépêchez
2. aurait gagné
3. savais
4. réfléchis; réussis
5. avais; donnerais

Exercices de vérification, p. 48

1. Si j'ai le temps, je viendrai.
   Si j'avais le temps, je viendrais.
   Si j'avais eu le temps, je serais venu(e).
2. Si vous faites cela, les enfants seront terrifiés.
   Si vous faisiez cela, les enfants seraient terrifiés.
   Si vous aviez fait cela, les enfants auraient été terrifiés.

3. Si je fais le travail, je recevrai une bonne note. (je reçois une bonne note.)
Si je faisais le travail, je recevrais une bonne note.
Si j'avais fait le travail, j'aurais reçu une bonne note.

4. Si tu vas au Louvre, tu verras *la Joconde*. (tu vois *la Joconde!*)
Si tu allais au Louvre, tu verrais *la Joconde*.
Si tu étais allé au Louvre, tu aurais vu *la Joconde*.

5. Si nous dormons, nous nous sentirons mieux.
Si nous dormions, nous nous sentirions mieux.
Si nous avions dormi, nous nous serions senti(e)s mieux.

Exercices de réflexion, p. 49
1. Il doit travailler beaucoup.
2. Ils devaient partir de bonne heure.
3. Nous avons dû nous dépêcher.

1. aurait dû
2. devrais
3. n'aurais pas dû
4. devrions
5. devons

Exercices de vérification, p. 50
1. Il doit repeindre sa maison cette année.
2. Vous n'auriez pas dû soupçonner Alain.
3. Vous devriez donner un coup de main à votre mère.
4. On doit persévérer si l'on veut arriver à ses fins.
5. Il n'aurait pas dû adresser des menaces à sa famille.
6. Vous devriez collectionner des pièces d'un sou parce qu'elles seront bientôt rares.
7. Il aurait dû gagner le match car c'est le meilleur joueur.
8. Ils devaient arriver avant ce soir. Ils ont dû manquer le train. Dans ce cas, ils devront attendre celui du soir.
9. Après l'accident, ils ont dû barrer la route parce qu'ils devaient la dégager.
10. Cet homme aurait dû secourir les pauvres. Il devait être très égoïste.
11. Il doit rembourser son père.

Exercices de récapitulation, p. 50
1. seront descendus; se rechaufferont
2. étais resté; aurais vu
3. Sauriez (Savez)
4. se dépêchent; attendrai; doivent
5. aura fini; veut
6. sauriez; me couche
7. étions; s'est enfui; aurions dû; auriez agi; aviez été
8. aura assez dormi; se réveillera
9. avais lu; aurais su
10. serait; nous baignerons
11. avoir appris; a pleuré; verrez; serait
12. prendrons; arriverons; avions; prendrions
13. aimerais; dois (aurais aimé; devais)
14. aurait eu (a eu); s'est exilé; rentrons
15. ne pourrais pas
16. pourras
17. devrais
18. plairait; ne l'a jamais portée (ne la porte jamais)
19. avoir fait
20. Pourriez (Pouvez)
21. s'est éclairci
22. aura fait; pourrons; mets
23. passions; travaillent; reste; irons
24. serait; trouvera
25. a perdu (aurait perdu); aurait dû; pouvait; serait
26. aurais aimé; devait; l'avais su; me serais arrangé
27. ne durerait pas
28. sera
29. j'aurai touché; pourrai; reste; emmènerai
30. avoir couru

Quatrième Leçon

Exercices de réflexion, p. 53
1. 1. aies; es
    2. ayez téléphoné; voulais
    3. puisse; serai
    4. ait; aille; ne soit rien
    5. j'aurai; téléphonerai
    6. ne soit pas venue; devait
    7. veut
    8. nous soyons trompés;
       ayons manqué
    9. puisse; est; soit; saura
    10. l'a vue; avait
    11. ait gagné
    12. pourra
    13. ait détruit
    14. partir
    15. semble
    16. j'aie jamais vu
    17. ne coûtait pas
    18. nous voyions; fait
    19. terminent, partirons
    20. soit
    21. ne fassent pas
    22. faille
    23. dise; veut; puisse; seront;
        ne trouvent pas
    24. ne se souvienne pas

2. 1. Il vaut mieux aller voir le médecin.
    2. Avant son départ, je lui parlerai.
    3. Même si Georges ne vient pas vous voir, il pense toujours à vous.
    4. Il faut dire la vérité.

Exercices de vérification, p. 62
1. 1. remettions; puisse
    2. soit tombée
    3. soit
    4. ne dorme
    5. se garent
    6. se sente
    7. entre
    8. étudiions
    9. travailliez
    10. prenne
    11. ait préparé
    12. comprenne; retienne
    13. plaise

2. 1. avons; est; ne pollue pas
    2. habite; paie
    3. n'en boive
    4. doives
    5. on peut
    6. a fait; pouvait
    7. n'ait pas pris; ne peux pas
    8. viennes
    9. cherchiez; ne trouverez pas
    10. pourra
    11. est
    12. soient
    13. reçoive
    14. plaise
    15. fassent
    16. se soient souvenus
    17. n'aient pas ramassé
    18. craigne
    19. veut
    20. sache
    21. s'en rende compte
    22. entendent
    23. comprenne
    24. ne disions rien; se doutera
    25. soit

3. Des phrases telles que:
    1. Nous regrettons que vous soyez malade.
       Je suis ravi qu'il vienne avec nous.
       Il est surpris que cette équipe ait gagné le match.
    2. J'espère qu'il viendra.
       Il souhaite que tu réussisses à l'examen.
       Je souhaite que vous ayez passé une bonne année en Europe.
    3. Ma grand-mère désire que j'aille la voir.
       Le professeur veut que vous arriviez à l'heure.
       Ma mère préfère que nous restions à la maison.
    4. Il faut que nous nous levions à sept heures demain matin.
       Il est nécessaire que tout le monde assiste à cette réunion.
    5. Il est possible qu'il pleuve ce week-end.
       Il se peut qu'il soit gravement malade.
    6. Il est probable qu'il pleuvra ce week-end.
       Il n'est pas probable qu'il survive à cet accident.

7. Il n'était pas certain que son amie ait réussi à l'examen.
   Nous ne sommes pas sûrs qu'il vienne aujourd'hui.
   Sa maladie est grave mais je doute qu'il meure.
8. C'est le plus beau garçon que je connaisse.
   C'est le plus grand hôtel qu'ils aient jamais vu.
9. Qu'il fasse quelque chose!
   Qu'ils ne soient pas en retard!
   Qu'ils n'aient pas eu d'accident!

4. 1. Même si nous essayons de ne pas dépenser d'argent, nous avons toujours trop de factures.
   2. Sans s'entraîner, il joue très bien au football.
   3. Jacqueline a peur de manquer l'avion.
   4. Je ne crois pas pouvoir accepter votre invitation.

Exercices de récapitulation, p. 63

1. 1. rentre; aille; prépare; soit
   2. Asseyez-vous
   3. avais terminé; sommes allés
   4. régnait; s'amusaient
   5. voyait
   6. serez arrivé
   7. choisisse
   8. aille; voit; permette; gâtent
   9. arrivait; allaient
   10. faisait; a pris; pleuvrait
   11. Quittons
   12. ont été (furent)
   13. serais allé
   14. partiront
   15. voudrais
   16. se boit
   17. vienne; tourner
   18. fasse
   19. fasse; échouera; ne se produise; aurait dû
   20. résolve

2. 1. Il vous faut partir.
   2. Le capitaine ordonne aux marins de rester à bord du bateau.
   3. Son grand chapeau m'empêche de voir la scène.
   4. Nous attendons jusqu'à son arrivée.
   5. Même s'il mange, il ne grossit pas.

3. 1. une   2. de   3. de; la   4. Le

Cinquième Leçon

Exercices de réflexion, p. 65
1. Tu devrais la jeter.
2. S'est-il présenté à eux?
3. Nous y avons assisté hier soir.
4. Il en a deux.
5. Ma grand-mère ne pourrait pas y monter.
6. Il le lui vendra.
7. On nous l'a déjà dit.
8. Il les a lus avant de lui passer le journal.
9. Je vais y réfléchir.
10. Demandez-la-lui.
11. Ne vous en faites pas!

Exercices de vérification, p. 71

1. 1. Je le connais depuis trois ans.
   2. Je les ai mises dans le tiroir.
   3. Mes parents me l'ont raconté.
   4. Le professeur lui a parlé cet après-midi.
   5. Je vais leur téléphoner.
   6. Il la leur a expliquée.
   7. Pierre refuse de nous les montrer.
   8. C'est Gérard qui me l'a envoyée.
   9. Le contremaître le leur a expliqué.
   10. Nous le lui avons demandé.
   11. C'est Paul qui a su la réparer.
   12. Nous allons lui demander de la faire.
   13. Ils y vont pour le week-end.
   14. Il ne s'y habituera jamais.
   15. En été nous y déjeunons souvent.
   16. Ils vont y réfléchir.
   17. Il y tient.
   18. L'élève l'y a accroché.
   19. Elle va les y emmener cet après-midi.
   20. Nous voulons nous y asseoir pendant que vous les ferez.
   21. Je les y ai rencontrés.
   22. Cet homme d'affaires y pense toujours, mais il ne pense jamais à elle.
   23. Il s'y est installé.
   24. Il l'y a posé.
   25. J'y ai déjà répondu.
   26. On en achète dans un bureau de tabac.
   27. Il y en a dans le réfrigérateur.
   28. J'en ai vu au zoo.
   29. En avez-vous?
   30. Le père Noël leur en apporte à Noël.
   31. Elle en a toujours besoin.
   32. Je n'en ai pas envie ce soir.
   33. Tu en as déjà mangé trois!
   34. Elle en a un, mais moi, j'en ai deux.
   35. J'en ai mis un peu dans la salade.
   36. Ils en sont fiers.
   37. J'en aime le bouquet.
   38. Quelle jolie robe. J'en aime surtout la couleur.
   39. Il en reviendra vers quatre heures.
   40. Il en arrivera cet après-midi.
   41. On peut en trouver chez cet épicier.
   42. Il voudrait lui en parler.
   43. Je m'en occuperai cet après-midi pendant que vous y serez.

44. Peux-tu m'en donner une?
45. Je vais en acheter à la librairie.
46. Il l'est.
47. L'avez-vous entendu?
48. En grandissant, il l'est devenu.
49. Faites-y attention et ne leur parlez pas.
50. Donnez-lui-en parce qu'il veut y aller.
51. Demande-le-lui.
52. Occupe-t'en.
53. N'y appuyez pas. (N'appuyez pas dessus.)
54. Ne t'en fais pas, et ne leur en dis rien.

2. 1. Oui, je l'ai vue.
2. Oui, je voudrais la lui envoyer. (Oui, je veux bien.)
3. Oui, il l'a. (Oui, il en a le temps. Oui, il a le temps de les corriger.)
4. Oui, je le crois. (Oui, je crois qu'elle la dit.)
5. Oui, il le sait.
6. Oui, elles le sont.
7. Oui, elles le sont.
8. Non, elle ne lui ressemble pas.
9. Oui, je pourrais le lui demander. (Oui, je le pourrais.)
10. Oui, je le leur ai expliqué.
11. Oui, je l'écoute quand il me les raconte.
12. Non, elle ne leur téléphone pas souvent.
13. Oui, ils y demeurent depuis longtemps.
14. Oui, il les y a laissés.
15. Non, je ne l'y ai pas mise.
16. Oui, ils s'y sont habitués.
17. Oui, elle pense souvent à eux.
18. Oui, j'y vais de temps en temps.
19. Non, il ne l'y met pas.
20. Oui, j'en ai beaucoup.
21. Non, il n'ose pas se moquer de lui. (Non, il ne l'ose pas.)
22. Oui, il s'en moque.
23. Oui, il en vient.
24. Il y en a sept.

Exercices de réflexion, p. 73

1. eux
2. Vous; nous
3. soi

4. eux
5. Lui; elle
6. toi (vous)

7. nous
8. toi-même

9. lui
10. toi

Exercices de vérification, p. 76

1. 1. Sans lui, nous n'aurions jamais gagné le match.
2. Ils parlent d'elle et de lui.
3. Ce cadeau est pour vous.
4. Ces livres sont à nous; les autres sont à eux.

5. Ils sont arrivés avant nous, mais après elle.
6. Ni lui ni elle n'ont téléphoné.
7. Il n'y a que lui qui fume.
8. Ce sont elles qui m'ont donné ce cadeau.

2. 1. toi
2. moi-même

3. soi
4. Toi; eux

5. moi; lui (elle)
6. lui; moi

7. lui
8. elle

9. eux
10. toi

Exercices de récapitulation, p. 76

1.
1. J'en ai assez.
2. Va sur la côte et tu en seras content.
3. Lui écrit-il souvent?
4. Cette voiture n'est pas à eux; elle est à lui.
5. Demandez-lui-en.
6. Je ne m'en souviens pas.
7. Tu t'en plains toujours.
8. Nous allons nous présenter à eux.
9. Vous n'y êtes jamais allé? Paul en est arrivé il y a trois jours. Il nous a dit qu'il l'avait beaucoup aimé et qu'il espère y retourner bientôt.
10. Il ne peut pas en supporter l'odeur. Alors il ne faut pas les préparer quand il y est (il est là).
11. Il en manque!
12. Fais-le pour elle. Elle en sera contente.
13. Ce jeune homme lui en a offert un.
14. Il faudra que tu l'y emmènes.
15. Elle a refusé de l'y accompagner. Elle a préféré sortir avec lui.
16. J'en avais douze. Maintenant il ne m'en reste que trois.
17. Je n'en sais rien. Demandez-lui s'il peut vous renseigner.
18. Achètes-en pour ton père pendant que tu y seras (tu seras là).
19. Mettez-l'y.
20. Il en a acheté plusieurs à la librairie.
21. Ni lui ni elle ne vont à la conférence ce soir. Je le regrette.
22. Ne m'en parle pas!
23. Il l'a choisi parce qu'il voulait lui faire plaisir.
24. Tu pourras lui parler après nous.
25. Si tu as mal à la tête, prends-en. Il y en a dans ce tiroir.
26. Je l'ai vue dans la rue; elle était avec lui.
27. Leur en avez-vous donné?
28. J'en avais l'intention, mais je n'ai pas eu le temps.
29. En est-il digne?
30. Il a oublié d'y répondre.

2.
1. Oui, je la leur ai annoncée.
2. Oui, ils vont aller l'y voir.
3. Non, elle ne s'en rend pas compte.
4. Oui, on m'en a donné assez.
5. Oui, elles y vont avec eux.
6. Oui, il va le lui confier pendant ses vacances.
7. Oui, je l'y ai rencontrée.
8. Oui, il en sera récompensé.
9. Non, je n'y ai pas échoué.
10. Oui, il l'a obtenu.
11. Oui, il en a assez (pour l'entreprendre).
12. Oui, il va lui plaire.
13. Oui, je le suis.
14. Oui, ils ont refusé de la lui prêter.
15. Non, je n'y joue pas avec elle.
16. Oui, ils y sont abonnés. (Oui, ils le sont.)
17. Oui, elle s'en est servie pour la faire.
18. Oui, il leur en parle souvent.
19. Oui, elle en est fière.
20. Oui, ils le craignaient.

Sixième Leçon

Exercices de réflexion, p. 78

1. son
2. mes; les siens
3. son; le; sa
4. son; le leur
5. son
6. les
7. nos; nos, aux leurs
8. votre; le
9. la leur
10. son

Exercices de vérification, p. 80

1.
   1. sa
   2. mon
   3. ta
   4. sa; ses; son
   5. leurs
   6. mon
   7. la
   8. la
   9. leur
   10. ses

2.
   1. des tiens
   2. le leur; le nôtre
   3. des siens
   4. la mienne
   5. au vôtre; le sien
   6. des siennes
   7. la leur
   8. le mien; le sien

Exercices de réflexion, p. 81

1. Ce; c'
2. Cet
3. cet
4. Cette
5. ces; Celui-ci; celui-là
6. celle-ci; celle-là
7. C'
8. cela (ça)
9. Ceux
10. C'
11. C'
12. Il
13. Ce
14. Elle
15. celle; celle
16. Cela (ça)
17. Cette; celle
18. Cet
19. cet
20. Il; C'

Exercices de vérification, p. 84

1.
   1. ce
   2. cette
   3. Cette
   4. Cette; celle
   5. ce
   6. Cet
   7. ces
   8. Cette
   9. Ces

2.
   1. celle-là
   2. celle
   3. celui-là
   4. Celui-ci; celui-là
   5. Celui-ci; celui-là
   6. celles
   7. celles
   8. ceux
   9. ceux
   10. celles
   11. Ceci
   12. Ceci (Cela)
   13. Cela (Ça)
   14. cela; Ce
   15. cela

3.
   1. C'est
   2. Elle est
   3. C'est
   4. Ils sont
   5. C'est
   6. Il est
   7. C'est
   8. C'est
   9. Elle est
   10. Il est
   11. C'est
   12. C'est
   13. Ils sont, elles sont
   14. C'est
   15. Ce sont
   16. Ce sont
   17. Elles sont
   18. Il est
   19. Elle est
   20. C'est

Exercices de récapitulation, p. 85

1.
   1. mon; les; les; son; ses; sa
   2. ton; au nôtre
   3. la leur
   4. leur
   5. ton
   6. sa; la mienne
   7. ses; les siens
   8. ton; ton; le sien
   9. notre; nos
   10. leurs; ma; ses; sa; mon; sa; mon; nos; notre; mes; mon; ma; sa; la nôtre

2.
   1. cette; ces
   2. Cet
   3. Ce; celui
   4. Cette; celle-là
   5. ceci; celle
   6. cela
   7. c'; cela (ça)
   8. celui-ci; celui-là
   9. ceux
   10. C'
   11. Cette
   12. cette; ce; celui-ci; celui
   13. Cela (Ça)
   14. cet; celui-là
   15. C'

3.
   1. Elle est
   2. Il est
   3. Ce sont
   4. C'est
   5. Ils sont
   6. Il est
   7. C'est
   8. Elle est
   9. Il est
   10. C'est

4. 1. La connaissez-vous?
   2. Jean-Pierre m'a présenté à lui.
   3. Nous lui en avons donné un.
   4. Donnez-m'en.
   5. Ne l'y jetez pas!
   6. Georgette l'a lavée.
   7. Pierre lui en a envoyé beaucoup.
   8. J'y pense toujours.
   9. Jean voudrait leur en offrir.
   10. Il m'a demandé de le lui prêter.

5. 1. avoir écrit   3. Soyez   5. sommes arrivés
   2. avait perdu   4. aurait décerné

Septième Leçon

Exercices de réflexion, p. 88

1. 1. Qui   6. Lequel   11. Lesquels   16. Laquelle
   2. quoi   7. Qu'est-ce que c'est que   12. quoi   17. Qui
   3. Que   8. Quelle   13. Quelle   18. Qu'est-ce qu'
   4. qui   9. Qu'est-ce que   14. Quel   19. Auxquelles (à laquelle)
   5. Qu'est-ce qui   10. qui   15. Qui   20. Que

2. 1. Combien   4. Comment   7. Comment   9. Combien
   2. D'où   5. Quand   8. Quand   10. Pourquoi
   3. Pourquoi   6. Où

Exercices de vérification, p. 93

1. 1. Qu'est-ce que   12. quelle; Où   21. Qu'est-ce qui   31. Qui (lequel)
   2. Qu'   13. Quel   22. Qu'est-ce (que   32. Qui
   3. Qu'est-ce que   14. Qu'est-ce que c'est   c'est) qu'   33. Qui
   4. Que   qu'   23. lequel   34. Qui est-ce que
   5. Que   15. Qu'est-ce que c'est 24. Quelles   35. qui
   6. Quelle   que   25. Qu'est-ce qui   36. Auquel
   7. Quelles   16. Quelle   26. Quel   37. Qu'est-ce que
   8. Quel   17. Quelle   27. Qui   38. quoi
   9. Lequel   18. Qu'est-ce qui   28. Qui   39. quoi
   10. Lesquels   19. Qu'   29. Quel   40. qui
   11. Laquelle   20. Qu'est-ce que   30. Comment   41. quoi

2. 1. Quel avion prends-tu?
    2. Que veut dire "bondé"?
    3. De quoi lui parleras-tu?
    4. De quoi as-tu besoin?
    5. Quel âge a-t-il?
    6. Que fais-tu? (Qu'est-ce que tu fais?)
    7. A quoi s'intéresse-t-il?
    8. A qui envoie-t-elle cette lettre?
    9. Comment vas-tu?
    10. Qu'est-ce que c'est?
    11. Où as-tu mis la souris?
    12. Qu'est-ce que vous avez l'habitude de faire après le dîner? (De quoi avez-vous l'habitude après le dîner?)
    13. Comment s'appelle-t-elle?
    14. A qui l'as-tu apporté?
    15. Combien de semaines de vacances nous reste-t-il?
    16. Combien est-ce que je te dois? (Combien te dois-je?)
    17. Que veux-tu? (Qu'est-ce que tu veux?)
    18. En quelle saison sommes-nous?
    19. Qu'aimes-tu lire? (Qu'est-ce que tu aimes lire?)
    20. Quel temps fait-il?
    21. Qui t'a téléphoné?
    22. Quand t'a-t-elle téléphoné?
    23. Qu'est-ce qui t'intéresse?
    24. De quoi a-t-elle peur?
    25. Avec qui es-tu allé voir les ballets?
    26. Qu'est-ce qui pousse dans son jardin?
    27. A quoi sert un aspirateur?
    28. Quelle robe a-t-elle choisie?
    29. Qu'est-ce que c'est?
    30. Quelle est la saison qui suit le printemps?
    31. D'où le prestidigitateur a-t-il tiré le lapin?
    32. Jusqu'à quelle page faut-il lire?
    33. De quel film les critiques se sont-ils moqués?
    34. Comment est-il?
    35. Où l'as-tu trouvé?
    36. Depuis combien de temps fume-t-il la pipe?
    37. Lequel est le tien?
    38. Quel est son numéro de téléphone?
    39. Pourquoi est-il parti?
    40. Qu'avez-vous pris? (Qu'est-ce que vous avez pris?)
    41. Qu'est-ce qu'elle aime faire?
    42. Où habite-t-il?
    43. Quand est-elle née? (En quelle année est-elle née?)
    44. Qui est à la porte?
    45. Qu'avez-vous appris? (Qu'est-ce que vous avez appris?)
    46. D'où revient-il?
    47. D'où a-t-il tiré ce passage?
    48. Quelle est la réponse à cette question?
    49. Pourquoi faut-il manger?
    50. Combien de temps (jours) nous reste-t-il avant les vacances?

Exercices de récapitulation, p. 95

1. 1. Combien de cours avez-vous par jour?
   2. Où va-t-elle?
   3. Laquelle de ces deux peintures est la meilleure?
   4. De quoi as-tu besoin?
   5. Qui a fini la leçon?
   6. Où se trouve le bureau de poste?
   7. Quel temps fait-il?
   8. Qui est là?
   9. Comment travaille-t-il?
   10. Que feras-tu ce soir?
   11. Comment va-t-elle?
   12. Comment trouves-tu cela?
   13. Combien cela coûte-t-il? (Combien est-ce que cela coûte?)
   14. Avec qui sors-tu ce soir? (Que fais-tu ce soir?)
   15. Qu'est-ce que c'est qu'un feutre?

2. 1. Que fais-tu? (Qu'est-ce que tu fais?)
   2. A quoi t'intéresses-tu?
   3. Comment t'appelles-tu?
   4. Qu'est-ce qui est arrivé ce matin?
   5. Qu'est-ce que (c'est que) la philologie?
   6. Quelle heure est-il?
   7. Quels sont les titres de ces livres?
   8. Qu'as-tu pensé du film? (Qu'est-ce que tu as pensé du film?)
   9. Lequel de ces deux romans préfères-tu?
   10. Qu'est-ce qui est derrière la porte?

3. 1. Laquelle´
   2. Où
   3. quoi
   4. celle; celle
   5. lui; le sien
   6. Ceux; ceux
   7. Où
   8. Moi; lui; cela
   9. qui; lui (elle, eux, elles)
   10. De laquelle; celle
   11. Qu'est-ce qui
   12. celle; la sienne
   13. Quelle
   14. leur
   15. Qu'est-ce qui; lui
   16. Quel; Quand
   17. Qu'est-ce que c'est qu'; C'est
   18. quoi
   19. qui
   20. la-moi; lui

4. 1. avait su; n'aurait pas échoué; a passé
   2. je ne me perde
   3. irez
   4. j'ai fait; tenait; j'aurais bien voulu; je ne me sentais pas très bien; j'ai dû
   5. je ne vienne pas

Huitième Leçon

Exercices de réflexion, p. 98

1. 1. que
   2. dont
   3. lequel
   4. qui
   5. qu'
   6. dont
   7. qui
   8. ce que
   9. où
   10. ce qui
   11. lesquelles
   12. dont
   13. qui
   14. que; qui
   15. qui
   16. auxquelles
   17. qui; que
   18. quoi (qui)
   19. Ce qui
   20. auquel

2. 1. Mes amis qui n'ont pas beaucoup de travail vont toujours au cinéma.
   2. Mon frère a lu beaucoup de livres que je n'ai pas encore lus.
   3. L'argent dont j'ai besoin est dans mon portefeuille.
   4. Les candidats entre lesquels les électeurs doivent choisir sont tous les deux bien connus.

5. Le directeur dont vous connaissez les objectifs est très puissant.
6. Les repas qui sont servis au réfectoire sont excellents.
7. Son beau-frère dont vous avez entendu parler vient de nous rendre visite.
8. Les animaux que Pierre adore sont dans le jardin zoologique.
9. Nos enfants n'aiment pas ces voisins dont le chien est très méchant.
10. La serveuse avec qui nous nous sommes disputés n'a pas eu de pourboire.

Exercices de vérification, p. 104

1.
1. qui	9. que	17. laquelle	24. dont
2. qui; qui	10. qu'	18. qui	25. dont
3. qui	11. qui	19. de laquelle	26. dont
4. qui	12. qui	20. qui	27. dont
5. que	13. qui	21. qui	28. dont
6. que	14. laquelle	22. qui	29. dont
7. qui	15. lesquels; qui	23. dont	30. où
8. que	16. qui		

2.
1. ceux qui	3. celles qui	5. que; ceux dont
2. celle qui	4. celles dont	

3. 1. Je ne sais pas ce que c'est.
2. Je ne sais pas ce qu'il fait.
3. Je ne sais pas ce qui fait ce bruit.
4. Je ne sais pas ce que je ferais
5. Je ne sais pas ce qui pourrait les amuser.
6. Je ne sais pas de quoi il a besoin. (Je ne sais pas ce dont il a besoin.)
7. Je ne sais pas avec quoi ils jouaient.
8. Je ne sais pas où se trouve Madagascar.
9. Je ne sais pas de quoi il s'agit. (Je ne sais pas ce dont il s'agit.)
10. Je ne sais pas ce que c'est qu'un hanneton.

4. 1. L'immeuble dans lequel j'ai loué un appartement est en brique.
2. Les députés parmi lesquels il y a des communistes ont tous voté contre la majorité.
3. Nicolas a pris une photo des statues qu'il avait sculptées.
4. Cette dame dont le mari est malade doit travailler.
5. Son expérience dont nous nous rendons compte nous aidera beaucoup dans ce projet.
6. Les fruits que Pierre a achetés sont mauvais.
7. C'est une bicyclette dont je n'aime pas la couleur.
8. La cathédrale dont le professeur nous a montré une photo n'a qu'une flèche.
9. Je n'aime pas le livre que nous étudions.
10. Il est difficile de choisir entre ces deux candidats dont l'un est socialiste et l'autre réformateur.

Exercices de récapitulation, p. 106

1.
1. dont; dont (à qui)	9. où	16. à laquelle; qui; ce qui
2. Ce qui	10. que; ce dont	17. dont; où; que; ce qu'
3. ce que; dont	11. dont; ce qui; qu'	18. dont; qui; dont; qui; qu'; duquel; ce qu'
4. laquelle; ce qu'; laquelle	12. qui; ce qu'; ce que	19. auquel; dont; que; qui; qui; qui; qui
5. ce dont	13. qui; ce que; laquelle; que	20. ce qui; dont; qui; qui; qui; que; qui; ce qu'
6. ce qu'; qui	14. d'où; dont	
7. où; que	15. dont; que; qui; qui	
8. duquel; qui		

2.
1. Que	4. Qu'est-ce que	7. Ce que	9. De quoi
2. qui	5. ce qui	8. qui	10. dont
3. Lequel	6. Qu'est-ce qui		

3. 1. avons
   2. puisse
   3. a vaincu (vainquit)
   4. aura fini

   5. fassiez; ne saurez jamais
   6. bénisse
   7. ayons

   8. avaient préparé
   9. ai fait
   10. êtes; suis

Neuvième Leçon

Exercices de réflexion, p. 109
1. 1. Nous n'avons plus de travail.
   2. Il n'est doué ni pour les mathématiques, ni pour les sciences.
   3. Vous n'êtes jamais de bonne humeur.
   4. Je n'ai pas encore vu cette pièce.
   5. Nous n'irons nulle part pour les vacances.
   6. Personne n'a apporté de cadeau.
   7. Aucun article de cette revue n'était intéressant.
   8. Je n'ai rien entendu d'étrange.
   9. Nous n'avons goûté aucun de vos gâteaux.
   10. Il n'a jamais rien à dire à personne.

2. 1. Il n'a guère d'enthousiasme.
   2. Ce magasin ne vend que des vêtements.
   3. Il fera n'importe quoi pour réussir.

Exercices de vérification, p. 115
1. 1. Je n'ai pas de chien.
   2. Il ne s'est pas senti nerveux.
   3. Elle ne mange jamais de salade
   4. Tu n'as jamais beaucoup d'énergie.
   5. Nous ne sommes jamais allés au cinéma.
   6. Ils ne se sont jamais vus.
   7. Monsieur Duculot n'est plus jeune.
   8. Il n'y a plus de ragoût dans la casserole.
   9. Après avoir acheté des provisions, elle n'avait plus d'argent.
   10. Ils ne se sont pas encore habitués à cette façon de vivre.
   11. Le dîner n'est pas encore prêt.
   12. Je n'ai pas encore lu ce roman.
   13. Je n'ai vu les lunettes nulle part dans la maison.
   14. Cette marque de skis ne se vend nulle part en Europe.
   15. Personne n'aime cette boisson; moi non plus.
   16. Ma famille n'est pas abonnée à cette revue; nos voisins ne l'aiment pas non plus.
   17. Il vaut mieux ne pas déranger ton père à son bureau.
   18. Personne n'est absent aujourd'hui.
   19. Il n'y a personne à la maison.
   20. Elle n'a besoin de personne pour l'aider dans la cuisine.
   21. Personne n'a accepté notre invitation.
   22. Il ne m'a rien dit d'intéressant
   23. Il n'y a rien dans cette boîte.
   24. Rien dans ce livre ne m'a passionné.
   25. Nous n'avons vu aucun ours dans la forêt.
   26. Ils n'ont posé aucune question.
   27. Aucune des jeunes filles ne portait de robe blanche. (Aucune jeune fille ne portait de robe blanche.)
   28. Il n'y a aucune photo floue.

29. Aucune de ses idées n'est bonne. (Aucune idée n'est bonne.)
30. Elle n'est fâchée ni contre toi ni contre lui.
31. Nous n'allons acheter ni vin ni bière.
32. Le trimestre prochain je n'etudierai ni la biologie ni la chimie.
33. Je n'ai envie d'aller ni à la plage ni à la piscine.
34. Je n'ai aimé ni le roman ni le film qu'on en a tiré.
35. Il n'écrit ni ne téléphone à ses parents.
36. Ni lui ni elle ne me comprennent.
37. Le médecin ne permet au malade ni de se lever, ni de recevoir des amis.
38. Je n'ai plus d'argent.
39. Nous n'avons jamais vu personne dans ce parc.
40. Il ne va plus jamais à ce café. Elle non plus.
41. Il n'a encore rien dit ni à Jeanne ni à Maurice.
42. Aucun des élèves n'est jamais en retard. (Aucun élève n'est jamais en retard.)
43. Il n'a encore rien fait pour personne

2. 1. Elle n'est point (pas du tout) inquiète.
    2. Il n'y a qu'une bouteille pour tout le monde.
    3. Nous n'avons eu qu'un jour de congé pendant l'année.
    4. Je n'ai reconnu qu'une de ces symphonies.
    5. Il n'a guère de talent.
    6. Elle n'est guère intelligente.
    7. Cet élève ne parle guère en classe.
    8. Il mange n'importe quoi.
    9. Venez n'importe quand.
    10. N'importe qui pourrait vous renseigner.
    11. Amenez n'importe quel ami.
    12. Nous irons n'importe où.
    13. Il (Elle) s'habille n'importe comment.

Exercices de récapitulation, p. 116
1. 1. Mon père ne m'a pas encore envoyé d'argent.
    2. Il ne pense jamais ni à sa mère ni à sa sœur.
    3. Ne m'expliquez pas votre idée.
    4. Il n'écoute ni ne cherche à comprendre.
    5. Je n'ai plus peur de ce chien.
    6. Il ne lui apporte jamais rien de cher.
    7. Aucune de ces bouteilles n'est vide. (Aucune bouteille n'est vide.)
    8. Béatrice n'a pas encore fini sa leçon. André non plus.
    9. Aucune banane n'est encore mûre.
    10. Ni toi ni lui ne pouvez venir parce que vous n'avez pas encore dix-huit ans.
    11. Elle n'est contente ni de son travail ni de sa famille.
    12. Il n'a jamais cassé aucun disque.
    13. Il n'a pas encore trouvé le moyen de le faire.
    14. Nous ne téléphonerons plus ni à Emilie ni à Alfred.
    15. Aucune de ces fleurs n'est fanée. (Aucune fleur n'est fanée.)

2. 1. Non, il n'est plus fâché contre vous.
    2. Non, je n'ai aucun ami à inviter.
    3. Non, il n'y a rien qui me passionne particulièrement.
    4. Non, je n'irai nulle part pour les vacances.

5. Non, il n'a emmené personne.
6. Non, il n'a rien apporté à la soirée.
7. Non, il n'a ni courage ni ambition.
8. Non, il n'y a plus personne à la maison.
9. Non, je ne les ai vues nulle part.
10. Non, je n'ai rien dit à personne.
11. Non, je n'ai plus rien à faire.
12. Non, il n'y en a plus. (Non, il n'y a plus de vestiges de l'ancienne ville.)
13. Non, personne ne m'a donné aucune idée. (Non, personne ne m'en a donné aucune.)
14. Non, il n'y a ni pain, ni beurre, ni lait.
15. Non, ils n'ont rien découvert de nouveau au cours de leurs expériences.

3. 1. Nous n'avons guère d'argent.
  2. Elle n'achète que des légumes frais.
  3. Il écrit ses devoirs n'importe comment.
  4. Venez me voir n'importe quand.
  5. Elle ne voulait que vous plaire.
  6. Cette expression ne s'emploie guère.
  7. Hier je n'ai assisté qu'à un cours.
  8. Apprenez par cœur n'importe quel poème. (Apprenez par cœur n'importe lequel de ces poèmes.)
  9. Je ne lui parle guère quoiqu'il n'habite qu'à deux kilomètres d'ici.
  10. Il parlait si doucement que je n'ai guère compris ce qu'il disait.
  11. Demandez à n'importe qui.

Dixième Leçon

Exercices de réflexion, p. 118
1. 1. une longue histoire intéressante
   2. mon beau pays natal
   3. une nouvelle voiture noire
   4. un nouvel appartement (un appartement nouveau)
   5. la jeune dame charmante
   6. de l'eau fraîche
   7. les pierres colorées et chères
   8. un vieil hôtel parisien
   9. une maladie bénigne
   10. les affaires et l'intérêt publics

2. 1. La belle maison blanche au coin de la rue est à vendre.
  2. Le vieux clochard aveugle joue de la flûte.
  3. J'ai reçu plusieurs cartes amicales de mon oncle pendant son voyage.
  4. Athènes est une ville ancienne.
  5. Les examens oraux auront lieu à la fin du trimestre.

Exercices de vérification, p. 124
1. 1. un jour froid
   2. les devoirs faciles
   3. la table ronde
   4. une peinture exquise
   5. un accent aigu
   6. la secrétaire fatiguée
   7. les cheveux roux
   8. une actrice fière
   9. la bête craintive
   10. des hôtesses gentilles
   11. le petit bébé endormi
   12. les mauvais joueurs
   13. les longues routes sinueuses
   14. un vieil artiste orgueilleux
   15. de belles écharpes luxueuses
   16. des écharpes douces et chaudes
   17. l'extravagant Monsieur Dupont
   18. la première bonne idée
   19. un grand esprit imaginatif
   20. une belle Américaine sportive

21. plusieurs enfants gais
22. toutes les semaines
23. le pull-over propre
24. de l'eau fraîche
25. une lourde atmosphère
26. Ce monsieur spirituel raconte des histoires amusantes.
27. Jean est resté au lit toute la nuit.
28. Un grand nombre de vos amis ont lu cette longue pièce célèbre.
29. Hier je l'ai vu pour la première fois avec son bel enfant roux.
30. Jean-Pierre portait un chapeau brun avec son manteau beige.

2. 1. toutes   4. tous   7. tous
    2. tous   5. toute   8. tout
    3. tout   6. tout

Exercices de réflexion, p. 125

1. 1. heureusement   4. facilement   7. évidemment   10. précisément
    2. naïvement   5. décidément   8. lentement   11. mal
    3. sèchement   6. bien   9. mieux   12. premièrement

2. 1. Le bon élève répond immédiatement à la question du professeur.
    2. Il avait déjà accepté l'invitation quand sa mère lui a dit fermement qu'il ne pouvait pas y aller.
    3. L'enfant a trop mangé.
    4. Les ouvriers ont beaucoup travaillé dans le jardin; par conséquent ils sont bien fatigués.
    5. Presque tout le monde joue au tennis.
    6. Nous les avons cherchés partout.
    7. Jacqueline est extrêmement contente depuis son retour de France.
    8. Peut-être votre père veut-il que vous rentriez plus tôt.
    9. Les élèves ont discuté franchement de leurs problèmes avec leurs conseillers.
   10. Jacques a si bien étudié qu'il a pu répondre facilement à toutes les questions difficiles.

Exercices de vérification, p. 129

1. 1. amicalement   4. sérieusement   7. vraiment   9. résolument
    2. premièrement   5. vivement   8. profondément 10. personnellement
    3. grandement   6. suffisamment

2. 1. L'agent de police a indiqué clairement la direction du métro.
    2. Jean-Pierre répond sincèrement.
    3. Il a exprimé ouvertement ses sentiments.
    4. L'enfant a caressé gentiment le petit chien.
    5. Vous avez défendu courageusement votre camarade.
    6. Le professeur a très bien expliqué le devoir pour le lendemain.
    7. Tu as mal appris la leçon.
    8. La vieille dame a beaucoup parlé pendant le concert.
    9. Cette dame s'habille avec élégance chaque fois qu'elle va au cinéma.
   10. En France les voitures roulent très vite.
   11. Puisque cet hôtel-ci est complet, il faut chercher une chambre ailleurs.
   12. Au cinéma la petite fille n'a pas regardé attentivement ce qui se passait sur l'écran.
   13. Il a commencé tôt pour terminer son travail avant midi.
   14. Autrefois il fallait toute une semaine pour aller en Europe.
   15. Elle a vite rendu l'argent qu'elle avait emprunté à son amie.

3. 1. Les élèves nous ont parlé d'un ton sincère (avec sincérité).

2. L'inculpé fumait sa cigarette d'une façon (d'une manière) nerveuse.

3. Le président de la société préfère parler avec franchise.

4. Tu as gagné le prix avec facilité.

Exercices de réflexion, p. 130

1. Les études sont aussi longues aux Etats-Unis qu'en France.
2. Voilà l'émeraude la plus précieuse de la collection.
3. André est le meilleur élève.
4. Les sacs en plastique sont généralement plus pratiques que les sacs en papier.
5. J'aime mieux cette robe-ci que cette robe-là.
6. Je trouve cette idée-ci moins bonne que celle-là.
7. C'est le chapitre le plus intéressant du livre.
8. J'achète toujours le shampooing le moins cher.
9. Ce matelas-ci est beaucoup moins confortable que celui-là.
10. Jeannette répond le mieux de la classe.

Exercices de vérification, p. 132

1. L'avion est plus rapide que la voiture.
2. La voiture est moins rapide que l'avion.
3. Nous venons de finir la leçon la plus difficile du livre.
4. Les journées d'été sont plus longues que les journées d'hiver.
5. Le vin blanc coûte moins cher que le champagne.
6. Hélène est aussi paresseuse que Marie.
7. J'aime mieux les vieilles maisons que les maisons modernes.
8. Mon stylo écrit moins bien que le tien.
9. On trouve autant de neige dans les Pyrénées que dans les Alpes.
10. Tant pis pour toi. Cette fois-ci tu n'auras pas la meilleure place.

Exercices de récapitulation, p. 133

1. 1. Ce galant monsieur porte une belle cravate.
   2. Les nouveaux diplômés de l'École des beaux-arts à Paris ont exécuté une peinture impressionnante dans la vaste cour de l'école.
   3. Une lourde atmosphère règne dans la pièce où travaillent les hommes politiques pour les élections présidentielles du mois prochain.
   4. Ma chère Cécile, peux-tu m'accompagner à ce nouveau spectacle?
   5. J'ai relu cette histoire charmante pour la dixième fois.
   6. Le romancier a perdu tout son manuscrit d'une valeur inestimable.
   7. Il faut que j'achète une nouvelle voiture, mais je n'ai pas assez d'argent pour me payer une voiture neuve.
   8. Les seigneurs religieux du Moyen Age ont combattu au Proche-Orient. Un grand nombre d'entre eux ne sont jamais revenus dans leurs villes natales.
   9. Ma gorge rouge et sèche me fait mal.
   10. La vieille ville a plusieurs édifices magnifiques.
   11. Cette grande jeune fille est très sportive.
   12. L'année dernière j'ai fait des études à Paris.
   13. Le gris est une couleur discrète; le rouge est une couleur vive.
   14. Depuis de longues années, ils rêvent de gravir la haute montagne rocheuse.
   15. Tu as reçu des résultats certains? On ne veut pas répandre de fausses nouvelles.

2. 1. chaque   3. tout   5. quelques   7. Toutes
    2. Plusieurs   4. tout   6. tous

3. 1. élégamment   4. aveuglement   7. aisément   9. couramment
    2. attentivement   5. furtivement   8. cruellement   10. diligemment
    3. absolument   6. vite

4. 1. Elisabeth n'est pas encore rentrée.
    2. Jacques a développé puissamment ses arguments.
    3. Il faut chercher ailleurs une chambre d'hôtel.
    4. J'apprécie beaucoup votre gentillesse.
    5. Il s'est levé tôt pour acheter du pain frais.
    6. Je vous ai enfin retrouvé.
    7. Le bébé est bien content de ses cadeaux de Noël.
    8. Nous la reverrons tout à l'heure.
    9. Il a vite compris le problème.
   10. Il est tellement gentil!

5. 1. Nous discutons les passages les moins obscurs de cet auteur.
    2. La neige à la campagne est plus blanche que la neige en ville.
    3. La Provence est la région la plus ensoleillée de France.
    4. Ce sont nos meilleurs amis.
    5. Il est aussi riche que vous.
    6. Le TGV est le train le plus vite. (Le TGV est le plus vite des trains.)
    7. Pierre est le meilleur joueur de notre équipe.
    8. La tortue est l'animal le plus lent. (La tortue est le plus lent des animaux.)
    9. Georges a fait le plus mauvais examen de la classe.
   10. Pour une fois Jacques a joué au tennis moins bien que moi.

Onzième Leçon

Exercices de réflexion, p. 135

    1. chez   6. de   11. Depuis   15. du
    2. en   7. à; aux   12. sur; par (devant), 16. vers (avant; après)
    3. d'; à   8. des   sous   17. devant
    4. en   9. par   13. près   18. en
    5. dans   10. à   14. d'; aux; pour   19. contre

Exercices de vérification, p. 144

1. 1. après   5. derrière   9. réussir à   13. en face de
    2. à peine   6. depuis   10. dès   14. au centre de
    3. en haut de   7. sauf   11. en fin de compte   15. à mon avis
    4. à l'extérieur de 8. au-dessus de   12. dans

2. 1. Paris   4. Missouri   7. Paris   9. Normandie
    2. Allemagne   5. Angleterre   8. Havre   10. Haute-Savoie
    3. Marseille   6. Canada

3. 1. au sommet de   5. entre   8. à; d'   11. dans
    2. autour   6. en face de (devant) 9. au; dans; de; de 12. au pied de; au delà de
    3. en bas de (à)   7. dans   10. au-dessus de   13. du; dans; pour; à; de
    4. loin d'   14. au fond d' (dans)

4. 1. pendant; depuis 4. au; en   6. avant   8. par
    2. En; au   5. Jusqu'à (Avant)   7. à la fin de   9. vers
    3. dès

5. 1. Dans   3. En; à; pour   4. dans, pour   5. en
    2. à

6. 1. depuis; Pendant   3. Pendant   4. Pendant   5. Depuis
    2. Pendant

7. 1. ...d'un ton furieux.
    2. ...d'un air méfiant; ...d'une façon bizarre.
    3. ...d'une façon intéressante.

8. 1. de   4. à   8. Par   11. à
    2. au; d'; de; de; à;   5. à   9. à; à; à; à   12. à; à; à; en; en;
       en (de)   6. de   10. par   par le (en)
    3. d'; aux; aux; à   7. de

9. 1. Il; de   2. C'; à   3. Ce; à   4. à

10. 1. l'une; avec   5. se sert   9. de   13. à
    2. envers   6. encore   10. donne sur   14. nouveau
    3. sur   7. à; Elle; lui   11. de ma   15. par cœur
    4. depuis   8. du   12. à

Exercices de réflexion, p. 147
1. 1. Je viendrai vous voir quand j'aurai le temps.
    2. Il est parti sans que je le sache.
    3. Lui; il s'amuse tandis que; moi; je m'ennuie.
    4. Je suis fâché parce que j'ai obtenu une mauvaise note.
    5. Il s'est rendu compte que mon effort était long et pénible.

2. D'abord; Ensuite (Puis); mais; parce que (puisque; car); En plus (En outre; D'ailleurs); Par conséquent (Alors); Cependant (Pourtant)

Exercices de vérification, p. 149
1. 1. sans que   4. de crainte que   6. parce que   8. pour que
    2. avant que   5. depuis que   7. pendant que   9. malgré que
    3. jusqu'à ce que

2. 1. Georges a vécu à Paris pendant deux ans.
    2. Georges allait souvent au théâtre pendant qu'il était à Paris.
    3. Michel et Sophie bavardent depuis le début du cours.
    4. Depuis que le professeur a commencé le cours, Michel se tait.
    5. Nous avons dîné au restaurant après le spectacle.
    6. Nous dinerons au restaurant après que le spectacle sera terminé.
    7. Pour gagner de l'argent, elle travaille dans un bureau.
    8. Pour que son fils aille à l'université, elle travaille dans un bureau.
    9. Je ne peux pas entrer dans la salle sans billet.
    10. Je ne peux pas entrer dans la salle sans avoir pris de billet.
    11. Je ne peux pas entrer dans la salle sans que mon père ait pris un billet.
    12. Il me verra avant de partir.
    13. Il me verra avant mon départ.
    14. Il me verra avant que je ne parte.
    15. Elle attendra jusqu'à notre arrivée.
    16. Elle attendra jusqu'à ce que nous arrivions.
    17. Nous sommes partis après la fin du repas.
    18. Nous sommes partis après avoir fini le repas.
    19. Nous partirons après qu'il aura fini le repas.

3. 1. Alors (Par conséquent; En conséquence);
   D'ailleurs
   2. donc
   3. C'est pourquoi

4. cependant (pourtant; mais; par contre)
5. d'abord; Ensuite; puis; enfin
6. Comme (Puisqu'; Parce qu')

Exercices de récapitulation, p. 150

1. 1. à
   2. par; de
   3. à
   4. en
   5. à; au; en; en
   6. à
   7. au; avec
   8. de
   9. sur; de; à; de; de; de; de; à; par; A
   10. Par; dans; au; chez
   11. dans; en; d'; à; en; à
   12. en
   13. aux; du; à
   14. en (de); à; à; du, en
   15. d'; envers (avec)
   16. de; à; sur; de; à
   17. Parmi (De); de
   18. des; pendant; au; de
   19. de; au; de; de
   20. de; au
   21. à

2. 1. Bien que
   2. tandis que
   3. En somme
   4. enfin
   5. Puisqu'
   6. Depuis que
   7. ou, ou
   8. D'ailleurs
   9. Par contre
   10. Ainsi

Douzième Leçon

Exercices de réflexion, p. 152

1. 1. travailler
   2. Voir
   3. sache
   4. s'inquiéter
   5. dire
   6. être allé
   7. aura vendu
   8. jouer

2. 1. d'
   2. _____
   3. _____
   4. à
   5. _____; de

3. 1. Ce patron les fait travailler.
   2. Je l'ai entendue chanter.
   3. Je l'ai entendu chanter.
   4. Elle la lui a fait manger.

Exercices de vérification, p. 157

1. 1. _____
   2. _____; _____; _____
   3. _____
   4. à
   5. à; à
   6. à; à
   7. de
   8. de; à
   9. de
   10. _____; _____
   11. de
   12. à
   13. de
   14. de
   15. _____; _____; _____
   16. d'
   17. _____
   18. _____
   19. à; à
   20. de
   21. _____
   22. _____
   23. à
   24. de; de
   25. de
   26. _____
   27. à
   28. d'; d'
   29. d'
   30. _____
   31. de; de
   32. à

2. 1. Elle souhaite aller en France l'année prochaine.
   2. Nous voulons réussir.
   3. Il vaudrait mieux le faire tout de suite.
   4. J'ai décidé d'aller avec vous.
   5. Nous regrettons de ne pas pouvoir venir.
   6. Mon père m'a persuadé de finir mes études.
   7. Il m'a félicité d'avoir réussi à mes examens.
   8. Avant de me coucher, je regarde les informations à la télévision.
   9. Est-ce qu'elle quitte son appartement sans le fermer à clef?
   10. Après avoir reçu de ses nouvelles, je vous le dirai.

3. 1. Monsieur Dubois fait construire sa maison.
Monsieur Dubois a fait construire sa maison.
Monsieur Dubois l'a fait construire.

2. Nous faisons réparer notre machine à laver.
Nous avons fait réparer notre machine à laver.
Nous l'avons fait réparer.

3. Ce professeur fait réciter ses élèves.
Ce professeur a fait réciter ses élèves.
Ce professeur les a fait réciter.

4. Elle fait chanter les enfants.
Elle a fait chanter les enfants.
Elle les a fait chanter.

5. Monsieur Dubois fait construire sa maison par cet architecte.
Monsieur Dubois a fait construire sa maison par cet architecte.
Monsieur Dubois lui a fait construire sa maison.

6. Nous faisons réparer notre machine à laver par le plombier.
Nous avons fait réparer notre machine à laver par le plombier.
Nous lui avons fait réparer notre machine à laver.

7. Ce professeur fait réciter la leçon à ses élèves.
Ce professeur a fait réciter la leçon à ses élèves.
Ce professeur la leur a fait réciter.

8. Elle fait chanter la chanson aux enfants.
Elle a fait chanter la chanson aux enfants.
Elle la leur a fait chanter.

9. Je fais réparer ma voiture par le garagiste.
J'ai fait réparer ma voiture par le garagiste.
Je la lui ai fait réparer.

10. Il fait taper la lettre par son secrétaire.
Il a fait taper la lettre par son secrétaire.
Il la lui a fait taper.

11. Elle fait boire du lait au bébé.
Elle a fait boire du lait au bébé.
Elle lui en a fait boire.

4. 1. J'entends les musiciens jouer.
J'ai entendu les musiciens jouer.
Je les ai entendus jouer.

2. J'entends jouer le disque.
J'ai entendu jouer le disque.
Je l'ai entendu jouer.

3. Il écoute les enfants chanter.
Il a écouté les enfants chanter.
Il les a écoutés chanter.

4. Il écoute chanter sa chanson préférée.
Il a écouté chanter sa chanson préférée.
Il l'a écouté chanter.

5. Nous regardons les danseurs bretons danser.
Nous avons regardé les danseurs bretons danser.
Nous les avons regardés danser.

6. Nous regardons danser les danses folkloriques.
Nous avons regardé danser les danses folkloriques.
Nous les avons regardé danser.

7. Je vois les étoiles apparaître dans le ciel.
J'ai vu les étoiles apparaître dans le ciel.
Je les ai vues apparaître dans le ciel.

Exercices de réflexion, p. 159
1. Ce sont des enfants souriants.
2. Voulant apprendre l'espagnol, elle est allée à Madrid.
3. Elle est sortie de la salle en sanglotant.
4. Ayant déjà préparé son examen, elle est allée au cinéma.
5. Je l'ai rencontré se promenant dans la rue.
6. Je l'ai rencontré en me promenant dans la rue.

Exercices de vérification, p. 161
1. Il nous a fait des observations intéressantes et pénétrantes.
2. C'est une nouvelle encourageante.
3. Nous avons été aveuglés par cette lumière éblouissante.
4. C'est une pièce fascinante; elle est pleine d'idées passionnantes.
5. On dit que cette jeune femme est d'une personnalité captivante et attirante.
6. J'ai remarqué le taxi stationnant devant la gare.
7. N'ayant rien à faire, j'ai téléphoné à mes amis.
8. Voulant obtenir une bourse, elle a passé tout son temps à travailler.
9. Nous avons rencontré Marc sortant de la bibliothèque.
10. Nous avons rencontré Marc en sortant de la bibliothèque.
11. J'ai vu des amis flânant dans le parc.
12. En flânant dans le parc, j'ai vu des amis.
13. Mon père travaille toujours en chantonnant.
14. L'appétit vient en mangeant.
15. Tous les jours je rencontre ma voisine descendant ses ordures au sous-sol.
16. Tous les jours je rencontre ma voisine en descendant mes ordures au sous-sol.
17. En mangeant une noix, il s'est cassé une dent.
18. Les élèves montrent qu'ils savent la réponse en levant la main.
19. Elle a répondu en haussant les épaules.
20. Il a dit non en hochant la tête.
21. Il a essayé de réveiller l'enfant en le secouant.
22. Tout en disant qu'elle voulait maigrir, elle mangeait du gâteau.
23. Tout en conduisant la voiture, il parlait aux gens assis derrière lui.
24. Tout en me parlant, elle lisait son courrier.
25. Tout en sachant qu'il déteste le café, elle lui en a donné une grande tasse.
26. Ayant trop bu, il s'est endormi dans le salon.
27. N'ayant pas bien appris sa leçon, elle ne voulait pas venir en classe.
28. Etant arrivé en retard, il a présenté ses excuses à l'hôtesse.
29. Ayant manqué le train, j'ai pris l'autobus.

Exercices de réflexion, p. 162
1. 1. Il me dit qu'il s'amuse beaucoup et qu'il regrette de s'en aller.
2. Elle nous a ordonné de faire ceci mais de ne pas faire cela.
3. Ils m'ont demandé si je pourrais aller à la plage avec eux.
4. Samedi dernier elle lui a dit qu'elle avait trop de travail ce jour-là, mais qu'elle lui téléphonerait le lendemain.

2. 1. Il nous a expliqué: "Je ne suis pas venu parce que je me sens (sentais) malade."
   2. Elle a répondu: "Je ne sais pas la réponse, mais je réfléchirai au problème."
   3. Le professeur m'a ordonné: "Levez-vous et répondez à ma question."
   4. Ma mère m'a demandé: "Combien d'argent avez-vous dépensé hier (soir)?"

Exercices de vérification, p. 166

1. 1. Le Président dit qu'il n'a pas peur d'annoncer de nouveaux impôts.
   2. Au restaurant elle n'a mangé qu'une salade en expliquant qu'elle avait tant mangé la veille qu'elle n'avait plus faim.
   3. Elle m'a dit que s'il avait fait beau, elle aurait amené les enfants au parc.
   4. Il m'a finalement déclaré qu'aussitôt qu'il aurait fini son travail, il viendrait me chercher.
   5. Il m'a écrit que là-bas le climat lui plaisait beaucoup et qu'il avait fait très beau, mais qu'à ce moment-là il pleuvait à verse.
   6. Il me demanda pourquoi je ne le lui avais pas dit.
   7. Après son départ je me suis demandé quand je le reverrais et s'il avait l'intention de revenir.
   8. Nous nous demandons ce qu'il va dire.
   9. J'ai demandé à mon frère quand il pourrait changer mon pneu crevé. Il m'a dit de le faire moi-même.
   10. Sa mère lui conseilla de ne pas dépenser tout son argent et de penser à ses vacances d'été.
   11. J'ai vu une affiche qui disait de ne pas oublier de voter.
   12. Le médecin lui a dit de se mettre au régime puisqu'il devrait maigrir de cinq kilos.

2. 1. Elle me dit «Je refuse de t'accompagner parce que tu ne portes pas de cravate.»
   2. La météo a annoncé: «Il fera froid ce soir et il pleuvra demain.»
   3. Elle nous a laissé un mot qui disait: «Dès que j'aurai fini mon travail, je vous rejoindrai au café.»
   4. Il s'est demandé: «Comment est-ce que je pourrai accomplir toutes ces tâches, et quand est-ce que j'aurai du temps libre pour m'amuser?»
   5. Il m'a demandé: «Est-ce que j'ai laissé mes clefs chez vous?» Je lui ai répondu: «Je ne les ai pas vues, mais je les chercherai aussitôt que je serai rentré à la maison.»
   6. Je lui ai demandé: «Qu'avez-vous fait? Qui avez-vous vu à la surprise-party?»
   7. Sa mère lui a dit: «Couche-toi de bonne heure.»
   8. J'ai demandé à mon frère: «As-tu téléphoné à nos grand-parents?» Il m'a répondu: «Je n'ai pas eu le temps.» Il m'a dit: «Téléphone-leur toi-même quand tu le pourras.»
   9. La vieille dame a dit aux invités: «Ne fumez pas, car je ne peux supporter ni l'odeur ni la fumée du tabac.»

Exercices de récapitulation, p. 167

1. 1. passionnante
   2. en grelottant
   3. voir
   4. s'adresser
   5. portant
   6. tout en fumant
   7. travailler
   8. Remplir; Ecrire
   9. faire
   10. Ayant promis
   11. tout en sachant
   12. en grommelant
   13. dire
   14. devenir
   15. Etant
   16. Ayant perdu
   17. Joindre
   18. intéressantes
   19. en haussant
   20. Etant arrivée
   21. avoir lu
   22. téléphoner
   23. Tout en préparant
   24. Ne voulant pas

2. 1. de
   2. en
   3. à
   4. _____
   5. _____
   6. _____ ; _____ ; à
   7. _____
   8. _____ ; _____
   9. de
   10. à; _____
   11. de
   12. en
   13. de; à
   14. à

3. 1. Elle la lui a fait nettoyer.
   2. Faites-le venir
   3. Assis à la terrasse du café, nous les avons regardés passer.
   4. Je me le suis fait faire à Londres.
   5. Elle l'a laissé tomber; je l'ai entendu se casser.
   6. Je l'ai vu tisser.

7. Elle les a fait faire.
8. Ce shampooing les fera briller.
9. Je l'ai entendue sortir.
10. Ma mère les leur a fait prendre.
11. Je les ai entendu expliquer.

4. 1. Il m'a demandé si j'avais l'intention de rester longtemps.
2. Il a déclaré qu'il lui était agréable d'annoncer qu'il n'y aurait pas de grève parce que le syndicat avait accepté le contrat.
3. Nous nous sommes demandé pourquoi ce commerçant n'avait pas augmenté ses prix.
4. Le professeur nous conseille de ne rien écrire sans réfléchir et de faire un plan de nos idées.
5. La météo a dit que la veille il avait plu dans le Midi.
6. La vieille dame nous a dit qu'elle pouvait se souvenir de l'époque où il n'y avait ni voitures ni gratte-ciel.
7. Elle m'a demandé ce que mes parents m'avaient dit et s'ils étaient encore fâchés.
8. Ils nous ont dit qu'ils étaient trop pressés pour nous voir ce jour-là, mais qu'ils auraient sûrement le temps le lendemain.

5. La semaine dernière le fils de Madame Roux était malade, et elle a vite téléphoné au médecin. D'abord elle lui a expliqué qu'elle regrettait de le déranger, mais qu'elle se faisait du souci parce que son fils était tombé malade.

Le docteur Pinot, qui a l'habitude de parler aux mères inquiètes, lui a demandé quels étaient ses symptômes, et de quoi il se plaignait.

Madame Roux lui a expliqué que la veille elle avait remarqué qu'il était pâle et qu'il avait les traits tirés. Il avait passé une nuit blanche, et elle, elle avait veillé toute la nuit à son chevet. A ce moment-là il avait trente-neuf de fièvre. Puis elle a demandé si c'était grave et s'il fallait le transporter à la clinique. Le médecin a essayé de la rassurer en lui disant de ne pas se faire de souci, que c'était sans doute une grippe bénigne et qu'il n'y aurait aucune complication. Puis il a ajouté qu'il y avait à ce moment-là une épidémie de grippe dans la région.

Ensuite, Madame Roux lui a demandé s'il pourrait venir.

Le docteur Pinot lui a répondu gentiment qu'il serait très occupé cet après-midi-là, mais que dès qu'il aurait soigné ses autres clients, il lui passerait un coup de fil. Puis il lui a conseillé de donner des cachets d'aspirine à son fils et de lui faire boire du jus d'orange. Pour la rassurer, il lui a dit de ne pas s'inquiéter, car son fils serait vite guéri.

Elle l'a remercié en disant qu'elle suivrait ses conseils, mais que la grippe était une maladie dont elle se méfiait toujours. En raccrochant le récepteur, le médecin s'est dit que, quant à lui, c'étaient les mères nerveuses dont il se méfiait toujours.

LA LANGUE PARLÉE — 2 (l'intonation)

Exercices de réflexion, p. 172, exercices de vérification, p. 173

Pourquoi faut-il se méfier des Français sur la route?

Il faut se méfier des Français en général, mais sur la route en particulier...

Les Anglais conduisent plutôt mal, mais prudemment. Les Français conduisent plutôt bien, mais follement. La proportion des accidents est à peu près la même dans les deux pays. Mais je me sens plus tranquille avec des gens qui font mal des choses bien qu'avec ceux qui font bien de mauvaises choses.

Les Anglais (et les Américains) sont depuis longtemps convaincus que la voiture va moins vite que l'avion. Les Français (et la plupart des Latins) semblent encore vouloir prouver le contraire.